何以
以
中国

在这里，读懂中国

反思与重构

中国政治思想史论精选

刘泽华 ◎ 著

葛 荃 ◎ 编

浙江人民出版社

图书在版编目（CIP）数据

反思与重构：中国政治思想史论精选 / 刘泽华著；
葛荃编. -- 杭州：浙江人民出版社，2025. 4. -- ISBN
978-7-213-11786-2

Ⅰ. D092. 7

中国国家版本馆CIP数据核字第2024RN5415号

反思与重构：中国政治思想史论精选

刘泽华　著　葛　荃　编

出版发行：浙江人民出版社（杭州市环城北路177号　邮编　310006）
　　　　　市场部电话：(0571)85061682　85176516
责任编辑：诸舒鹏　　　　　　　　营销编辑：陈雯怡　张紫懿
责任校对：汪景芬　　　　　　　　责任印务：程　琳
封面设计：众己·设计
电脑制版：杭州天一图文制作有限公司
印　　刷：杭州钱江彩色印务有限公司
开　　本：880毫米×1230毫米　1/32　　印　张：10.25
字　　数：230千字　　　　　　　　　插　页：7
版　　次：2025年4月第1版　　　　　印　次：2025年4月第1次印刷
书　　号：ISBN 978-7-213-11786-2
定　　价：88.00元

如发现印装质量问题，影响阅读，请与市场部联系调换。

图1 刘泽华先生在书房（2014年）

图 2 刘泽华先生在会议上发言（2013 年）

图 3 刘泽华先生在南开大学历史学院讲座（2013 年）

图4　刘泽华先生徒步于美国西雅图翔鹰州立公园（2012年）

图 5　刘泽华先生与夫人于美国西雅图（2005 年）

图 6　刘泽华先生
于美国西雅图家中
（2012 年）

目　录

第一讲

中国政治思想史研究对象和方法问题初探

中国政治思想史的研究被冷落了30年。这几年,随着政治学的重新建立,中国政治思想史的研究又提到日程上来。不少院校有关系科开设了这门课程,有一些研究者,陆续撰写论文和专著。但是关于政治思想史研究对象和方法问题,还有很多不清楚的地方,亟须深入讨论。本文试就这个问题发表一点浅见,以就教于同志们。

(一)

关于政治思想史研究对象问题,苏联学者有过清晰的概括:"政治学说史作为一门学科,要阐述政治思想的发生和发展所固有的规律性,证明政治思想的历史是国家和法的学说有规律的积累过程,而这个过程是在代表不同阶级利益的思想派别的斗争中进行的。"(K.A.莫基切夫主编:《政治学说史》)中国学者也有相近的看法,他们说:"政治思想史的研究对象是:历史上各个阶级和政治集团对社会政治制度、国家政权组织以及各阶级相互关系所形成的观点和理论体系,各种不同政治思想流派之间的斗争、演变和更替的具体历史过程,各种不同政治思想对现实社会政治发展的影响和作用。"又说:"政治思想最主要的就是各个阶级对待国家政权的态度和主张,即关于国家的产生、性质和作用,以及如何维持国家政权的理论观点和政治主张。"（徐大同等编著：《中国古代政治思想史》）上述的说法，我认为是相当深刻的，作为政治思想主要内容之一是被抓住了。我同意上述概括，但又感到尚有不足的地方。在我看来，问题主要是把政治思想史的对象规定得过于狭窄，有碍于视线的展开。根据我的粗浅认识，政治思想史除了研究国家和法的理论外，如下一些内容也应列入它的研究范围。

首先是关于政治哲学问题。就中国先秦的政治思想理论看，政治思想与哲学思想浑然为一体。人们常说"哲学是时代的精华"。所谓精华是说哲学的认识是深刻的，且具有普遍性。在政治思想史的研究中，我们不难发现，各个流派和不同人物的认识有深浅精粗之分，这种认识上的差别最明显的标志之一是哲理化的程度不同。缺乏哲理的政治思想，一般地说属于直观性的认识。先秦诸子中的多数，为了充分和深入论述他们的政治思想，特别注意哲理性的认识。就目前的认识状况，究竟把哪些命题视为政治哲学，或怎样才能更清楚地抽出政治哲学性命题，是一个需要展开讨论的问题。从先秦政治思想史看，至少如下一些问题，都可以算为政治哲学。如天人关系，人性论，中庸、中和思想，势不两立说，物极必反说，理、必、然、数、道等必然性理论，历史观，圣贤观，等等。这些问题与政治思想有极为密切的关系，其中一些问题是政治思想的理论基础。许多思想家把这些问题与政治理论、政策等交融在一起。例如，孟子的仁政理论就以人性善说为基础，荀子的礼治主张是针对人性恶而来的，法家主张人性好利，他们认为这种本性既改不了，也无须改，改了反而有害于政治。从这种理论出发，他们认为在政治上应该实行利用、利诱、利导、利惩等政策，超脱利害之民是不治之民，应加以铲除。诸子对天的看法也很不相同，有的认为是神,有的认为是自然,有的认为兼而有之,但他们又有一个共同点,都认为天制约着人事。由此出发,除神权政治外,法自然的政治思想在许多派别中都占有突出的地位。如果细加分析,在法自然上又有各种不同的主张。有的主张天人契合;有的主张天人相分;有的主张有合有分;有的主张天而不人,即绝对的自然主义。于是在政治思想上就形成了明显的分歧。从先秦政治思想史看,政治哲学问题具有特殊、重要的意义,是应该花大气力研究的课题之一。

其次,关于社会模式的理论(又可称之为理想国的理论),也应是政治思想史研究的重要内容之一。社会模式思想与国家政权组织形式的思想,虽有密切的关系,但范围不同,两者不是一回事。社会模式或理想国理论是关于社会总体结构与相互关系的理论或设计,它包括社会生活的各个方面,在政治思想史中具有独特的意义。就先秦情况看,这一类的论述是相当丰富的,许多有关的思想和设计别开生面,耐人寻味。孔子的"有道"之世的模式,老子关于"小国寡民"的设想,庄子的"至德之世""无何有之乡"的幻境,孟子的王道世界,《礼记·礼运》篇中的"大同"境界,荀子的"王制"社会,农家人人劳动、自食其力、不分君臣的美境,杨朱童子牧羊式的田园生活等,都属于理想国范围内的课题。在这些五花八门的理论中,有异想天开的幻想,有对现实生活深刻观察后的升华,还有切近实际的描绘,有的是现实主义的,有的则属批判现实主义的,有的是浪漫主义的,还有现实主义和浪漫主义的结合。在这些理论中,有奇想,更有深刻的思考和哲学的思辨。就庄子的"至德之世""无何有之乡"而言,乍然看去,作者一本正经、绘声绘色讲述的理想世界,使人感到荒唐。他要求人类彻底回到大自然中去。

在庄子看来，人们的社会性生活，不仅包括国家、政治，还包括一切知识文明以及仁义道德等，不仅是多余的，而且都是祸害，是束缚人的桎梏，应加以灭除。人类应该像牛马在草原上自由漫步那样，过着"天放"的生活。对这种荒唐的追求，似乎可以一笑了之。其实，在作者到达这个荒唐的结论之前，还有深刻的思想作为先导，这就是人的自然性与社会性的关系及其矛盾问题。作者深刻地揭露了在当时历史条件下两者的对立，可惜没有看到两者历史的统一，而对于两者的对立，又缺乏一副科学的头脑去对待，于是走向极端，用人的自然性去否定和排斥人的社会性，推导出纯自然化的无何有之乡的幻境，从而也走到了绝境。作者怒斥了当时社会关系对人们生存权利的剥夺，可是他又企图让自然剥夺人类的社会生活的权利。他谴责当时社会关系对人的自由的限制，呼唤还人以自由，可是他所向往的自由只不过是牛马自然生活式的自由，结果用自然的自由取消了社会性的自由和人的创造自由，人类反而失去了一切自由，人不再是人。在庄子的理想国理论中，到处是一片荒漠，可是在荒漠中又蕴藏着黄金。对先秦诸子各式各样的理想国理论，我们需要进行分析，沿着他们走过的思路，寻找他们的得失，这是非常有意义的。所以研究和分析社会模式思想和理论，应该是政治思想史的重要内容之一。

再次，治国的方略和政策也应是政治思想史的研究内容。国家和法与治国方略和政策有密切的关系，但两者又有区别。我们从先秦政治思想中不难发现，一些人在国家组织体系和法律规定上并没有什么原则区分，但在治国方略和具体政策上却有明显的不同，甚至形成水火之势。比如在农商关系上，有的主张重农抑商，有的主张唯农除商，有的主张农工商协调发展，有的主张以商治国,凡此等等,在政策上分歧甚多,各有一套理论。政治思想是一个复杂的领域,包含有多方面的内容,并且具有多层次性。不同的方面和不同的层次与政治实践有远近之分,有关治国方略和具体政策方面的主张与实际政治最为接近。实际的政治家常常从这些主张中选择行动方案。在政治思想史研究中应特别注意这方面的研究,从中可以得到许多可资借鉴的东西。

在政治思想史的研究中,还应把伦理道德问题作为重要内容之一。从学科上划分,伦理道德应该是另一个独立的领域。伦理道德不同于政治思想,比如在法家那里,他们便把政治与道德分为两种不同的事情。不过在中国政治思想史上,有些派别把伦理道德政治化,这一点在儒家那里表现得十分突出。比如"孝",早在周初,周公就明确地把它作为一种政治规定,在《康诰》中宣布:"无恶大憝,矧惟不孝不友",对不孝不友者"刑兹无赦"。儒家继承和发展了这种思想,孔子把孝视为直接的政治。有人问他,你为什么不当官从政?孔子回答道:我宣扬孝道,就是从政。(参见《论语·为政》)儒家把修身、齐家、治国、平天下贯通为一,也就是把道德与政治合而为一。把道德政治化,以道德治国虽不是中国古代所独有,但由于儒家在封建社会占正统地位,因此伦理政治在历史上起过重大作用,有着深远影响,应给以足够的重视。

关于政治实施理论以及政治权术理论也应是政治思想史研究的内容。进行政治决策以及如何把政策、政治规定和各种行政措施付诸实现,这是政治思想家们经常讨论的问题,比如关于进谏、纳谏、庭议、兼听、独断、考课、监察等,都属于这方面的问题。

在君臣关系方面,人们喜欢讲忠义,其实内中充满了利害之争和尔虞我诈。这一点被法家彻底揭露出来。这些关于权术的种种论述，就是官场争斗的理论表现。比如在君主专制的情况下，臣子如何进说就是一个经常被人议论的问题。韩非子的《说难》是专论这个问题的名篇。其实，他的论说脱胎于他的老师荀子。荀子在《非相》中有一段论述，应该说是《说难》的根本。在先秦诸子中，有关政治实施和政治权术的理论是相当丰富的，具有独特的意义，很值得研究。

以上几项还没有把政治思想史的研究内容说完全，但这几项大抵都是不可缺少的。

基于上述内容，政治思想史的研究对象，大体可概括如下：研究历史上不同阶级、不同阶层、不同学派和不同人物关于国家和社会制度、社会改造，以及通过国家机关和强力处理人与自然的关系和人与人的关系的理想、理论、方针和政策；研究这些理想、理论、方针和政策提出的社会背景及其对实际政治的影响，研究它们之间的相互关系及其发展、演变过程和规律。这里要着重说明的是，在阶级社会，政治思想的核心部分具有最明显的阶级性质。但从政治思想的总体看，又不能全部归入阶级范畴，比如关于处理人与自然的关系的理论，除有阶级烙印外，还有人类与自然的共同关系问题；关于社会生活的认识，也有一些超出了一个阶级的范围，比如调和阶级关系的某些论述，便包含了不同阶级、不同阶层的要求；还有一些社会规范是人人需要遵守的，也不好简单地划入某一个阶级范畴之中。就每个思想家而论，情况更为复杂。虽然每个人都无法游离于阶级生活之外，但在观念上，并不妨碍某些人会提出超阶级理论和主张。对于思想家的这些主张，从本质上看，无疑是掩盖了事物的本质，歪曲了事物的真相，从而在客观上形成欺骗。但就思想家的主观而论，则不能一概斥之为虚伪，或存心欺

骗,不能排除有些人是出自真诚,并为之而献身。应该说,阶级的
存在,恰恰又为某些人制造超阶级的幻想和理论提供了根据。在
政治思想史的研究中,一定要坚持阶级分析,但阶级分析方法并不
是要求人们简单地把每一个人和每一个思想命题都统统编排到阶
级的行列中。比如说某个人代表某个阶级,于是便认为他讲的每
一句话都代表某个阶级,每个命题都是阶级意志的体现。在过去
一段时间内,有些人在这方面做得很彻底,结果如何呢? 常常是捉
襟见肘。比如,有人把庄子视为没落的奴隶主代言人,把庄子的话
尽量还原为奴隶主的意志,这种分析尽管很入微,可是离庄子实在
太远了。实际上,庄子的主旨并不是站在这个或那个阶级立场来
讨论政治问题,而是站在自然主义的立场看社会。

在这里不是讨论阶级分析方法问题,目的在于说明,即使在政
治思想史范围内,也不能把每一种思想命题统统还原为阶级的命
题,因为政治思想的对象本身并不都是阶级的。

(二)

政治思想史的研究目前尚处于探索阶段。为了加快研究步
伐,一方面要注意学科自身的认识规律循序而进;另一方面还要借
鉴思想史和哲学史研究的经验与教训。根据个人粗浅的体会,应
该像广角镜那样,从多方面着眼,用多头并进的方式开展研究。

首先需要进行的是按思想家或代表作进行列传式的研究。思
想史不同于其他史的一个重要特点是思想家个人占有特别重要的
地位。每个思想家虽然都是社会历史的产物,但一定的思想又是
思想家个人认识的产物。因此,一定的思想,一方面不可能不以产

生它的历史条件为基础;另一方面又具有明显的个性。在古代,由集体智慧而凝结成为统一认识成果的现象虽不乏其例,但主要的是个人的认识。因此,列传式的研究,是研究思想史(包括政治思想史在内)的基本方式之一。甚至可以这样说,列传式的研究是基础性的研究。对思想家和代表作研究不够,也就难于进行其他方面的研究。以列传式研究为基础的中国哲学史和思想史著作已有好多部,正是这些著作使哲学史的研究获得了广阔而坚实的基础。为了把中国政治思想史的基础打得宽广深厚,恐怕也需要几部或十几部不同风格的以思想家为基础的中国政治思想通史、断代史和专人史。

其次,进行流派研究。政治思想领域存在着流派是不会有疑义的,但是划分流派的标准却是一个尚待深入讨论的问题。就目前的认识来看,有的以阶级为标准,比如奴隶主的政治思想,封建地主的政治思想,农民的政治思想,等等;有的以在社会历史进程中的作用为准,如划分为先进、落后、改革、保守等等;有的以思想理论特点为准;有的采用传统的说法,如儒、法、道、墨等等。这些标准都有它的价值和意义,不过在实际的运用中又常遇到困难,常常捉襟见肘。从思想史看,只有形成流派的思想,才能把认识推向深入,才能构成一种强大的社会力量。流派对历史的影响比之个人要大得多。在历史上,某些思想领袖之所以显得格外突出,也是以流派为基础的,因此研究流派是十分必要的。

再次,要开展社会思潮和一个时代重大课题的研究。这种研究不以个人和流派为限,而是以每个时代普遍关心的热门问题为中心进行综合研究。比如战国时期,不管是哪家哪派,都对人性与政治的关系问题发表了自己的见解。因此人性与政治关系就可视为一个思潮问题,有必要进行综合研究。又如,先秦诸子从不同立场和角度出发,广泛讨论了君主的产生、品质、作用、品分等等,提出了各式各样的理论,因此君主问题作为一个思潮问题也是值得研究的。通过思潮和时代重大课题的研究,既可以对一个时代普遍关心的问题作出总的估计,又可以看到每一个人的认识如何汇成一个时代的文化总体,汇成一种历史文化流,即普遍意识。比如先秦诸子对进谏与纳谏问题有各式各样的理论和态度,分歧颇多,但通过对这个问题的讨论,形成了一个共同的意识,即进谏与纳谏是政治上的美德和政治兴旺的必要条件。这种共同的意识对实际政治曾起了巨大的影响。关于政治思想史中的思潮和重大课题的研究,应该特别注重。

还有,政治思想中的重要概念、范畴,例如礼、德、法、刑、仁、义、爱、赏、罚、势、术等等的研究,也是很重要的。每个学科和学派都有它们的特殊概念和范畴,从而形成特定的思想形式。概念和范畴虽然不是独立的存在,但一经出现,又有相对的独立性,并在认识中作为纽带把前代和后代联系起来。由于时代的变化以及每个人认识上的差别,所用的概念字面上虽然无别,但所表达的客观含义常常有很大的差异,在各自思想体系中的地位也很不同。因此对概念与范畴作总合的研究是剖析普遍的思想形式所不可缺少的。比如"仁"这个概念,差不多先秦诸子都使用,在政治和道德理论中占有重要的地位。但各家对之却有很大差别,甚至是对立的。儒家高举仁的旗帜,出公入私,招摇于世。可是庄子对仁却给以鞭挞,《天运》说:"虎狼,仁也。"细加分析,在儒家那里,仁的地位也不相同,孟子把仁作为最高的旗帜,荀子则更看重礼,仁从属于礼。研究重要概念和范畴的发展变化,对推进政治思想史认识是极有意义的。

对各种政治思想进行比较研究也十分重要。人所共知，只有比较才便于进行鉴别，评价得失，权衡利弊。比较研究可以从不同角度进行，如人与人之间的比较，不同流派比较，流派内部不同代表人物比较，不同时代的比较，中外比较，等等。比较研究能够开人视野，利于从总体上把握和估价各种思潮。

政治思想与政治实践的关系也应该作为一个专门问题进行研究。政治思想与政治实践是两个不同的学科，后者的历史研究属于政治史。但两者又有极为密切的关系。政治实践是政治思想认识的对象，又是它产生的主要土壤之一，反过来，政治思想对政治实践又有直接或间接的影响，乃至起指导作用。在政治实践过程中，有些政治家把某一种政治思想奉为圭臬，有的则兼蓄并用；还有一种情况，我们难于直接说明一家一派对政治实践的作用，而只能从各种政治思想形成的政治文化总体看对政治实践的影响。

在研究政治思想时，我认为，价值性认识和是非判断性认识，具有特别重要的意义。我们研究政治思想史不能只限于描述，还要考察它的价值。为了判定一种思想的价值，首先要明确价值标准，对我们来说，价值标准是明确的，这就是历史唯物主义。但经验告诉我们，在实际运用中，却又表现为千差万别。比如，同是一个孔子，有的认为他是反动派，有的认为是革命党。在两种极端认识中间，还有一个广阔的余地，于是许多人在这个中间地带又找到了各式各样的价值标准。价值问题不只是个阶级定性问题，还有许多其他方面的内容。政治思想史不作价值分析，它就会变成一笔糊涂账。为了更好地判明各种思想的价值，应该探讨一些价值标准问题。在这个问题上，既要借助历史学已获得的成果，又要结合政治思想史的具体情况理出一些自身特有的标准。

是非判断性的认识与价值性的认识有密切关系,但又不相同。在政治思想史中如何判断是非,即判明真理与谬误,实在是一桩更为困难的事。从哲学上说,这个问题已经解决,人所共知,实践是检验真理的标准。但是把这条原则用于政治思想史,就会产生许多枝节。政治中的实践具有鲜明的阶级性,在古代,除了某些短暂的革命时期以外,当权的都是剥削阶级。人民群众的许多美好政治理想不能实现,也实行不了。反之,代表剥削阶级的政治思想却付诸实践,而且证明有许多主张在当时是可行的、有效的,甚至起了促进历史的作用。在这种情况下,真理与谬误该如何分辨,代表剥削阶级利益的政治思想中有否科学和真理? 实践证明是可行的、起了积极作用的思想是否就是实践检验证明了的真理? 人民美好的、但不能付诸实践的政治愿望,与真理是什么关系? 凡此种种,是亟须讨论的问题。我的体会,把哲学史中判断是非的方法简单地拿过来运用于政治思想史,是难于说清问题的。因此,在这个问题上,需要从事政治思想史研究的同志作些新的探索。

以上所说,带有面面观的性质,而且又只是提出了一些问题,面面观总不免要流于片面。如果能起抛砖引玉的作用,也就感到满足了。

（原载《天津社会科学》1985年第2期）

第二讲

理念、价值与政治思想史研究

研究思想史的大路数不外"我注六经"与"六经注我"。不管前者与后者，"六经"（泛指史料和研究对象）是历史性的客体，而"我"则是活的能动的主体。说"六经"是历史性的客体，并不是说它是"死物"，它可能还蕴含着未释放的能量与信息，但这要由"我"来开发。有人倡导历史研究要"无我"，"要绝对客观化"，如果仅限于发掘历史资料而言，说说"无我"多少还沾点边，但要较真，也不可能"无我"。如缺乏"我"的特别的视角，那些资料就只能静静地躺在那里"睡觉"。历史研究是对历史的一种认识，在认识范围内是绝对不可能"无我"的；如果在认识范围内也要"无我"，那还有什么知识产权呢？所以在历史研究中不能盲目地提倡"无我"，而应多思索如何把"我"置于合适的地位。如何安置"我"？一是要发挥"我"的认识能力，二是要使"我"的认识尽量符合认识对象。这与胡适讲的"大胆假设，小心求证"相近。说起来可以把两者分开，实际上是混为一体的，这正是人的特有的功能。

　　"我"的因素很多，过去我们常说立场、观点、方法，现在人们多半不讲了，其实细想想，立场、观点、方法对"我"还是最基本的东西。面对同一对象，人们的立场、观点、方法不同，就会有不同的认识和结论，就会有不同的叙事方式。其实古人是很关注立场、观点与方法的，如"君子之见""小人之见""仁者见仁，智者见智""物以类聚,人以群分""党同伐异""各是其是,各非其非""横看成岭侧成峰"以及"惺惺惜惺惺"等等,都有这层意思。现在常说的理念、价值观等,其实就是立场、观点、方法问题。每个人持什么样的理念和价值观,对研究具有决定性的意义。立场、观点、方法并不是主观的简单设定,而是主客观的混合物。

一、理念是研究者的指导

凡是进行学术研究的人,脑子中都会不断地积累各式各样的问题,而理念可以说是灵魂。每个人的理念是什么,可能各不相同,但又都不会缺位。没有理念是根本不能进行任何研究的。理念可能源于"承继",也可能是自己的"独创",还可能是两者的"结合";持什么样的理念在研究过程中又会不断进行调整和完善。这里以"阶级"这一理念为例,因为现在讲的人少了,反而值得再议。一谈"阶级",常常会想到马克思,但马克思说过,"阶级"不是他的发明,早在他之前已被人发明并用于说明社会关系。在中国古代,贾谊《新书》中有一篇的题目就是《阶级》。"阶级"的内涵在不同时期和不同人的理念中有很大的差异,但有一点是共同的,这就是论述人的社会地位的不同。中国古人说的"食人"与"食于人","治人"与"治于人"就是古典的阶级分析,这种区分是任何人也无法否认的事实。不管古典的还是马克思说的,阶级这个理念都是一个全局性的范畴,因为它关系着社会结构、人的社会地位、国家与法律的性质以及人们的生活方式等等大问题。中国历史上的思想家,除个别的外,几乎都把政治问题置于首位,自然也都把阶级问题作为最基本的命题之一来对待。阶级问题的核心是利益问题，思想家们不可能离开自身的利益和社会阶级利益问题。时下分析思想家时多半回避阶级利益问题，动辄用社会良心、文化、人性、人类、圣人、道德体现等来进行判定，很少用社会关系与利益关系来进行定位。从历史学的角度看，这是很成问题的。因为这样一来，那些思想家们不再是活生生的历史人，而是一个个飘在玄虚里的幽灵。不管思想家怎么超脱，他必须吃、穿、住、行，而这些就必须在现实社会中寻求，因此也就必然成为一定利益的载体。既然要面向社会，他就必须面对社会的利益关系。人离不开社会利益关系，也离不开阶级关系。

过去把阶级定位机械化、绝对化，我们这个年龄段的人（60 岁以上）都有过经历。其实从学术角度说，机械化也无妨，赵纪彬曾写过一篇《辩人民》，征引了大量资料，证明"人"是奴隶主，"民"是奴隶，可以说把阶级分析推向了极端，但他作为一名学者作的这种文章，是很有特色的一家之言。作为一种学术方法，作为学术中的一元，这一论点完全有其存在的正当性与合理性。过去讲阶级，问题主要出在政治上，而且不是一般的政治，是实行"专政"的政治。政治家尊崇某种理论与观点也是历史上常见的现象，不可能不允许政治家有其信仰与理论选择，但不能对异见动辄实行专政，这是中世纪行为。西方中世纪还有个宗教裁判所，我们处在最先进的社会中，如果实行专政连个法律程序都没有，则怎能不让人反感？我的意思是说，要把理论上的阶级分析与违反政治程序的"阶级专政"区分开来，极端的阶级专政使人们对阶级分析产生了厌恶情绪，是可以理解的。但冷静下来，还是应该把无程序的专政与阶级分析方法区分开来。由于阶级是无可否认的历史事实，相应的阶级分析方法依然有其合理性。就中国当前现状而言，分析阶级状况和思想倾向，应该说是一项大课题，有人如陆学艺、杨继绳等，已经有专著出版，令人敬佩。又如在经济学领域，有所谓替富人说话与替穷人说话之分，其实在思想理论界也有类似问题，双方需要交流、切磋、沟通。

阶级不是一种孤立的存在，相互之间也不是泾渭分明的，阶级与社会各种关系交织在一起。过去的阶级分析是直线性的，在我们这一代人是一种普遍的思维方式，包括自己写的东西，现在看起来有点可笑，对此当然应该进行纠正。但我并不抛弃阶级分析，不过我也有修正，我提出阶级—共同体综合分析。社会共同体有大有小，小至一个家庭，大至民族与国家，现在又有世界村、国际联合体等。阶级与共同体互相纠合，一般说来，高屋建瓴的思想家们既立足于一定的阶级，又能关注共同体的利益。在这个意义上，说某些思想家是社会良心，无疑有其道理。不过普遍利益也不可能是一律等量的，还有对谁更有利的问题，这就是阶级问题了。现在流行的说法是等级、利益集团、阶层、强势、弱势等，其实这些概念的核心应该是阶级。马克思就说过古代是等级的阶级。我们考察、梳理任何思想，都应揭示其具体的历史内容，其中包括处理阶级利益的思想。泛泛说社会良心而避开具体历史内容，就不可避免地要流于空疏。时下对孔子的颂扬铺天盖地，就是缺少具体的社会历史内容，尤其不谈他的思想对谁更有利，这是不符合历史的。阶级分析的重要内容之一就是解析社会利益问题，利益问题是人们生活和社会关系的基本问题。人们的思想也是围绕着利益转动的，到目前为止，有比阶级分析更能深刻解析社会利益问题的方法吗？

比阶级更大的一个理念是历史是否有规律的问题。规律这一理念影响着研究走向。过去很长一段时间把历史规律观念绝对化、模式化、教条化、行政化、权力化，比如把消灭私有制的社会主义改造、"人民公社"、"文化大革命"等等都宣布为历史规律，并以此为旗号征服或压服人，现在看，这些恰恰是违反历史规律的，是人为的假规律。类似的假规律的泛化（那时几乎什么都说成是规律）与专政相结合，造成了深重的灾难。冲破它，从中走出来，无论对国计民生，还是对历史的再认识，都是必需的。如何重新认识那一段历史与当时思想界占主流地位的种种观念，我想只有从违反历史规律的角度才能把问题说得更清楚、更彻底。

假规律的横行与惨烈的历史教训使人们对规律这种理念产生了逆反，一谈规律就有点厌恶，在某种意义上也是可以理解的。但冷静思考，不能因噎废食，不能抛弃规律理念和对规律的再探索。历史是有其规律的，如果历史是没有规律、随意的，岂不是说，社会可以成为居于支配地位的人手中的泥团，愿意捏成什么样都可以？"人民公社""文化大革命"等等岂不是也理所当然？然而历史一再表明，有权威的人可以逞一事、一时之能，但不可能扭转历史进程的大势，大势就是规律。凡是向历史发号施令、扭曲历史的人，时间或长或短最终都要被历史清算。我们身边发生的事情足以说明这个问题。时下很多人认为历史是偶然性的堆积，这反而为向历史发号施令者提供了最有力的理论武器，既然没有历史规律，那我想怎么办都可以，只要我有支配力量就行。否认规律的思想与把规律绝对化的思想，看起来是两极，实际是相通的，都很容易与权力意志论合流，势必为极权张目。

"规律"问题至关重要，是个特别大的问题，遗憾的是缺乏足够的空间让人们进行自由的研究和讨论。某刊物曾发表过一篇触及大规律问题的文章，本应就此展开讨论，结果又被强力扼杀了，令人扼腕叹息！规律不是谁人掌上之物，更不应是权杖，它是一种历史过程，只能在讨论与争鸣中逐步揭示出来，至于正确与否，只能靠实证和实践来检验。主政者可以信奉某一说，但不能干涉他人的不同认识。只要不把"规律"与无程序的"专政"相结合，允许人们自由讨论，且不说对历史本身的认识，对主政者也会提供更宽阔的选择空间。学者是认识问题，主政者是实践问题，应各司其职。两者也会发生碰撞，那就应在历史自然过程中各自调整。

我个人仍然相信历史是有规律的，比如改革开放就比较符合中国的历史规律，因此才取得了巨大的进步和效果。回头看，1949年制定的"共同纲领"也是比较符合历史规律的。大家认同民主、人权、公平、正义等原则，这些原则就是历史规律的体现！规律不是代数公式，不是人为圈定的模式。恩格斯晚年说，规律是很少的，也只有在有限范围内才有意义，他还严厉批评了把规律泛化和乱套的现象。这一点我们应当谨记。

历史有规律，必然有阶段性或时段性。每个人都只能生活在历史进程中的一定时段，因此任何思想也都有时段性。前一段在纪念孔子诞辰时有一篇新闻稿，说孔子的思想是超时空的，这种全称的概括是极其片面的。深邃的思想家无疑会提出一些具有超时空性的"普遍的思想形式"，但其主体和主要内容不可能超时空。如果用"超时空"来概括孔子的整体思想，那孔子就不再是人，而只能是至上神，因为只有至上神——上帝才是超时空的！如何给孔子定位，每人都有自己的自由，我仍认为孔子是人，是人就应从历史规律和历史的时段性来入手进行评说。现在提出"建设和谐社会",于是一些学者就把孔子等人的儒家学说张扬为"和谐"之祖,说孔子的儒家思想中包含着"和谐社会"的理想,能为建设"和谐社会"提供大量的思想资源,对中国建设"和谐社会"具有重要意义。其实孔子等人的儒家学说的和谐与现代意义的和谐从主流上说是不在一个层面上的东西。孔子的和谐是等级森严的"金字塔"式的和谐;现代意义的和谐应该是民主、法治、多元博弈和协调。如果一定要把孔子等人的儒家学说的和谐与现代的和谐联系起来,只有用冯友兰先生提出的抽象继承法。从历史规律上说,倒是只有破除孔子等人的儒家学说的和谐,才能实现近代的和谐。现在提倡的和谐不可能源于孔子等人的儒家学说,它只能来自现代社会的矛盾与要求。如果真的要从孔子那里寻找和谐资源,则可谓缘木求鱼了。还有"以人为本"也往儒家身上扯,真有点莫名其妙,这个词明明出自法家著作。其实不管出自哪一家,那时的"以人为本"与现代的"以人为本"不是一个层面上的意思。如果把孔子作为一个文化符号,尽可以往他身上贴金,把现在的观念附加在他身上,但这不属于历史学。

又如,人们对近代史主线有不同的认识,或曰现代化为主,或曰反帝反封建为主,或曰两者交错,等等。所谓主线就是规律,对主线的不同认识必然导致思想史的不同体系。

如果研究思想史不讲历史规律,也不讲时段,那么一系列的概念,诸如进步、落后,革命、反动,正义、非正义,正确、错误,合理、不合理,普遍性、普世性,普适性、特殊性,资治、通鉴,乃至改革、开放等等,都失去了基本的依据。因此研究者是否有规律这个理念,对历史的认识有着至关重要的指导意义。比如凭什么说"进步"与"落后"呢？我看只要提出这个问题，那么"规律"就暗含在其中。袁世凯称帝是历史的反动，这是大家的共识，如果不是他违反了历史规律，凭什么说他反动？

二、价值决定着研究者的取向

阶级、规律与价值判断有着直接的关系。价值主要指事物的关系、意义和作用，而其中最主要的是利益或利害关系。价值隐藏在现象的深处，价值不仅是研究者的主观判定，它也是一种历史的客观存在。我与张国刚曾写过一篇《论历史价值认识》，提出价值的几个层次，即原生价值、延伸价值和抽象价值。原生价值指事情发生时产生的关系、作用与意义。延伸价值指以前的某些历史现象在历史的延续中，在环境改变了的情况下，与新的历史条件结合而产生的作用与意义。抽象价值指从具体历史形态中抽象出来的超越历史具体情况的普遍的思想形式、智慧与思维方式等。在揭示客观价值过程中，认识主体的主观价值无疑或多或少地要掺和其间。所以价值认识比描述现象要困难得多，需要更多的抽象思维。这里仍然以阶级为例，古人说的"生之者"与"食之者"大致也就是被剥削者与剥削者。其实"剥削"就是一个古词，本身就有谴责的含义。古人对剥削这种现象论述甚多，阳货说"为富不仁"就是一个了不起的价值判断，由于孟子认同，后来儒家多数人也跟着说。在历史的典籍中，对剥削进行谴责的记录比比皆是，特别是在思想家的言论中更多。这里引几首大家熟知的诗以示其概。唐朝张碧《农父》："运锄耕斸侵星起，垄亩丰盈满家喜。到头禾黍属他人,不知何处抛妻子。"李绅《悯农》:"春种一粒粟,秋收万颗子。四海无闲田,农夫犹饿死。"聂夷中《田家》:"父耕原上田,子劚山下荒。六月禾未秀,官家已修仓。"诗人把剥削之惨烈活生生地揭示出来了。人们看到了剥削,对剥削进行了程度不同的谴责,但富人的财富到底从哪来的?人们又有不同的看法。孔子一方面赞成"为富不仁"说,另一方面又说"富贵在天"。墨子与法家说有"力"者则富贵,孟子说劳心者"食于人",更多是认为有权则有富。韩愈在《原道》中有这样一段论述:"是故君者,出令者也;臣者,行君之令而致之民者也;民者,出粟米麻丝,作器皿,通货财,以事其上者也。君不出令,则失其所以为君;臣不行君之令而致之民,则失其所以为臣;民不出粟米麻丝,作器皿,通货财,以事其上,则诛。"在《圬者王承福传》中又说:"用力者使于人,用心者使人,亦其宜也。"韩愈的看法代表那个时代的主流观念和理论。即使对苦难的劳力者寄予同情的智者大抵也都是在这个框架内论述问题,只是希望有权有势的富贵者有所克制,减少一点刻剥,但框架是不能变的,你看韩愈的用词,民不事其上就要"诛",也真够狠的!

人类很久以来对剥削的谴责和批判,导致了20世纪世界性的消灭剥削的大试验,这些试验无疑有巨大的历史意义,但结果不及预期,都不大成功,令人伤痛。这里又要谈规律。我想,产生剥削的原因不仅仅由于私有制,应该说还有其他诸多原因,因此仅仅消灭私有制并不能消灭剥削。现在经常提到分配不公,如果不是一些人的利益被侵占,何来不公?利益被侵占就是剥削。面对着这种情况,研究者持何种价值取向?除非故意视而不见,在事实面前,谁也绕不过去,无非是站在哪一边的问题。因此评价剥削制度就成为一个十分棘手的问题。

上文说的阶级、规律，其中心是社会利益与社会发展的趋势问题，价值则是社会利益的取向和历史的作用与意义。思想史不能回避这些问题。

（原载刘泽华主编：《中国政治思想通史·综论卷》，

中国人民大学出版社2014年版，第四章）

第三讲

先秦百家争鸣与王权主义理论的成型

春秋战国是中国历史上的一个社会转型时期,诸子百家的出现就是社会转型在思想观念上的相应表现。诸子百家及其争鸣的内容极其广泛,涉及人类社会的本体问题、社会历史的复杂关系与来龙去脉、人的精神世界的方方面面,可以用"无所不包"来形容。大凡今天我们所要关注的问题,多半都能从诸子百家中找到源头和初论。诸子百家的内容固然是漫无边际的,但又有其中心或主要关注点,可以说就是政治。现在有些学者总想避开这个问题去谈文化、道德、思维形式以及超越精神,我认为这很片面,有不切近历史实际之嫌。

　　政治有诸多内容,核心则是政治体制和君主问题。正如司马谈所指出的,诸子百家的要义是"干世主"。

　　一般地说,百家争鸣总是与思想自由和社会民主互相促进的。但是翻开诸子争鸣这一页,我们会发现一个令人瞠目的现象:争鸣的结果不是政治民主的发展与民主思想的活跃,相反,却极大地促进了君主专制主义理论的发展与完备。实际政治发展与思想的这种趋势相一致,各诸侯国君主专制制度不断强化,最终汇合为秦朝高度的君主专制主义。

　　这是怎么一回事呢?原来各家各派,除少数的人如农家许行等曾悄悄地向君主制提出疑问和挑战外,几乎都把君主制度作为当然的理论前提来对待。几个主要派别热烈的争论不涉及要不要君主制以及用什么制度取代君主制，相反，他们争论的是如何巩固、强化、完善君主制。结果，越争鸣就越促进君主专制主义理论的发展。

为了叙述方便，下面分四个问题进行剖析。

一、宇宙的本根同君主相配合与合德论

根据张岱年先生的研究，中国古代只有"本根"这个概念，而无"本体"之说。本根有三义：第一，始义；第二，究竟所待义；第三，统摄义。[1]这里姑从张先生之说。

本根论探讨的中心是宇宙万物原始生成与存在的根据，这是哲学中的最高范畴。先秦的种种本根论不是本书讨论的课题，我们要思索的是本根论如何同君主发生联系，如何成为君主至上的证明。归纳起来，主要是沿着如下两条线进行的：

第一是对应关系。由于君主与本根相对应而使君主成为人间至高无上的绝对权威。《荀子·王制》说："天地者，生之始也。……君臣……与天地同理，与万世同久。"《管子·形势解》说："天覆万物，制寒暑，行日月，次星辰，天之常也。治之以理，终而复始。主牧万民，治天下，莅百官，主之常也。"

道与君主也有对应关系，《老子》二十五章说，天下有四大："道大，天大，地大，王亦大。"四大并列，尊君昭然。《韩非子·扬权》说："道不同于万物，德不同于阴阳，衡不同于轻重，绳不同于出入，和

---

[1] 参见张岱年：《中国哲学大纲》，中国社会科学出版社1982年版，第8页。

不同于燥湿，君不同于群臣。凡此六者，道之出也。"君主既然是从道中直接产生出来的，那么君主超乎一切臣民是必然的。

有些思想家把气视为本根，气又寓于万物之中，圣人是气密集的结果。"凡物之精（气），此则为生。下生五谷，上为列星。流于天地之间，谓之鬼神；藏于胸中，谓之圣人。"（《管子·内业》）这里所说的圣人与王虽不完全相同，但圣人是王的最佳候选人，在诸子的言论中，圣人多半就是最理想的王。

《吕氏春秋·圜道》篇认为，"圜"是天道的特点，"方"是地道的特征。"圜"无所不包，"方"各执一隅。因此，与之相应，"主执圜，臣处方；方圜不易，其国乃昌"。

战国时期把神秘的天命作为宇宙之本的观念仍十分流行。与之相应，君权神授观念也有很大的影响。

君主与宇宙本根相对应是一种简单的比附，在理论上缺乏甚至没有内在的逻辑力量，但它对尊君却有着重要意义。君主因此而被置于人世之巅，成为人间的一种绝对权威。

第二是法天合德。儒家一贯持有此论。孔子说："巍巍乎，唯天为大，唯尧则之。"（《论语·泰伯》）荀子说："圣王之用也，上察于天，下错于地，塞备天地之间，加施万物之上。"（《荀子·王制》）《周易·系辞上》说："法象莫大乎天地。"《文言》讲："夫大人者，与天地合其德，与日月合其明，与四时合其序。"（《周易·乾卦·文言》）法家也有类似主张。《管子·君臣上》说："为人君者，坐万物之原，而官诸生之职者也。"《管子·牧民》说："如月如日，唯君之节。"《管子·版法》说："法天合德，象地无亲，参于日月，伍于四时。"《管子·形势解》说："明主法象天道。"墨子也讲："圣人之德盖总乎天地者也。"（《墨子·尚贤中》）道家学派中老子最先提出"法自然"，其后无一不遵循这一原则。《经法·四度》明确提出圣人"与天同道"。《吕氏春秋·情欲》提出："治身与天下者，必法天地也。"阴阳家也主张法天合德，《管子·四时》说："天曰信明，地曰信圣，四时曰正，其王信明圣，其臣乃正。"

法天合德教导君王和一切人要与自然相和谐，从自然那里寻求人的行为规范和道德原则。比如，先秦思想家几乎都认为天是大公无私的，"天无私覆，地无私载，日月无私照"（《礼记·孔子闲居》）。人也应该效法天地这种品格。道德源于自然说，从根本上说是无稽的，但在当时，这又是一种非常深刻的认识，它给道德找到了最有力的支柱。

无论从当时的农业社会，还是从人类的历史看，法天合德都具有深刻的道理。但是先秦思想家把这个富有深刻哲理而又光荣的使命完全交给君主和圣人去体察和实现。这样一来，君主的绝对地位就获得了最有力的证明。对于君主的极高要求又使君主扮演了人间最显赫的角色。由于天地的伟大品性只有经过君主和圣人才能降临人世，因此君主就是人间的天地。

二、君主赞天地之化，成历史之变，握必然之理

先秦各派思想家承认人是自然界的一部分、是历史产物的同时，多数的人又认为，人在自然与社会面前不是简单的被动物，相反，肩负着人之为人的使命。于是在研讨"天人之际"和"古今之变"时，人扮演什么样的角色，遂成为思想家们关注的一个头等重要的课题。人作为一个"类"，固然引起了思想家们的注意，但他

们更侧重于从"类"中之"等"的角度去考察问题。思想家对于人类之"等"有各式各样的分法,五花八门。简而言之,可分为两等:上等是君主、圣人、君子、大人等等,其中核心和中枢是君主;下等指广大的臣民。在"天人之际"与"古今之变"中,这两种人各自占有一定的地位,并得到理论上的探讨,但他们论述最多的是上等人的作用与影响。上等人的作用与影响可概括为如下三句话,即赞天地之化,成历史之变,握必然之理。

天地化育万物是一个自然过程,但又可人为介入,人的这种活动称为"参"或"赞"。"参""赞"虽不排斥一般人,但最重要的是君主、圣人的使命。天地化育万物只有经过君主、圣人才能变为现实,并建立有条有理的秩序,各家各派从不同角度论证了这一问题。《中庸》说,圣人能"赞天地之化育"。荀子说:"天地生之,圣人成之。"(《荀子·富国》)又说:"天能生物,不能辨物也;地能载人,不能治人也;宇中万物、生人之属,待圣人然后分也。"(《荀子·礼论》)又说:"君子者,天地之参也,万物之总也,民之父母也。无君子,则天地不理,礼义无统。"(《荀子·王制》)《周易·颐卦·象传》:"天地养万物。圣人养贤以及万民。"道家中的《老子》还只是讲圣人法自然,到了后学,也大讲赞化。《管子·心术下》明确提出"圣人裁物,不为物使"。《管子·白心》说:"天行其所行而万物被其利,圣人亦行其所行而百姓被其利。"《管子》中的《势》是道家之作,文中讲:"天地刑(形)之,圣人成之,则与天同极。"《管子·宙合》说:"圣人参于天地。"属于黄老思想的马王堆帛书《称》中讲:"天制寒暑,地制高下,人制取予。"在道家这些论述中,圣人从法自然走到裁自然、制万物,他们不只是奉行"无为",同时还是"有为"的主帅。《管子》中的《君臣上》是法家的作品,文中讲："天有常象，地有常形，人有常礼。……人君之道也。"人君是贯通天、地、人的枢纽。《管子》中的《侈靡》是一篇奇特的作品，主张高消费促治国，文中也讲王要参天地之化，其文曰："天地若夫神之动，化变者也，天地之极也。能与化起而王用。"《吕氏春秋·有始》讲，圣人通察并类分万物，"天斟万物，圣人览焉，以观其类"。

赞化、裁物表明君主、圣人不仅是天地的助手，而且可以说是天地第二。天地固然是化育万物之本，但如果万物不经君主、圣人整治梳理，就只能以散漫的形式存在。只有经过君主、圣人之功，万物，特别是人类，才能各得其所，井然有序。这就把君主、圣人抬到了超人的地位。超人的人理所当然应该是支配人的人！这种理论为君主的绝对地位奠定了不可动摇的基石。

先秦思想家并没有把眼光只限在天人关系上，他们还从古今之变中寻求君主为超人的依据。历史是在不断变化的，对这一点思想家们没有原则性的分歧，分歧是对变化趋势的估计有不同，可谓五花八门。但其中有一个他们共同关心的问题，即在历史进或退中决定性的力量是什么。思想家们从不同角度出发，得出了一个大致相同的结论，即取决于君主的好坏。坏君主是人们鞭挞抨击的对象，抨击尽管很激烈，但都没有深究产生坏君主的社会原因，因此也没有导向探求政治制度的改进。抨击坏君主只不过是对明君圣主希冀的衬托，在对明君圣主的希冀中蕴含了历史观。先秦诸子有关的议论很多，这里只谈两点：一是社会秩序与君主、圣人的关系；二是君主、圣人在历史之变中的地位。

思想家从不同角度出发论证了这样一个问题，即君主、圣人是社会秩序的体现和创造者。墨子认为人类最初没有政长，天下处于混乱之中,交争是人类历史的第一章。为了避免人类在交争中自我毁灭,于是由上天"选择天下贤良圣知辩慧之人,立以为天子,使从事乎一同天下之义"(《墨子·尚同中》)。天子把人类带到一个有秩序的时代。法家也讲这个道理,慎到说:"天下无一贵,则理无由通。"(《慎子·威德》)慎到所说的理即人们的行为规范与准则,"一贵"的天子是社会秩序的体现。《管子·君臣下》认为,人类最初无"君臣上下之别",天下"以力相征"。后来有贤者出,治平天下而立为君主。荀子对初民社会没有论述,但他认为人性恶导致了争与乱。于是有圣人出,"化性起伪","礼义法度者,是圣人之所生也"(《荀子·性恶》),有了礼义法度而后才有秩序。《吕氏春秋·恃君览》也认为最初天下混乱一片,"圣人深见此患也,故为天下长虑,莫如置天子也"。君主代表着秩序,在当时的历史条件下,是有相当充分的理由的,但君主也因此而获得肯定。思想家们还竞相宣传圣君明主是历史进步的动力和文明的缔造者,实现历史进化的决定力量。

探讨历史之变,无疑是一个深邃而富有哲理的课题,先秦思想家对这个问题所做的说明虽然不科学,但在当时却是认识所能达到的最高水平。这种认识在政治上最直接的后果便是对君主地位的肯定,君主不仅是必然的,也是合理的。

先秦思想家们在探讨天人关系与古今之变时,十分重视探讨内在的规律和必然,把这些称之为"道""必""然""理""性"等等。这些规律和必然不以人的主观意志为转移,且君主、圣人与平民百姓在这些规律面前所处的地位迥然不同。君主、君子是坐而论道者,与之相反,"百姓日用而不知"(《周易·系辞上》)。思想家从各自的理论和不同角度出发,反复论证君主应该把了解、把握、实践规律与必然作为自己的首要任务；认识、实践规律与必然又是君主自我实现的必要条件之一。《老子》讲："侯王得一以为天下贞（正）。"（《老子》三十九章）"得一"即"得道"。《管子·白心》说："论而用之（引者按，指道），可以为天下王。"马王堆《老子》乙本卷前古逸书《原道》讲："圣人用此（引者按，指道），天下服。"《管子·形势》说："道之所言者一也。……有闻道而好为天下者，天下之人也；有闻道而好定万物者，天下之配也。""天下之人""天下之配"指的都是最高统治者。《管子·宙合》说："圣人博闻多见，畜道以待物。"法家在哲学上受道家影响最为明显，特别强调君主要知道、执道、体道，与道相契。《管子·君臣上》说："道者，诚人之姓（性）也，非在人也。而圣王明君，善知而道之者也。""道也者，万物之要也。为人君者，执要而待之。"韩非反复强调君主要"体道"，《解老》说："夫能有其国保其身者，必且体道。"道不仅是自然规律，而且是人事的通则，君主只有切实"体道"，而后才能统御万物。《主道》说："道者，万物之始，是非之纪也。是以明君守始以知万物之源，治纪以知善败之端。"

"理"也是用于表示必然性的概念。马王堆《老子》乙本卷前古逸书对理做了详细的论述，有天地自然之理，有人与自然契合之理，有人世之理等。作者反复强调君主要审察事理，并遵循事理。《商君书·画策》也说："圣人知必然之理，必为之时势。""始终"说的也是必然性，《管子·正世》说："圣人者，明于治乱之道，习于人事之终始者也。"

"性"主要是用于表示本质的概念，有时也含有必然的意义。诸子认为君主要遵从事物之性。《商君书·弱民》说："圣贤在体性也，不能以相易也。"《管子·宙合》说："圣人明乎物之性者，必以其类来也。"《吕氏春秋·贵当》说："性者万物之本也,不可长,不可短,因其固然而然之,此天地之数也。"

诸子百家一致强调君主要体察、把握、遵从必然之理,无疑是一个极富有理性的课题。它向君主指出,在大千世界中,有比君主更富有权威的东西,君主要顺从它。然而令人遗憾的是,思想家们把操握必然之理的权力只交给了君主、圣人,一般的平民百姓无能,也无权问津。这样一来,一个非常理性的命题却带来了一个反理性的结果,即君主、圣人独操和垄断理性。单凭借这一点,君主、圣人就应该君临所有臣民之上。

君主赞天地之化,成古今之变,握必然之理,是各家各派都赞同并为之做了论证的。论证越深入,越全面,君主的地位就越突出,越巩固,越神圣。正如《管子·任法》所说"圣君所以为天下大仪也"。用理性支持反理性的东西,比用非理性支持反理性的东西要更为有力,更为牢固。

三、君主一人独裁论

君主专制制度的最基本特征,是君主一人独裁。尽管先秦的思想家们向君主提出了数不清的美妙要求,深切地希望君主虚心听谏,或者慷慨陈词怒斥暴君、昏君,乃至提出"革命",但对君主专制制度却无人怀疑,相反,对君主热切的希望和激烈的批评却汇成一股合力,促进并加强了君主专制制度。

各家各派从不同角度论证了君主是独一无二的。法家从矛盾的事物双方不能平衡并存的哲学高度论述了君主只能一,不能二,更不能多。慎到认为"两"与"杂"是乱之源，"两则争，杂则相伤害"（《慎子·德立》）。"两贵不相事，两贱不相使。"（《慎子·逸文》）要使事物获得稳定，只有一方压倒另一方，在权力结构中，只能有一个最高指挥。"多贤不可以多君，无贤不可以无君。"（《慎子·逸文》）《管子·霸言》讲："使天下两天子，天下不可理也。"天子只能一，不能二。韩非从各方面论述了势不能两立，指出"一栖两雄""一家二贵""夫妻持政"（《韩非子·扬权》），是祸乱之源，结论是只能有一个君主。儒家向君主提出了许多不同的要求，但在君主独一这一点上，与法家并无二致。孟子是批评君主最激烈的人物之一，但他非常赞成孔子"天无二日，民无二王"（《孟子·万章上》）的说法。荀子的看法与法家颇为接近，认为君主只能一，不能二。他说："君者，国之隆也。……隆一而治，二而乱。自古及今，未有二隆争重而能长久者。"（《荀子·致士》）他还提出："天子无妻，告人无匹也。"（《荀子·君子》）妻，齐。言天子至尊，无人可与之对等相齐。《吕氏春秋·执一》中也讲君主只能一，文中曰："王者执一，而为万物正。……国必有君，所以一之也；天下必有天子，所以一之也；天子必执一，所以抟之也。一则治，两则乱。"君主独一无二的观点几乎是所有理论家的一致看法，而这正是君主独裁的前提。

与君主独一无二论相伴行的是君主至尊论。人分尊卑贵贱是当时普遍存在的社会事实。在尊卑贵贱中，思想家们几乎一致认为君主是至尊至贵者。法家着重从君主有无限的权势来说明君主至尊。《管子·法法》说："凡人君之所以为君者，势也。"《韩非子·备内》说："人臣之于其君，非有骨肉之亲也，缚于势而不得不事也。"君主的权势不是上帝恩赐的，而是在智与力的争斗中集中和强化起来的。《商君书·开塞》讲："民愚，则知可以王；世知，则力可以王。"《画策》讲："不胜而王，不败而亡者，自古及今，未尝有也。"法家除以权势角度论述君主至尊外，还从强化等级差别上突出君主。《管子·明法解》："君臣之间明别，则主尊臣卑。"《韩非子·忠孝》说："臣事君，子事父，妻事夫"乃"天下之常道也"。儒家与法家的思路不尽相同，他们主要从等级贵贱和伦理道德关系上论述君主至尊。孔子思想的主旨之一是论君臣父子之别。孟子从亲亲、敬长而推演出尊君："未有义而后其君者也。"（《孟子·梁惠王上》）又说，人之罪，"莫大焉亡亲戚君臣上下"（《孟子·尽心上》）。"无父无君，是禽兽也。"（《孟子·滕文公下》）荀子把问题讲得更透彻："君臣、父子、兄弟、夫妇，始则终，终则始，与天地同理，与万世同久，夫是之谓大本。"（《荀子·王制》）又说：天子"尊无上矣"（《荀子·君子》）。墨子的"尚同"论详细论述了天子是人间的至尊。道家中的黄老派从君道相配的角度论述了君主的至尊。他们也大谈君臣父子之别，君主处于至尊和指挥一切的地位。《管子·心术上》讲："心之在体，君之位也。"他们所主张的君逸臣劳论也是以君主至尊论为基础的。

君主是天下臣民和一切财富的最高所有者，是诸子宣扬的另一个支持君主独裁的理论。自从《诗经·小雅·北山》提出"溥天之下，莫非王土；率土之滨，莫非王臣"之后，几乎成为不移之论。在先秦诸子中除极个别人略有怀疑之外，多数思想家都进一步阐发了这一思想。法家说得直截了当，"国者，君之车也"（《韩非子·外储说右上》），"主者，人之所仰而生也"（《管子·形势解》）。儒家讲得比较含蓄，他们非常热衷于宣传君主是民之父母，从表面上看十分温情，然而在当时，父母对儿女是一种占有与被占有的关系。荀子比较爽快，干脆宣布，"贵为天子，富有天下"（《荀子·荣辱》）。这种把君主视为天下臣民和一切的最高所有者的说法，为君主支配一切奠定了理论基础。

权势独操是上述理论合乎逻辑的结论。法家在这方面宣传得最用力，表达得也最为明快。《管子·七臣七主》说："权势者，人主之所独守也。"《商君书·修权》说："权者，君之所独制也。"权势这种东西不可须臾松手，一松手就会出现君臣颠倒的现象。正像慎到所指出的："君臣之间，犹权衡也。权左轻则右重，右重则左轻。轻重迭相橛，天地之理也。"（《慎子·逸文》）儒家不像法家这样坦白，不过他们讲的君臣名分神圣不可侵犯，与法家的坦白之论并无原则性区分。孔子提出礼、乐、征伐自天子出。他又讲："唯器与名不可以假人。"（《左传·成公二年》）墨子宣传一切政令都要听命于天子，"上之所是，亦必是之；上之所非，亦必非之"（《墨子·尚同中》），充分反映了权力的集中。道家中的黄老派是道家与法家的结合，他们讲的君主无为和主逸臣劳之术正是以君主权力的集中为前提的。《吕氏春秋·用民》说："君，利势也。"范雎说："势者，王之神。"（《战国策·秦策三》）君主的权力要贯通于社会生活一切领域，《管子·任法》概括为六柄："明王之所操者六：生之、杀之、富之、贫之、贵之、贱之。"总之，一切的权力都要集中于君主之手。

决事独断是诸子制造的有关君主专制的又一理论。独断是讲在行使权力的过程中，君主是最高最后的决断者。只有决事独断才能最终保证君主独裁。独断并不排斥兼听，《管子·明法解》论述了两者是统一的，并明确提出"兼听独断"。法家公开讲独断，其他派别虽不使用这一词，但谁也不质疑君主应有最后决断权。

当然,在儒家那里,有对君主权力进行限制的言论,如争、谏、辅、拂、矫君之过等。然而这些都必须以忠君为前提,正如孟子所言:"有伊尹之志,则可;无伊尹之志,则篡也。"(《孟子·尽心上》)忠臣在局部问题上可能有碍君主的独断,但其最终还是强化了君主的地位。

先秦诸子在君主理论上尽管有不少分歧,但在君主独一、至尊、拥有一切、独操权柄和决事独断五个方面,没有大的原则性区分。相反,种种论述最后都汇集到这里,所以,越争鸣君主专制就越强化。

四、道高于君、内圣外王与强化君权

"道"指什么,各家各派有着不同的内容和解释,概而言之,指宇宙本根、规律、理论原则和道德准则等。道和君主是什么样的关系呢? 各家见解多有分歧,不过分歧之中又蕴藏着一个共识,即道高于君。道家是弘道的大本营,认为一切源于道,一切法道,君主也应以道为本。在道家那里,道高于君是一个普遍的原则。儒家讲的"道"与道家有别,重在讲理论原则和道德准则。孔子奠定了道义高于君主的认识基础,提出了"以道事君,不可则止"(《论语·先进》)的从政原则。孟子高谈德行,并与权位相抗衡。他说:"天下有达尊三:爵一,齿一,德一。"(《孟子·公孙丑下》)又说:"非其道,则一箪食不可受于人;如其道,则舜受尧之天下,不以为泰。"(《孟子·滕文公下》)荀子把问题表达得更为明快,直言不讳地讲:"道义重则轻王公"(《荀子·修身》),"从道不从君"(《荀子·臣道》）。法家主张君主独裁最强烈，可是他们在理论上也认为法高于王，道德高于王。《管子·君臣上》讲："明君之重道法而轻其国也。故君一国者，其道君之也；王天下者，其道王之也。"法家还倡导贵公、尚公精神，认为公高于君主个人。墨子把义看得比权力更高尚、更重要。

诸子从道义重于王公出发，纷纷高举着道义的旗帜对君主进行批评，有些批评极为尖锐，甚至导致对现存君主的全部否定，儒家这类言论尤多，无须征引。值得一提的是，在法家那里也有类似言论。如《商君书·修权》指出："今乱世之君臣，区区然皆擅一国之利，而管一官之重，以便其私，此国之所以危也。"

道义重于王公的理论无疑有着强烈的批评精神。但是这种精神是不是对君主专制制度的否定呢？从总体考察，我认为不但没有否定君主专制，相反，倒起着维护和加强君权的作用。关于这一点，可以从两方面考察：

一方面，诸子所说的道义本身与君主专制制度不是矛盾的，而是统一的。关于这一点，只要分析一下所谓的"道义"有没有与君主专制制度相抗衡的另外的政治设计，问题就可以迎刃而解。对此可以断言，先秦思想家的可悲之处就在于，他们没有在君主专制制度外设计出一套与之抗衡的制度，而是从理想的、普遍的角度肯定了君主专制制度。

另一方面，对暴君、暗主的批评是对圣主、明君企求的衬托。这一点是诸子的共同思路。诸子对暴君、暗主的批评，无论言辞和内容都十分激烈，甚而提出"革命"和取而代之。但这一切都没有导向对君主制度的否定和质疑，由此而引出的是，希望圣主君临人间。暴君和圣主无疑有着明显的区别，这种区别有重要意义，会给国计民生带来不同的结果。但这种差别只有个性意义，在制度上并无原则性的区分。在中国古代对圣君的希望与美化没有削弱君主专制，而是起了强化作用。

道高于君突出了原则，而道落实于人就与圣发生了关系。那么圣人与王又是什么关系呢？大体说来有两种不同情况：一是圣、王并存，圣为王者之师；二是内圣而外王。这里只讨论第二种情况。具体说来，有如下两种含义：

第一，先圣而后王，例如尧、舜，便是因圣而王的。《管子·乘马》说："无为者帝，为而无以为者王。"《管子·兵法》说："明一者皇，察道者帝，通德者王。"

第二，圣、王统一，王应该成为圣人，这样才能真正王天下。从诸子的言论看，这类论述是大量的。《庄子·天道》说："明于天，通于圣，六通四辟于帝王之德者。"《天下》说："圣有所生，王有所成，皆原于一。"《荀子·解蔽》说："圣也者，尽伦者也；王也者，尽制者也。两尽者，足以为天下极矣。故学者以圣王为师，案以圣王之制为法。法其法，以求其统类，以务象效其人。"总之，圣是对王的一种要求，王应该同时是圣。

内圣外王无疑对王提出了极高的要求，这种要求是对王的完善，而不是对王的否定；是对王进行道德改造，而不是进行制度制约。把王与圣结合起来，在理论上对巩固王权更为有利。

先秦诸子在众多问题上常呈现多方向、多线条的思维，一个问题常有数种不同见解，唯独在君主专制这个问题上，有百流归海之势，失去了一次可能进行多维思考的机会。当时有可能从君主专制范围内向外突破，就政治体制问题提出新的设计，但是诸子没能提出新的思想，这个机会一失，就再也无法弥补。在后来高度的君主集权制及其淫威横施的条件下，更难以提出新设想了。

君主专制的历史事实昭然若揭，但关于这个问题的理论及其思维方式，还有待深入地揭示与研究。

（原载刘泽华主编：《中国政治思想通史·综论卷》，
中国人民大学出版社2014年版，第六章）

第四讲

中国传统的人文思想与王权主义

在对中国传统文化再认识的过程中,有些学者提出,中国传统文化的特点是人文主义,理由是中国传统文化注重世俗、重视人而不追求神学。就此而论,我认为这一观点是可以成立的,并想就其表现再补充几句。但对在论者之中有人提出,以儒家为代表的传统人文思想是提供天下为公、人格平等、人格尊严、个性独立、道德理性、民主政治的基础的观点,我认为难以成立。依我之见,中国传统的人文思想,其主导方向恰恰是王权主义,并使人不成其为"独立"的人,换一个说法,就是要人成为等级人、成为顺民。应该说中国古典的人文主义同君主专制主义是结为一体的。

一、传统人文思想的表现

夏、商、西周基本上是神的世界。从春秋开始,神的地位逐渐下降,人的地位逐渐上升。老子与孔子是人文思想发展中的两位巨擘,是中国历史上思维方式转向的标志,他们二人把先前零星的人文思想上升为理论,老子把人还给自然,孔子把人还给社会,从而奠定了中国历史上人文思想的基础。中国传统的人文思想有如下几方面值得注意:

第一,在人与神的关系上,倡导先人而后神。

在中国古代思想史上，除少数人外，绝大多数思想家都没有把神赶出庙堂。相反，或多或少都给神留下了一席之地。老子认为道是最高的存在，并支配一切。他从本体论上抛弃了神，可是在信仰的范围内仍然保留着神。孔子讲"祭神如神在"，也是从信仰上说的。从传统思想看，神不限于信仰，有时也会侵入本体论和决定论中来。但终究人更重要，并以人的需要和精神改造神。以民情知天命、先人而后神、敬鬼神而远之和神道设教诸思想，是人文思想对神道观念的改造和修正。

以民情知天命早在西周初已提出来，是"德"这一观念发展的伴生物。德包含着对神的崇敬，但更注重人事。德把敬神与保民统一起来。"天畏棐忱，民情大可见。"（《尚书·康诰》）"民之所欲，天必从之。"（《左传·襄公三十一年》）"天视自我民视，天听自我民听。"（《孟子·万章上》）这类话巧妙地把神、人结合为一体，并成为传统中认识神人关系的指导思想。这种认识实际上把神人同化。在儒家中，董仲舒是把神学推向极致的人物之一。然考其基本精神，天神的目的仍是为人谋利益，天"生育养长，成而更生，终而复始，其事所以利活民者无已。天虽不言，其欲赡足之意可见也"（《春秋繁露·诸侯》）。天人感应、天谴论大抵也是以人事为根据的。

人既然是神的目的，因此在处理神人关系或当两者发生矛盾时，众多的思想家主张先人而后神。这种思想虽不是孔子的发明，但他做了更确切的论述。"季路问事鬼神。子曰：'未能事人，焉能事鬼？'"（《论语·先进》）"务民之义，敬鬼神而远之，可谓知矣。"（《论语·雍也》）庄子也讲："六合之外，圣人存而不论。"（《庄子·齐物论》）即对神的问题不做理论的深究。把神作为工具，是进一步把神人同化的表现。墨子把这种思想阐述得十分明确。他认为，天神犹如"轮人之有规，匠人之有矩"（《墨子·天志中》），是人手中的工具。《周易·彖传》提出的"圣人以神道设教"，对后来的思想影响更大。"神道设教"，在解释上虽然可以走入神秘主义，但更多的是把神道作为工具来看待。只要把神作为工具，不管神在外观上有多威严，它已失去目的意义，真正的目的是人。而以人为目的的实用主义正是人文思想发展的标志之一。

第二，在人与自然的关系上，倡导人与自然相谐，并利用自然，为人造福。

人是从哪里来的？西周以前认为是神的产物。道家、阴阳家、《周易》的出现改变了这种认识。他们从不同角度阐发了一种共同看法，即人是自然的产物，人是自然的存在。《周易·序卦》说："有天地然后有万物。有万物然后有男女。有男女然后有夫妇。有夫妇然后有父子。"《庄子·知北游》："人之生，气之聚也。聚则为生，散则为死。"人作为自然的存在，是人文思想的理论基础。

思想家们普遍认识到，人的活动要受到自然的制约。自然的力量比人的力量在总体上更富有威力，"逆天（指自然）者亡"，正反映了这一认识。然而人在自然面前并不是无能为力的，人可以通过主观努力和探索，求得与自然的协调，"法天""法地""象四时"（《管子·版法解》），是取得人与自然和谐的基本方式。只要能取得协调，人不仅可以利用自然，自然简直是为人而存在的。"万物同宇而异体，无宜而有用为人，数也。"（《荀子·富国》）"天地之生万物也，以养人。"（《春秋繁露·服制像》）

在传统认识中，一方面强调自然对人的制约，要把"法自然"作为人类安身立命的起点，但另一方面又指出人可以"制天命而用之"。指明人是自然界的主人，可以利用自然为己造福，这样在人与自然的关系中突出了人的价值。

第三，在人的社会生活中，强调人性，并以人性为基础推演社会的人际原则。

传统思想深入探讨了人性问题。关于人性问题的实质，近人多归结为道德善恶问题。毫无疑问，这是人性问题中十分重要的内容。不过细究起来还有更深层的含义，这就是人的自然性与社会性的关系问题，即生理本能、物质需求与社会关系、社会意识形态的关系问题。对这些问题，不同流派有不同的见解，大体有四种看法。

第一种看法用自然性排斥社会性，如老、庄、魏晋玄学中的一些代表人物。他们认为现存的社会制度和道德观念等，都是对人性的桎梏和破坏，特别是儒家的仁义道德，是戕害人性的刽子手，是吃人的"虎狼"（《庄子·天运》）。他们要求把人还给自然。

第二种看法则用一定的社会制度和社会观念排斥人的生理本能和物质需求。孟子以及宋明理学基本上是沿着这一道路思考问题的。他们认为人性是善的，这种善即儒家的道德规范。人的欲望和物质追求是给道德完善造成麻烦的根源。在孟子及理学家们看来，人欲是破坏善的罪魁。因此要发扬善，必须与人欲作斗争。

第三种看法认为，人的自然性与社会性是统一的。此说的代表是法家。法家认为，人的本能需要与社会追求是同一个东西，即名和利。这种本性无须改，也改不了，改了反而有害。关键是如何利用这种本性为统治者服务。

第四种看法认为两者既有统一又有矛盾。此论以荀子的性恶说为代表。荀子以礼义道德来衡量人欲，认为人欲与礼义相悖，因此宣布人性恶。不过他没有走极端，一方面主张限制和改造人性的恶，另一方面又支持适当满足人的起码生活需求，礼便是调节两者之间关系的准绳。

关于人性的讨论，从根本上说，是探索人类怎样认识自己以及人应该有什么样的价值。在道家看来，人的价值与回到自然的程度成正比，越是自然化，价值越大。法家则认为人的价值是在追求名利中表现出来的。道、法两种价值观虽有很深的影响，不过在传统思想中占主要地位的是孟子的性善论。另外，在汉代，荀子的性恶论也有一定的影响。孟、荀两家看起来截然相反，但归结点却是一致的。孟子认为仁义礼智是人的性善的逻辑展开，荀子认为仁义礼智是改造人性恶的结果。孟、荀都尊尧、舜为圣人，尧、舜是人的价值的最高体现，是人的典范。孟、荀从不同角度出发，都提出了人皆可以为尧舜的主张。孟子教导人们说，性善自我发扬，就能上升为尧、舜。荀子教导人们说，用礼义改造自己的尽头就会变成尧、舜。他们认为人的价值是在同自己的欲望斗争中提高和发展的。宋明理学沿着孟子的方式进一步论述了人的价值只有在道德化的道路上才能充分显示出来。

道德完善并不是个人的私事。在儒家看来，个人的道德完善是社会完善的基础和起点。修身—齐家—治国—平天下这一公式集中表达了他们的见解。在这一公式中，个人的价值与作用被置于至高无上的地位，不但神被抛到九霄云外，社会的其他关系与因素也被排挤到次要地位。

这里，我们不去评论上述思想的得失，但有一点是可以肯定的，人文思想获得了充分的展开。

第四，人们在自我追求中主要是求圣化而不是神化。

在古代传统思想中，不是没有自我神化的追求，但占主流的是追求圣化，即通过自我修养和完善，成为圣人、贤人、仁人、大丈夫、成人、君子、善人，这些人的共同特点是道德模范。圣化和神化的道路虽然并非水火不相容，比如在修养过程中有共同点，但终结点有着原则性的区别。神化追求超越自我，最后变成彼岸世界中的一员；圣化则力求最大限度地实现自我，在充分发挥自己的主观能动性和执着的追求中，把社会的一切美德集于一身，从而上升为一个超人。传统中的圣贤，特别是儒家中的圣贤，都以悲天、悯人、救世为己任，因此对圣贤、仁人的追求促进了人文思想的发展。

第五，把自然、社会和人自身作为认识对象和实践对象。

上述几点，在逻辑上必然导出把自然、社会和人自身作为认识的主要对象和实践对象。在认识史上虽然也有对天国的幻想，但人们普遍关心的是现实生活中的人以及与人相关的自然界。老子、孔子之后两千年，知识界讨论的主要问题，几乎一直是围绕天人关系、历史之变、心性、治乱、道德、民生等问题开展的。在这里，认识对象与实践对象是一致的，诚如章学诚所言："古人未尝离事而言理。"（《文史通义·内篇·易教上》）把现实生活作为认识对象和实践对象，从而为人文思想开辟了广阔的道路。以上从不同角度对传统人文思想的具体内容做了说明。那么，传统人文思想思维方式最主要的特点是什么呢？这就是人们常说的一体思想，即把自然、社会和人视为一个和谐的统一体。这种统一是通过自然的人化、社会化和人与社会自然化达到的，简称自然的人化和人的自然化。在自然的人化与人的自然化观念中，有一些合理的，甚至包含着一些科学的因素。比如人与自然存在某种统一性。诚如荀子所言："水火有气而无生，草木有生而无知，禽兽有知而无义。人有气、有生、有知，亦且有义。故最为天下贵也。"（《荀子·王制》）即在气、生、知上，人与自然有某种统一性，这种看法是很有道理的；但在自然与人统一的理论中，还有许多是通过人为的对应模拟生造出来的。《周易·系辞上》说："天尊地卑，乾坤定矣。卑高已陈，贵贱位矣。"接着论述乾代表"天""君""金""玉"；坤代表"地"、"母"、"众"（臣民）、"布"等等。《文言》则讲"地道""妻道""臣道"属阴，阴应顺天从阳。在这些论述中，人分贵贱，天地乾坤，阴阳也分贵贱，而且在论者看来，人的贵贱倒是从天地贵贱中引申出来的。中国古代各派思想家都讲"公"，公本是道德观念，但各家都说公是"天道"的本性，并外化为道德之"公气把天道道德化，反过来又用道德化的天道论证人世道德"，这是古代天人合一的重要内容之一。

人自然化，自然人化的思维方式，把一切个体都视为恢恢天网中的一个结。个体在关系网中只有相对的地位，君主是人间最尊贵的，独一无二，但君主也只是关系网中的一环。他只有顺天、从人，才能保障自己的安全和尊贵。这种观念无疑具有合理的一面，从现代的系统论观点看，古人是把自然、社会、人视为一个有组织的严密的大系统，每个事物都受系统关系的制约。但是古人在构筑这个大系统时，对系统的认识不是建立在科学分析的基础之上，而是以直观的模糊认识来完成的。因此所谓的系统关系有许多是虚构的、臆想的。另外，这个系统结构本质上是按照社会现实的等级结构来组织的，并且都贴上了道德的标签。人自然化，自然人化的结果，既使人不成其为人，又使自然不成其为自然。自然与人都因此而失真。但由此却得到一个对当时君主政治非常实惠的东西，即大一统。在天、地、人大一统中，君主具有承上启下、圆通万物的作用。

二、中国古典的人文主义导向君主专制主义

有一种意见认为，人文思想与民主、自由相联系。其实无论从逻辑上还是从历史上看，这种说法都难以成立。从逻辑上讲，专制主义可以被包括在人文思想之中；从历史上看，中国古代的人文思想很发达，君主专制主义也很发达，专制主义恰恰以具有浓厚的人文色彩的儒家思想为理论基础。另外，从内容上看，中国古代人文思想的主题是伦理道德，而不是政治的平等、自由和人权，当时的伦理道德观念最终只能导致专制主义，即王权主义。在古代的传统思想，特别是儒家思想中，虽然有不少重民、爱民、利民、惠民、恤民、爱民如子、民惟邦本等主张和理论，这些常被人们誉为民本主义和民主主义等等，但是，事情的本质未必如此。古代的重民、爱民并不是目的，一般地说，它们只是一种手段，孔子讲得很清楚："惠则足以使人。"（《论语·阳货》）不管人们就"爱民"问题讲了多少美好语言，民基本上是被恩赐和被怜悯的对象。民从来没有比这个地位更高。那么谁是目的呢？谁是掌握民这个工具的主人呢？是君主，是帝王。人们常爱把范仲淹的"先天下之忧而忧，后天下之乐而乐"作为民主思想的典型加以征引，其实不应忘记他前边说的两句话："居庙堂之高则忧其民，处江湖之远则忧其君。"这两句正说明君主是目的，民只是被怜悯的对象。

我们说君主是目的，并不是说君主是不受任何制约的。从理

论体系上看,君主也是被规定的对象。他不仅要受到天、人的制约,还要受到名分、伦理道德的制约,即受到道统的制约。中国传统的名分、道德和道统确实对君主的行为有规定和制约作用,但是我们不能忽略这样一个基本事实:在总体上,这些理论又是对君主地位的肯定和维护。对君主严格的要求正是为了保证君主地位的稳固。道德自然化,恰恰成为君主因自然而为必然的证明。另外,君主尽管只是整个关系网中的一个结,但他是这个网络中非同一般的网结,是处于枢纽和指挥地位的纲。诸多人文性的命题恰恰与君主专制交织在一起,并成为君主专制的理由。

第一,一般人在自然中的能动性被圣王、君主包揽和取代。

在古典人文思想中,人为万物之灵,"天地之精所以生物者,莫贵于人""天人同类""人副天数",人是天的副本,形体、脏腑、精神与天相类,天与人可以相互感应。人是天的发展的最高表现,故"唯人独能偶天地"(《春秋繁露·人副天数》)。《荀子·礼论》认为:人与万物都是自然的产物,然而在万物之中,有"血气"的动物高于无"血气"的植物;在有"血气"的一类中,人又是最高的。这是因为有血气"必有知","有血气之属莫知于人",人是万物之中最有智慧的。《淮南子·修务训》认为,人与动物都自然具有知能才力的禀赋,而动物"知不能相通,才力不能相一",所以受制于智慧更高的人类。这正是人之所贵之处。天、地、人同为万物之本。"何谓本?曰:天、地、人,万物之本也。天生之,地养之,人成之。"(《春秋繁露·立元神》)这就是说,人在维系宇宙秩序中也具有不可或缺的作用。这类思想在中国古代文献中很常见。这种宇宙观必然把人置于万物之上,推之、崇之、尊之、贵之。

更为珍贵的是,中国古代思想家大多认为,人不仅是自然的产物,而且其活动要受自然制约。然而他们又指出,人在自然面前并不是无能为力的。人可以认识自然,效法自然,进而利用自然。这就是荀子说的"制天命而用之"。万物都靠自然生活,墨子指出,人与万物的区别之一,就是人以劳动为生,故高于其他动物。自然为人类造物,人是自然的主人,可以利用自然为自己造福,这就突出了人的价值。

天地化育万物是古人的共同认识,在天地化育万物的过程中,人并不是纯粹的外在物,他可以参加到天地育万物的行列中来。《荀子·天论》说:"天有其时,地有其财,人有其治,夫是之谓能参。"人虽具参天地之才能,但并不是人人都能做到的,只有圣人君子才有这种才能。《中庸》说:圣人能"赞天地之化育"。荀子说:"君子者,天地之参也,万物之总也,民之父母也。无君子,则天地不理,礼义无统。"(《荀子·王制》)中国传统思想中的圣与王在理论上不完全一致,但一般说来又是"内圣而外王",正如董仲舒所说:"古之造文者,三画而连其中谓之王。三画者,天、地与人也,而连其中者,通其道也。取天、地与人之中以为贯而参通之,非王者孰能当是?"(《春秋繁露·王道通三》)《礼记·乐记》说:"天高地下,万物散殊,而礼制行矣。流而不息,合同而化,而乐兴焉。"礼乐原本于天地,但是礼乐又不是纯自然的产物,它是圣人根据天地之性而制作出来的:"故圣人作乐以应天,制礼以配地。礼乐明备,天地官矣(郑玄注:官犹事也,各得其事)。"(《礼记·乐记》)只有经过圣人之功,天、地、人才能和谐相配。圣人、君主参天地的理论,把圣人、君主抬到超人的地位,君主不但被圣化,而且也有被神化的意味。

人能参天地之变是一个光辉的命题,但这个"人"不是"人人",

而是圣王、君主。在天地自然面前,作为个体人的价值与意义,在理论上又是绝然不同的。没有圣王、君主的教化,"人"就不能成为"人"。

第二,一般人是盲目的存在,圣王、君主是"规律"的体现与操纵者。

古典人文思想十分注重自然与社会的必然性,他们把这种必然性称之为"道""理""时""势""必""然""节""序""数"等等。传统思想认为,"天道"与"人道"在原则上是统一的,人道本于天道。人们都要受到自然与社会的必然性的制约,但对人来说有自觉和不自觉之分。"百姓日用而不知"(《周易·系辞上》),仅"作而行之"(《周礼·冬官·考工记》),处于浑浑噩噩的自发状态;君主、圣人的专职是"坐而论道"(《周礼·冬官·考工记》)。只有他们知"道",并把握着必然性。"圣人者,明于治乱之道,习于人事之始终者也。"(《管子·正世》)"道不同于万物,德不同于阴阳,衡不同于轻重,绳不同于出入,和不同于燥湿,君不同于群臣。凡此六者,道之出也。"(《韩非子·扬权》)圣王、君主是道在人间的体现。君主一方面要"体道",才能成为君主,"道者,万物之始,是非之纪也,是以明君守始以知万物之源,治纪以知善败之端"(《韩非子·主道》);另一方面则要将"道"引渡给社会,施诸众人,帝王是把天道、天理引入人世的中枢。

帝王体现着规律,体现着必然,人们要遵从规律和必然,首先必须遵从帝王。

第三,一般人在社会政治中的意义是实数后边的零,君主是政治治乱的枢机和决定力量。

"国将兴,听于民;将亡,听于神","得其民,斯得天下","圣举事也，阖与天地，顺于民"等名言，说明民众在历史之变、政治兴败中有举足轻重的地位，也是古典人文思想的亮点。但古典思想家并没有从中提出民众有参与政治的权利的观念。中国古代的各家各派，从不同的角度出发，几乎一致认为君主在国家治乱中具有决定性的作用，这种认识同君主专制制度的不断强化是一致的。在君主专制制度下，君主个人具有无上的权力。由于权力支配着社会，君主的一言一行都会对社会政治局面产生重大的影响，"一言而兴邦"和"一言而丧邦"成为通识。"君者，民之原也。原清则流清，原浊则流浊。"（《荀子·君道》）于是有"观国者，观君"（《管子·霸言》）之说。在整个封建时代，几乎所有的思想家，都把希望寄于圣明君主身上。普通人的作用很大，但只是实数（圣王、君主、豪杰等）后边的零。

第四，一般人没有独立的财产权，君主则拥有最高的所有权。

传统社会的个人的私有制是很发达的，商品交换也很发达，货币是万能的"通货"，契约制也很普遍。在观念上中国古典思想家多数程度不同地承认人的本性趋于富、贵和自利，就连讲性善而厌恶讲利的孟子也在一定程度上承认"食色，性也"。这些应该说是古典人文思想的重要特点。但是令人遗憾的是，古人并没有因此得出个人财产权是不可侵犯的，相反，几乎都认定最高的财产权与人身权属于王。《诗经·小雅·北山》说的"溥天之下，莫非王土；率土之滨，莫非王臣"，成为形容王权至上的口头禅。秦始皇统一中国之后即宣布："六合之内，皇帝之土。……人迹所至，无不臣者。"（《史记·秦始皇本纪》）刘邦称帝之后即宣布天下为己业。黄宗羲曾指出，人君"视天下为莫大之产业"（《明夷待访录·原君》）。《管子·形势解》甚至给君主下过这样的定义："主者，人之所仰而生也。"

与这种最高所有权思想相对应的，是恩赐思想的盛行。一切阳光和雨露，都属于圣明君主，甚至连处死都称之为"赐死"，而且成为死者的一种殊荣。

全国一切的最高所有权属于王，臣民的一切是王恩赐的，这两种观念的结合，把君主置于绝对的地位，为君主专制提供了强有力的理论根据。

第五，在一般人的认识中是非要由君主裁断，君主是认识的最高裁决者。

权力和认识本来属于两种不同的范围。坚持和提倡权力和认识二元者时有其人，这应该说是人文思想的又一个亮点。但在传统中占主要地位的是把两者并为一元，并以君主为认识的最高裁决者。《尚书·洪范》关于王道皇极的论述颇有代表意义："无偏无陂，遵王之义；无有作好，遵王之道；无有作恶，遵王之路；无偏无党，王道荡荡；无党无偏，无反无侧，王道正直。"这几句话是传统思想中的最高信条之一，它的妙处在于把王权、认识、道德和行为准则四者结合为一，而且以王权为核心，其中的王虽然是抽象的王，但落实到具体，则表现为对王权的肯定。思想家倡导的"内圣外王"理论，为王之权力、认识、道德的统一做了更具体、更深入、更巧妙的论证。圣和王虽然常常有矛盾和冲突，但圣的最后归宿是王。因此，王高于圣。荀子把君主说成"居如大神，动如天帝"（《荀子·正论》），就是把君主视为认识和道德的最后裁决者。郑玄的"言作礼乐者，必圣人在天子之位"（《四书集注·中庸》引郑氏注）也说明天子高于圣人。法家提倡的"以吏为师"，从政治实践上就权力裁决认识做了规定。在秦以后，法家虽然被排斥于正宗之外，但他们的许多思想，其中包括"以吏为师"却被统治者视为法宝而加以使用。儒家虽然不停地强调道德以及相关认识的独立性，但当理论分歧弄到不可开交时，最后还是由皇帝加以裁定。历史上连续不断的文字狱是权力与认识发生尖锐冲突的表现。中国的经学有着非常丰富的内容，但它作为官学，不仅为维护王权和封建秩序服务，同时又受王权的支配。哪些被列为"经"以及标准注疏，都是皇帝下令确定的。其实何止经学，史学的主干部分，所谓正史等，多半是遵照官方的旨意来编写的。中国古代基本上不存在独立的认识主体，这一点就决定了难以有独立的认识。总的来说，王权高于逻辑。

三、人是等级的人

在古代传统人文思想中，确实有强调个人尊严和人格独立的一些词句，如"三军可夺帅也，匹夫不可夺志也"（《论语·子罕》），"事君者从其义，不阿其惑"（《国语·晋语一》），"从道不从君"（《荀子·臣道》），"大人当否，则以道自处，岂肯枉己屈道，承顺于上"（程颐《伊川易传》卷一），这类的论述不少，一些学人以此为据，说传统中有人格独立、人权等等。的确，遵循上述理论，也确实出现了不少志士仁人和不惧万难的硬汉子。但是从历史上来看，我们只能说这是个别现象。中国古代的人文思想从总体上不是把人引向个性解放和人格平等，而是引向个性泯灭，使大多数人不成其为人。造成这种结果的重要原因是王权至上和道德至上的理论及其相应的规定。

关于王权至上的理论前节已论述。这里再讲一点，即等级制及其相应的理论对人的束缚。等级制及其相应的理论把王抬到了金字塔顶，并使所有的臣民变得既不自立又无自由。有人说中国缺乏等级制。的确，乍然看去，中国古代的等级制不像西欧中世纪那样僵化和稳固。但事实上，中国古代的等级制也是相当发达的，只不过与西欧中世纪不同罢了。其特点就是多元性和成员的流动性。多元性表现为不同的等级系统，如爵制、官品、门第、户等、职业贵贱以及民族等差等等；流动性指等级中的成员因种种原因有升降和贵贱对流。等级的多元性和成员的流动性没有打破等级，反而使等级制更加顽固，成为中国历史上的一个痼疾。由于等级制的顽固存在和发展，在观念上论证等级合理性遂成为统治阶级代言人的一大任务。古人论证等级合理性的理论十分发达，这集中反映在关于礼的理论中。礼的本质就是讲"分"，讲"别"，讲"贵贱"。

等级贵贱的理论与规定，首先使人丧失了独立的人格，人一生下来就是他人的从属物。人没有独立的人格，个人的尊严和自由从何谈起？

人的自由首先应表现在思想自由上，因为思想这种东西难以用有形的方式被他人占有。但是在中国的古代，代表统治者的思想家们却绞尽脑汁，想方设法去束缚和限制人们的思想自由。礼的规定与理论在这方面起了极为恶劣的作用。这集中表现在，把礼作为思想的樊篱、思维的前提和判断是非的标准。孔子讲的两句话颇为典型。一句话是"君子思不出其位"（《论语·宪问》），另一句是"非礼勿视，非礼勿听，非礼勿言，非礼勿动"（《论语·颜渊》）。按照认识的规律，一切客观存在的事实，都应作为认识的对象。人们的认识与思考只对对象负责，人人都有认识的权利。然而在礼的束缚下，人们不能超越自己的社会地位去探索问题，表现在政治上就是"不在其位，不谋其政"。孔子讲的"四勿"把礼当作认识的前提，为认识划定了圈子。这样一来，人的认识结论在认识未进行之前已被确定。正如荀子所讲："'非察是，是察非'，谓合王制与不合王制也。天下有不以是为隆正也，然而犹能分是非，治曲直者邪？"（《荀子·解蔽》）荀子的"王制"即礼。《礼记》的作者把问题说得更加明确。《礼运》说："礼者……所以别嫌明微。"《曲礼》说："夫礼者，所以定亲疏，次嫌疑，别同异，明是非也。"当连属于自己的思想也失去自由时，还有什么个人的自由与尊严可谈？专制王权的发展是以对社会上除王之外每个人的剥夺为前提的；专制王权愈发展，剥夺就愈重。

在传统思想中，与王权主义并行的是道德至上的理论与规定。儒家的道德理论是典型的人文思想。这种理论从表面上看，特别注意发挥人的主观能动性、主观修养与自我完善，然而问题恰恰藏在其中。按照儒家传统道德的教导，主观能动性越充分地发挥，就越导向对自我的剥夺；达到自我完善，也就达到了自我泯灭。鲁迅先生把传统的仁义道德归结为"吃人"二字，有些人不以为然，认为是形而上学，是虚无主义。静心思之，从理论角度上看，鲁迅先生的说法未必十分准确（按：鲁迅讲这话时是以文学家的面目出现的，而不是以理论家的面目谈问题），不过在我看来，鲁迅先生的话更接近事情的本质。本来是讲究人的完善的道德，怎么会变成"吃人"呢？看起来有点蹊跷，然而奥妙正在其中。

我不否认儒家的道德理论在中国历史上曾起过有益的作用，在人的自身完善中充当过善良的导师，但最后的归宿仍不免是"吃人"。对此可以从两方面考察。

第一，儒家把道德看成人们生活的最高层次，从而限制了人的全面发展。

道德是任何时候都不可缺少的，是维系社会正常生活所必需的。但是道德并非人们唯一的社会生活，而且在复杂的社会生活中也不具有决定意义。儒家的错误恰恰是把道德视为人类社会生活中最根本的东西。人之所以为人，人与动物的区别，就在于人有伦理道德。最早提出这个看法的是孔子，他认为，只有礼才是区别人与动物的标志。孟子讲"人之所以异于禽兽者几希"（《孟子·离娄下》），意思是人不同于禽兽的地方就那么一点点，这一点点即"不忍人之心"，亦即仁、义、礼、智。荀子说："人之所以为人者，非特以其二足而无毛也，以其有辨也。"（《荀子·非相》）"辨"即"别"，"别"是礼的核心和本质。《礼记·冠义》说："凡人之所以为人者，礼义也。"朱熹也认为，人之所以为人，在于具备仁、义、礼、智等道德。把道德作为区分人与动物的标准，在理论上有重要意义，它从根本上论证了道德是人的本质。

人的本质既然是伦理道德，由此推演下去，要做一个人，首先必须把道德修养放在首位，人的价值要由道德的高低来决定，因此做人的第一要义就是"立德"。在人的活动中，德是"体"，是"帅"，是目的，其他都是为德服务的。正像司马光所说："德者，才之帅也；才者，德之资也。"北宋刘彝对此也有过论述："臣闻圣人之道，有体、有用、有文。君臣父子，仁义礼乐，历世不可变者，其体也；诗书史传子集，垂法后世者，其文也；举而措之天下，能润泽斯民，归于皇极者，其用也。"（《宋元学案·安定学案》）在刘彝看来，全部社会文化只不过是道德的表现形式。

关于道德与经济的关系，在历史上表现为义利之争。在儒家的传统中，义是第一位的，利是次要的，因此贵义而贱利，甚至把利当作抨击的对象。孔子讲："君子喻于义，小人喻于利。"（《论语·里仁》）董仲舒说："正其谊不谋其利，明其道不计其功。"（《汉书·董仲舒传》）把经济生活置于可有可无的地位。宋代理学家对义利之辨看得很重。程颢说："天下之事，惟义利而已。"（《河南程氏遗书》卷一一）朱熹认为义利是"处事之要"（《朱文公文集·白鹿洞书院揭示》）。在义利关系上，理学家有一个基本倾向是重义而轻利，甚至排斥利。总之，在儒家看来，经济生活对人无关紧要，首要的是道德。

把道德视为人的生活的最高层次，从表面上看，很难说它是一种低劣的理论，但问题也正在于此。人们的社会生活是多方面的，在各种活动中最具有决定意义的是生产和经济生活。儒家的道德至上论颠倒了社会生活的关系，由此引出的关于人的价值观念必然是错误的、片面的。把道德视为一切生活的统帅和本体，限制了人的全面发展，扼杀了人充分施展才干的可能性。

第二，从道德具体规范上看，儒家把人变成畸形的人，使人不成其为人。

儒家所倡导的伦理道德，有着特定的历史内容，它的主旨是什么？仁者见仁，智者见智，莫衷一是。不过在我看来，"三纲五常"可谓儒家道德的真谛。"三纲五常"所表示的是一个完整的关系网，每个人都不过是这个关系网中的一个小结，在这个关系网中，没有个人的独立价值和地位，每个人只是被当作一个从属物而存在。

"三纲五常"理论导致的最为明显的后果之一，是把人作为工具。从表面看,儒家道德十分强调个人主体意识,强调个人修养和个人追求,然而这只是起点,真正的归结点是成就道德。在儒家道德中最温情脉脉的要数孝道。父母子女是人间至亲,提倡孝道最能打动人的心弦,也符合人情,然而正是孝道使人一生下来就失去了独立的意义。因为在儒家孝道中,儿女是作为父母的从属物而存在的,孝的最本质的规定是"顺"。孝道的主旨是儿女对父母的服从,而这种服从以盲从为前提。由此可以看到,儒家正是在最富于人情的关系中,巧妙地取消了人的独立性。儿子只是父亲的工具,他本身不具有目的的意义,推而广之,这样的人无疑是君主专制最好的群众基础。这正是专制君主大力倡导孝道的原因。

把人变成道德工具的基本办法是强调和倡导自我净化,时时处处把自我当作斗争对象。当客观与主观发生矛盾时,当社会与个人发生冲突时,当人与己发生不睦时,首先反思自己是不是符合礼义道德。礼义被视为超越一切的绝对,个人主体在礼面前,只有相对的意义,个人一切言行都要以礼为准。儒家的道德不是引导自身在适应社会中改造社会,而是处处克制自己安于现状、安于传统,通过自我斗争、自我克制从主观上消弭各种矛盾。

为了彻底克制自己,并使人彻底变为道德工具,儒家对欲望发动了猛烈的抨击。在儒家看来,人欲是破坏道德的罪魁祸首;无欲而后入道德。这种思想在孔子那里虽然还未形成系统理论,但已有了萌芽。他说:"君子谋道不谋食。"(《论语·卫灵公》)颜回则是典型。"贤哉,回也。一箪食,一瓢饮,在陋巷,人不堪其忧,回也不改其乐。贤哉,回也。"(《论语·雍也》)孟子的人性善说从根本上把道德与欲望视为对立的不可两存之物,要存心、尽性,就要和欲望做斗争。只有"寡欲"才能道德化。荀子的人性恶论实际上宣布人生来的感官欲都是坏的，必须用礼义加以遏制和改造，人才会变成尧舜，才能道德化。《礼记》明确提出"天理"与"人欲"的对立。"天理"即礼，作者主张存天理、灭人欲。宋明理学把这一思想作了极致的发展。张载说："徇物丧心，人化物而灭天理者乎！"（《张子正蒙·神化篇》）为此提出"灭人欲"，"立天理"。程颐也提出："灭私欲，则天理明矣。"（《河南程氏遗书》卷二四）还提出，人的本质即"天理"，"人只有个天理，却不能存得，更做甚人也"，"人只要存一个天理"（《河南程氏遗书》卷一八）。正是从这一点出发才得出"饿死事极小，失节事极大"（《河南程氏遗书》卷二二）。存天理，灭人欲，从某种意义上看，是要充分发挥人的理性，作为一个完全自觉的人；但是他们忽略了一个基本事实，人是有血有肉、有七情六欲的人，一句话，人是物质的。排除人的物质性而要纯理性的人，是不存在的，如果有，一定是个异化的人，畸形的人！当我们把儒家所说的天理还原为历史时，那就不难发现，天理只不过是封建秩序的抽象化。天理从最高意义上肯定了封建秩序。正如二程所说："父子君臣，天下之定理，无所逃于天地之间。"（《河南程氏遗书》卷五）"居今之时，不安今之法令，非义也。"（《河南程氏遗书》卷二上）教人安于封建秩序的道德，不管其中人文思想怎么发展，在本质上它只能是人的桎梏。

中国传统的人文思想，是历史留给我们的一份厚重遗产，其中有精华，但也有糟粕，作为特定的文化形态，两者几乎是很难分解的。因此，在建设新文化的过程中，我们不可能采取简单的拿来主义。其中的精华也不可能原封不动地移植，必须经过再认识，再消化，而后才会变成有益的营养。目前有一种议论，认为西方的现代技术加上儒家思想，就是东方腾飞的道路。在我看来，这是绝对不可能的。翻开历史,何曾有过超时代的文化？每个时代文化的主体精神,都是由该时代塑造出来的。新时代的文化不管与传统文化有多少联系和承继关系,它的基本精神都是新时代的产物,是由新时代的人创造出来的。以儒家为代表的传统文化在现实生活中虽然还有广泛的影响,但这不能证明它具有不变的永恒价值;西方文化中的衰落现象也不能证明儒家文化就包含着更多的真、善、美。以近一百年为例,中国人的观念发生了何等重大的变化？一百年以前,儒家思想还被奉为道体,而今情况如何？马克思主义只是在五四前夕才传到中国,现在已成为主流思想,之外还有诸如自由主义等等各种思想的流行。仅此一点足以证明传统的、民族文化的主体不是不可变的,恰恰相反,不仅可以变,而且必须变!

随着中国社会主义市场经济的发展,中国传统的文化观念定将发生根本性的变革。把中国新时期文化的发展寄希望于儒学的再兴,不过是老调重弹而已,中国的近代史既然已经证明儒家文化过去不曾救中国,又怎么可能在经历没落之后胜任救世的角色？

王权主义与人文思想不是两种对立的思想体系,王权主义属于人文思想的一部分。从历史上考察,中国古代人文思想相当发达,同时君主专制制度也十分发达,而且专制君主正是以人文思想很浓的儒家思想为统治思想。这种情况与西方近代的历史过程有极大的不同。近代西方的人文思想与封建专制是对立的。中、西之所以会有这样大的差距,关键是人文思想所背靠的历史条件不同。近代西方人文思想的发展以商品经济发展为基础;而中国古代的人文思想是建立在自然经济的基础上的。在以小农为主的自然经济基础上,不可能产生民主思想,只能产生家长主义,家长主义是王权主义的最好伴侣。

王权主义与人格平等、个人尊严、个性独立是对立的，前者以压抑后者为存在的前提和条件，两者冰火不相容。中国古典的人文思想无疑有许多珍宝，值得发掘。但有一点，古典的人文主义在历史发展面前，只是一种遗产。正像中国社会转型一样，古典人文主义也应转型。转型不是本体不变转个脸就能行的，而是要推陈出新，脱胎换骨。古典的人文主义转型为当代的人文主义要推陈出新，脱胎换骨！

（原载刘泽华主编：《中国政治思想通史·综论卷》，中国人民大学出版社2014年版，第七章）

第五讲

经学思维方式与士人品性

一、汉代《五经》崇拜与经学思维方式

汉武帝独尊儒术以后有两种力量把"五经"一步一步推向神圣的地位。一是汉家政权的提倡,以"经"取士,把广大的士人引导到读经的轨道;二是儒生们不断编造有关"五经"的神话。在这两种力量的推动下,"五经"由于行政规定性权威进而发展为神化权威。

(一)《五经》神话

"经"这个概念早在战国时期就出现了,当时的"经"指提纲或主旨。在《墨子》中有"经"与"说";《管子》中有"经"与"解";《韩非子》中《内储说》《外储说》中有"经"与"传"。"说""解""传"都是训释或发挥"经"义的。马王堆古佚书中的黄老派著作有《经法》。儒家著作中称"经"的现象更为突出,《荀子·劝学》说:"始乎诵经,终乎读礼。"荀子又称礼为"礼经"。《管子·戒》载:"泽其四经。""四经"就是"诗、书、礼、乐"。《庄子·天道》说孔子"繙十二经"。《天运》篇载:孔子治"六经",其文曰:"孔子谓老聃曰:'丘治《诗》《书》《礼》《乐》《易》《春秋》六经'。"汉武帝独尊儒术的主要内容之一是立"五经"博士。

　　"五经"，即《易》《书》《诗》《礼》《春秋》。在此之前这五部虽亦有称"经"者，但均属民间的诸子之学。经汉武帝钦定，才上升为官方之学。"五经"不仅仅是官方颁布的教科书，更主要的，它是官方意识的体现，是皇帝钦定的国家与社会的指导思想、控制社会的工具和行为规范准则。由于"经"与皇权的结合，它就不仅仅是一种思想文化，而且是一种政治力量，违反"经"就是违法。所谓封建文化专制，其内容就是儒家经典专制。汉代除尊"五经"外，还把《论语》《孝经》与"五经"同列，称之为"七经"。

　　《五经》由来已久，可以上溯到商、周乃至更早，正像《庄子·天运》篇称引老子之语："夫六经，先王之陈迹。"《六经》即《五经》再加《乐》。汉武帝立经学时，《乐》未单独立，其实《乐》与《诗》《礼》相配合，包括在《五经》之中。文献中称《六艺》《六经》与《五经》同指。《五经》早在孔子之前已广泛流传，孔子对这些古文献作了删定和选编。汉代立《五经》后，更强调了孔子的删定纂修之功，或者反过来讲，只有孔子删定的方可称之为"经"。司马迁说："言六艺者，折衷于孔子。"(《史记·孔子世家》)匡衡上疏云："孔子论《诗》，以《关雎》为首。"(《汉书·匡衡传》)王充在《论衡·须颂篇》中说，孔子编辑《尚书》；范升说："'五经'之本自孔子始。"(《后汉书·范升传》)徐防上疏："臣闻《诗》《书》《礼》《乐》，定自孔子。"(《后汉书·徐防传》)马端临引应劭的话："诸侯之教未必尽备六者(按：指《书》《诗》《礼》《乐》《易》《春秋》)。盖自夫子删定赞修笔削之余，而后传习滋广，经术流行。"(《文献通考》卷一百七十四引)

　　孔子删定《五经》之论大体可信，但也有言过其实之处。东汉以后，怀疑思潮兴起，有人对孔子与《五经》的关系提出了质疑，如王弼认为《易传》非孔子之作，杜预对孔子作《春秋》也提出怀疑。

这个问题以后再论。

孔子定《五经》足可称圣典,但还缺少神气,于是一帮儒士又制造出了《五经》神话,主要载于纬书中。

《诗》不仅言志、道情,还包含着天人之际,《春秋说题辞》讲:"诗者,天地之精,星辰之度,人心之操也。在事为诗,未发为谋,恬淡为心,思上世为志,故诗之为言志也。"《诗纬含神雾》:"诗者,天地之心,君祖之德,万福之宗,万物之户也。集微揆著,上统元皇,下序四始,罗列五际。"《春秋演孔图》说:"《诗》含五际、六情。"在这些论述中,诗已从人之情态一跃而为"天地之心"的表现,并且成为万物出入的门户。文中所谓的"四时""五际""六情"同阴阳五行、天人合一相杂而成论。《诗纬汜历枢》说:"《大明》(诗的篇名,下同)在亥,水始也;《四牡》在寅,木始也;《嘉鱼》在巳,火始也;《鸿雁》在申,金始也。"又说:"午亥之际为革命,卯酉之际为改正,辰在天门,出入候听(《后汉书·郎楷传》载:"诗《汜历枢》曰:'卯酉为革改,午亥为革命,神在天门,出入候听'。言神在戌亥,司候帝王兴衰得失,厥善则昌,恶则亡")。卯,《天保》也;酉,《祈父》也;午,《采芑》也;亥,《大明》也。然则,亥为革命,一际也。亥(依《郎楷传》当为"戌亥")又为天门,出入候听,二际也;卯为阴阳交际,三际也;午为阳谢阴兴,四际也;酉为阴盛阳微,五际也。"文中的亥、亥戌、卯、午、酉表示八卦方位,《诗》同《易》八卦方位说纠葛在一起,变成了宇宙图式的一种表现。"《诗》之为学,情性而已",本是不错的。然欲知情性,须"参之以六合、五行"(《汉书·翼奉传》),于是喜、怒、好、恶、哀、乐之情性融入了神秘的天人合一之中。

《书》本是历史文献的汇编,汉儒也付与神性,《孝经纬援神契》："《易》长于变，《书》考命符授河。""授河"，即授《河图》《洛书》，以考命符。《书》不仅是先王的陈迹，同时也是天命的记录。《尚书纬旋机玲》云："尚者，上也，上天来文象，布节度；书者，如也，如天行也。"又云："《书》务以天言之，因而谓之《书》，加'尚'以尊之。"《春秋说题辞》云："《尚书》者，二帝之迹，三五之义，所以推期运，明命授之际。书之言信而明天地之情，帝王之功。"

《易》之成，流行的说法，源于伏牺，成于周文王。纬书的作者还嫌不神气，又制造了更古的神话，《易纬乾坤凿度》称，最初，由圣人"章流立文，以诂息孙"，以后相继传授于天老氏、混沌氏、天英氏、无怀氏、神农氏、烈山氏、求蘁厘氏、老孙氏、轩辕氏……所以称"乾坤凿度"，就是开凿通向天门和大地的道路。《春秋说题辞》云："《易》者，气之节，含精，定律历，《上经》象天，《下经》计历，《文言》立符，《象》出期节，《象》言变化，《系辞》设类迹。"

《礼》，"所以设容，明天地之体也"（《春秋说题辞》）。

《春秋》是孔子接受天命之作，在制作过程中充满了神气。

《五经》不仅是圣人之作，同时又是天意的体现或天授。《五经》神圣化的直接后果，就是至上性，它不再是认识的阶梯，而只能是崇拜的最后真理。

（二）孔子神话

"五经"由孔子手定，神化孔子与神化"五经"构成互动互推关系。

神化孔子早在孔子在世之时就开始了。孔子死后，门徒一代接一代把神化一步一步推向高峰。汉高祖的祭礼和汉武帝的独尊儒术，以及后来的帝王不断地尊孔，如祭祀、加封号、封孔子之后等，为神化孔子提供了政治环境。

把孔子纳入"王"的行列，使孔子兼具"圣"与"王"双重之尊，是汉儒的新发明。由于孔子没有真正做过"王"，于是给孔子加"素王"的王冠，《淮南子·主术训》最早记述此事："孔子……专行教道，以成'素王'，事亦鲜矣。"《主术训》的作者不免还有点讥讽之意。但在儒家的纬书中，孔子与他的弟子俨然建立了小朝廷。

"仲尼为素王，颜渊为司徒。"（《北堂书钞》卷五十二引《论语摘家辅》）

"左丘明为素臣。"（《书古微》）

"子夏六十四人撰仲尼微言，以事素王。"（《文选》刘歆《移太常博士书》注引《论语崇爵识》）

三皇五帝，三代圣王都是感天而生的。孔子"祖述尧舜，宪章文武，上律天时，下袭水土，譬如四时之错行，如日月之代明，万物并育而不相害，道并行而不相悖"（《中庸》）。这位功比尧舜、文武的"素王"也同样是感天之灵而生的：

> 叔梁纥与征在祷尼山，感黑龙之精，以生仲尼。（《礼记·檀弓正义》引《论语撰考诚》）
>
> 孔子母征游于大冢之坡，睡梦黑龙使请己，己往梦交，语曰"女乳必于空桑之中"，觉则若感，生丘于空桑之中。（《春秋纬演孔图》）

今天看起来，除了荒唐之外，就是可笑。然而在当时，这是极为严肃和神圣的，只有极少数带异端意味的杰出思想家，如王充敢提出怀疑外，成千上万的儒生都是深信不疑的。在中国历史上神化躯体与神化思想是相辅相成的。

孔子被神化，他所删定的"五经"也进一步被神化。

（三）《五经》是放之四海而皆准的最后真理

清末经学家皮锡瑞在其所著《经学历史》中对孔子删定"六经"的意义作过如下评述：

> 读孔子所作之经，当知孔子作《六经》之旨。孔子有帝王之德而无帝王之位，晚年知道不行，退而删定"六经"，以教万世。其微言大义实可为万世之准则。后之为人君者，必尊孔子之教，乃足以治一国，所谓"循之则治，违之则乱"。后之为士大夫者，亦必遵孔子之教，乃足以治一身，所谓"君子修之吉，小人悖之凶"。此万世之公言，非一人之私论也。孔子之教何在？即在所作。《六经》之内。故孔子为万世师表，《六经》即为万世教科书。

皮锡瑞的这段话既概括了汉代儒者对《六经》的膜拜之情，也概括了历代所有尊孔派的共识。最早总论《五经》的当推荀子，他首先把《五经》视为集圣人之道德与"天下之道"的经典，在《儒效》中说："圣人也者，道之管是也。天下之道管是也，百王之道一是也，故《诗》《书》《礼》《乐》归是矣。"他在《劝学》中又说："《礼》之敬文也，《乐》之中和也，《诗》《书》之博也，《春秋》之微也，在天地之间毕矣。"打开汉代的历史，类似的论述不绝于史。

汉初陆贾在《新语》中就把《五经》抬高到体"天道"的境界：

"……于是后圣乃定《五经》,明《六艺》,承天统地,穷事察微,原情立本,以绪人伦,宗诸天地,纂修篇章,垂诸来世,被诸鸟兽,以匡衰乱,天人合策,原道悉备。智者达其心,百工穷其巧,乃调之以管弦丝竹之音,设钟鼓歌舞之乐,以节奢侈、正风俗,通文雅。"(《新语·道基》)《五经》无所不包,无所不能,无事不成,"乃天道之所立,大义之所行也"(《新语·本行》)。贾谊把道家之道,阴阳五行与"六艺"混而为一,把"六艺"抬高一个新高度,他在《新书·六术》中先论述了"道"、阴阳与道德的一统关系后说:"是以先王为天下设教,因人所有,以之为训。道之人情,以之为真。是故内法六法,外体六行,以与《诗》《易》《春秋》《礼》《乐》六者之术,以为大义,谓之'六艺'。"

董仲舒特别注重"深察名号",其中不乏逻辑与名实关系之学,但远不是主要的,董仲舒要深论的是"名发天意"。在董仲舒看来,儒家经典的每一字,都是圣人表达天意的符号,"名则圣人发天意"。既然是圣人发天意,自然也就是是非之准。他说:"欲审是非,莫若引名。""事备顺于名,名备顺于天。""五经"通天,字字句句是真理!

司马迁在评论《五经》意义之后概括道:"故《礼》以节人,《乐》以发和,《书》以道事,《诗》以达意,《易》以道化,《春秋》以道义。"(《汉书·司马迁传》)

匡衡在上疏中说:"臣闻六经者,圣人所以统天地之心,著善恶之归,明吉凶之分,通人道之正。使不悖于其本性者也。故审六艺之指,则人天之理可得而和,草木昆虫可得而育。此永永不易之道也。及《论语》《孝经》圣人言行之要,宜究其意。"(《汉书·匡衡传》)

贡禹在上疏中说："孔子，匹夫之人耳，以乐道正身不解之故，四海之内，天下之君，微孔子之言亡所折中。"（《汉书·匡衡传》）

王凤代成帝所拟诏中称："五经圣人所制，万事靡不毕载。"《春秋说题辞》："六经所以明君父之尊，天地之开辟，皆有叙也。"

东汉前期的大儒桓荣说："夫'五经'广大，圣言幽远，非天下之至精，岂能与于此！"（《后汉书·桓荣传》）

胡广评说陈平佐刘邦定天下，用六奇之策时说："六奇之策，不出经学。"（《后汉书·胡广传》）陈平本好黄老，胡广也要归于儒术。

班固说："六艺者，王教之典籍，先圣所以明天道，正人伦，致至治之成法也。"（《汉书·儒林传》）

东汉末年的荀爽曰："天地六经，其旨一揆。"

这些论述由理性开始而推向神性。在纬书中还有一系列关于"五经"的神话，这样《五经》便限定了人们的认识范围，认识的无限性被取消了，于是认识主体被圈在一个固定的牢笼中。正如钱大昕所说："夫六经定于至圣，舍经则无以为学；学道要于好古，蔑古则无以见道。"（《经籍纂诂·序》）求知是不断推进认识向纵深发展，也就是追求认识的无限性，一旦禁止这种追求，认识基本上就停止了。把《五经》奉为"放之四海而皆准"的最后真理，对于"定于一"是有意义的，但对历史的发展无疑是扼杀它的生机，在认识上也造成了退化现象。

（四）经学思维方式

在经学的贯注、推广、传播、阐释过程中，形成了一种经学化被动性的思维方式，这种思维方式不仅为众多的儒士接受和坚持，同时也影响到整个社会。关于思维方式,人们可以从不同的角度去界定,这里主要指人们的思维定势和认识的价值取向。所谓"经学化",是指思维习惯和认识价值取向被经学所规范;所谓"被动性",是指在经学的规范下,人们作为认识主体不同程度地失去了主动性,变成了被动的接受者,没有或很少有创造精神。经学化的被动性的思维方式有诸多表现,这里从如下几点略作分析:

第一,权威崇拜,这里所说的权威,又可以分为两种类型:一是政治权威,主要是先王和汉家帝王;二是知识、道德权威,主要是孔圣人、"五经"和著名的经师。政治权威和知识、道德权威不是截然相分的,有着相辅相成的关系和互相转化、兼而备之的性质。

汉代的知识、道德权威是由政治权威确定的,并以行政的方式加于社会之上,这就是"独尊儒术";同时知识权威也被政治化,刘邦开帝王祭孔子之先河,成帝时"下诏封孔子世为殷绍嘉公"(《汉书·梅福传》),这样做的一个主要目的是可以改变"以圣而歆匹夫之礼"(《汉书·梅福传》),使孔子政治化、特权化。"五经"的官学地位与国家意识形态的地位也是由皇权确立的。当时的经师虽然不能同孔子和"五经"相提并论,但由于汉代所立的官学同官方认定的解经的"传"或"说"联系在一起,"传"与"说"是经师的产物。汉代仕途的一条主要道路是"明经选官","明经"很注重"家法"和"师法",所以著名的经师也有相当的权威性。

汉代的政治权威,通过自我认定和知识权威的捧场,也兼有知识、道德权威的品格。汉代的帝王,很多都扮演过最高"经师"的角色。

政治权威和知识、道德权威的结合,对整个社会和知识界形成苍穹压顶之势。由于威逼和利诱,这种权威对绝大多数学人,特别是儒士，既是外在的规定和强迫性的导引与灌输，又常常转化为内在的自觉与主动的信奉。这里且不说对圣人、帝王、"五经"的崇拜，就是对经师，许多庸士也不敢易一辞。正如王充所指出的："传者传学，不妄一言，先师古语，到今具存，虽带徒百人以上，位博士、文学，邮人、门者之类也。"（《论衡·定贤》）这些背书虫，只知其表，不知其里；只知其文，不知其旨。正如班固所指出的："今论者但知诵虞夏之《书》，咏殷周之《诗》，讲羲文之《易》，论孔氏之《春秋》，罕能精古今之清浊，究汉德之所由。"（《后汉书·班固传》）

在独尊儒术的规范和导引下，权威从人们的认识对象中分离出去，变为崇拜的对象；人们对权威只能接受，只能作为认识的前提和当然之物，权威是凌驾在实践之上的，一般人的实践仅仅是在权威支配下的一种有限的活动或木偶性的表演。在权威面前，人已不再具有认识主体的独立性格，人的认识仅仅是对权威的领会和解释。是代圣人立言和传道，思想上虽然不免有分歧和多样性，但在认识上是属低层次的。权威崇拜是君主专制的思想基础。

第二，思维框架化或公式化。"独尊儒术"之前，天人合一，天人感应，阴阳五行等属于创造性的思维，但随着独尊儒术，并由于董仲舒在儒术中的特别地位与影响，董仲舒所建立的天人合一、天人感应、阴阳五行等混合的理论体系，逐渐成为代代儒生的思维框架，也可称为思维公式、定势、模式等。

董仲舒的"天"，约言之有三种含义：一，神灵之天；二，道德之天；三，自然之天。这三者分而论述有区分，但本体又同一。天体为万物或"宇宙"之"元"，又有一个合分过程："天地之气，合而为一，分为阴阳，判为四时，列为五行。"（《春秋繁露·五行相生》）天是有意志的，有道德的，有情感的："仁之类者在于天，天，仁也。"

(《春秋繁露·王道通三》)天有喜怒哀乐,天与人相感应,这种感应主要表现在"天人同类","天人相副",他讲:"天地之精所以生万物者,莫贵于人。"人的身体结构与天相副,人之身"故小节三百六十六,副日数也;大节十二,分副月数也;内有五脏,副五行数也;外有四肢,副四时数也。"人的品性与天相副:"乍视乍瞑,副昼夜也;乍刚乍柔,副冬夏也;乍哀乍乐,副阴阳也。"(《春秋繁露·人副天数》)人的情感道德也与天相副:"天两有阴阳之施,身亦两有贪仁之性,天有阴阳禁,身有情欲柜,与天道一也。"(《春秋繁露·深察名号》)天与人之间相互感应,吉凶祸福均在其中。董仲舒特别强调了天的灾异谴告:"灾者,天之谴也;异者,天之威也。谴之而不知,乃畏之以威……凡灾异之本,尽生于国家之失。"(《春秋繁露·心仁且智》)"国家将有失道之败,而天乃先出灾害以谴告之;不知自省,又出怪异以警惧之;尚不知变,而伤败乃至。以此见天心之仁爱人君而欲止其乱也。"(《汉书·董仲舒传》)

董仲舒这一套天人合一、天人感应、阴阳五行相配的理论在具体的结合与解释上自有他自己的特点,其他人也各有异论,不过,在汉代的儒生中,特别是在今文学派中,这一套成为公认的思维方式,成为较稳定的框架和模式,好像一个筐,什么都往里装。《白虎通》是经过经学家们讨论,由皇帝裁定的一部著作,被视为"国宪",很可代表当时儒生们的思维方式。在书中可以看到,不管是国之大政、社会结构乃至日常生活、婚丧嫁娶、日用器具,都可以用这一套"代数学"去解释,去附会。

当时朝廷设三公,即司马、司徒、司空。"司马"如何解释?《白虎通》作者说:

> 司马主兵。言马者,马,阳物,乾之所为,行兵用也,不以伤害为度,故言马也。(《白虎通·封公侯》)

璧是一种信物,历来用以聘问,《白虎通》也要把它放在这个模式中作一番理论论证:

> 璧以聘问何? 璧者,方中圆外,象地,地道安宁而出财物,故以璧聘问也。方中,阴德方也。圆外,阴系于阳也。阴德盛于内,故见象于内,位在中央。璧之为言积也,中央,故有天地之象,所以据用也。内方象地,外圆象天也。(《白虎通·文质》)

讲阴阳灾变,天象示人事的更为流行。像桓谭这样一位杰出的智勇之士,敢在朝堂上批驳谶纬之谬,但对灾变之论仍然信奉不疑,等而下之者,就更不待言了,阴阳灾变之论充满了汉代史籍。

以今度之,许多论述简直是风马牛不相及,甚至荒唐可笑,然而在当时,这种论述方法不仅是普遍存在的事实,而且是很严肃的,是在朝堂上辩论后而得出的"公论"或"决议"。这种模式化的论述,由于它的方法是公认的,具有权威性,因此它的结论几乎在论述之前已被确定了。

当然,这种模式化的思维方式,在讲到一些具体问题如何与阴阳五行相配时,也常常发生分歧。天象示人,究竟示什么? 也多异说。然而微末细节上的分歧,无碍上述思维模式的流行,不影响它的"公理"性。只要代入这个公式,众多的人就得到了满足。这正是一种时代精神。

第三,通经致用。"五经"与圣人之言被普遍认定为放之四海而皆准的真理,因此,引经据典、联系实际便成为普遍论述问题的方法和套路。许多人的聪明才智被用来进行两者的结合,而且在结合中也确实显示了一些人的机智和巧妙,不时地把矛头指向神圣的帝王。

东汉初的王充是一位具有怀疑精神、敢于独立思考、敢于写《问孔》这样骇世之作的人。在阐述独到之见时,也常引经据典,作为合理性的证明。《论衡·程材》篇论述儒生与文吏之别,他认为,“五经”与法律皆为汉家之法,但“经”属于“道”,“法”属于“事”。“五经”以道为力,“事”不如“道”,“道”行“事”立,无道不成。因此,“儒生治本,文吏治末,道本与事末比,定尊卑之高下,可得程矣。”很显然,王充把《经》视为最高原则和指导。他用了许多笔墨对今文儒生的“传”“注”进行了批谬,驳斥了虚妄神话之论。然而正是他从求实的层面论证了儒家经典本身的可尊与合理。

在处理政治事务上引经据典、联系实际,从汉武帝时就已流行。其中问题很多,另文论述。

通经致用在规范社会与个人行为方面,可以有一个公则,既便于得到公认,又方便操作。但这种方式本身具有浓厚的教条主义精神,而不是历史性的创造活动。

第四,复古。儒家宪章文、武,称祖道圣,又囿于“五经”,因此,复古成为普遍流行的一种思维方式。复古的内容极为庞杂,它的中心点是以“古”作为价值判断的标准和认识的前提。表现形式有泥古、颂古是今、颂古非今、借古造伪、托古改制。

泥古,主要指一帮食古不化的迂腐之儒。这帮人认为“古”是不能变的。早在汉初,叔孙通拟议朝仪时便同迂儒发生了“泥古”与“变通”的争论。当时叔孙通征鲁生三十余人拟汉仪。有两位儒

生不合作,说道:"公所为不合古,吾不行,公往矣,毋污我!"叔孙
通笑曰:"若真鄙儒,不知时变。"(《汉书·叔孙通传》)这种泥古之
风发展到拘泥于师说而不敢易一辞。皮锡瑞在《经学历史》中曾作
评论:"汉人最重师法,师之所传,弟子所受,一字毋敢出入,背师
说即不用。"昭宣时期的赵宾治《易》很著名,好为己见,其他治
《易》者难不倒,然而依然被排斥,理由就是"非古法也",在这里,
背古即背理。

东汉光武四年,韩歆上疏建议立费氏《易》和左氏《春秋》博士,
范升上疏反对,其理由是:"臣闻主不稽古,无以承天;臣不述旧,
无以奉君。……今费、左二学,无有本师,而多反异,先帝前世有疑
于此,故京氏虽立;辄复见废。……愿陛下疑先帝之所疑,信先帝
之所信,以示反本,明不专己。"(《后汉书·范升传》)范升把"稽古"
作为"承天"的前提,把"述旧"作为"奉君"的根本,用今天的眼光
看,本是不同范畴的两回事,然而在当时,却成为不待论证的公
理。为什么"稽古"与承天相通,"述旧"与"奉君"连体? 范升在
下文中作了这样的交代:"天下事所以异者,以不一本也。《易》曰:
'天下之动,贞夫一者也。'又曰:'正其本,万事理。'"在范升看来,
"古"与"旧"是定型化的,"一""稽古""述旧"就能做到"正其本,万
事理"。从当时看,范升的说法是有一定根据的。在儒家中,遵
"古""旧",也就稳定了现实的秩序。

遵"古""旧"是造就"守成"人物的最便当之路,也是统治者所
需的主要人才。当桓荣以经师而升为帝师、华贵士林时,他得意地
告诉门人弟子,我之所以至此,乃"稽古之力也"。

儒生又常常把"崇古"与"颂汉"连在一起,说明汉是"古"的继
承者。贾谊以百年必有圣人兴,以证汉帝当为尧舜再出:"臣闻

之,自禹以五百岁汤起,自汤以下五百余年而武王起,故圣王之起,大以五百年为纪。自武王以下,过五百岁余,圣王不起,何怪矣! 及秦始皇似是卒非也,终于无状。及今,天下集于陛下……天宣请陛下为之矣,然又未也,又将谁统也?"(《新书·数宁》)萧望之为了吹捧平庸的元帝,也要与尧舜比隆:"陛下布德施教,教化既成,尧舜亡以加也。""今隆下以圣德居位,思政求贤,尧舜之用心也。"(《汉书·萧望之传》)这一类的歌功颂德之辞固然可视为套话,然而套话反映的是一种政治心态或政治文化观念。

鼓吹汉胜于古的不仅有普通儒士,像晁错这样的清醒的政治家也在其中,他对文帝进行一系列歌功颂德之后言道:"所为天下兴利除害,变法易政,以安海内者,大功数十,皆上世所难及。"(《汉书·晁错传》)

就实而论,应该如王充所说的,汉高于周。但在"古"成为当时理想的思想文化背景下,讲这些话难免显得有点媚颜。

事情也有另一面,一些富有批判精神的人物,高扬"崇古"的旗帜,对时弊腐败以及帝王之昏庸进行了尖锐的批判,这就是颂古而非今了。

由于尊古观念笼罩着社会,于是又出现了托古改制、托古更命思潮,王莽就是托古改制和更命的典型人物。

第五,繁琐的思想方法。权威崇拜、教条主义、复古等相杂,必然造成繁琐的思想方法。"繁琐",依颜师古的说法,即"颓妄",《汉书·艺文志》对繁琐之弊作了概述:

后世经传既已乖离,博学者又不思多闻阙疑之义,而务辞义逃难,便辞巧说,破坏形体,说五字之义,至于二三万言,后进弥以驰逐，故幼童而守一艺，白首而后能言；安其所习，毁所不见，终以自蔽。此学者之大患也。

《汉书·儒林传》载："一经说至百余万言。"小夏侯再传弟子秦荣"增师法至百万言"。桓谭《新论》载："秦近君能说《尧典》，篇目两字之谊，至十余万言，但说'曰若稽古'，三万言。"

这种烦琐是既要遵古、遵师之成说，又要显示博学所不可避免的现象。

以上从几个方面叙述了在经学束缚下所形成的思维定势。在这种思维方式的束缚下，很难出现有创造性的思想家，许多当时著名的经师、大儒，都没能留下什么有价值的著述。与这些地位显赫的人形成对比的是，那些异端和在野之士倒多有著述传诸后人，其中有各式各样的原因，主要原因之一，就是前者之作缺乏个性和创造性。

（原载《社会科学战线》1993年第1期）

二、道、王与孔子和儒生

有些先生著文，认为孔子与儒家（主要指一些思想家）倡导独立人格、人的价值、独立意识和批判精神。就某些个别言论和行为而言，不无道理。但是从儒家的主流看，孔子与儒者却固守"道"，屈从王权，独立人格、独立意识和批判精神是很有限的。兹略述一、二，以就教于异见者。

（一）道——政治理性原则

道最初是一个具体名词,本义为道路,也可用作动词,有开通疏导之义。随着人们的认识日渐宽展深入和抽象化,道逐渐引申为某种事物的法则、规律和道理。至迟到西周末年,道已从一个实性名词衍变成广泛使用的抽象概念。就其内容而言,主要有如下两方面的含义。其一是把宇宙天地之本源和规律概括为道:"道生一,一生二,二生三,三生万物"(《老子·四十二章》),"道者,万物之奥"(《老子·六十二章》)。"夫道,覆载万物者也。"(《庄子·天地》)"万物以生,万物以成,命之曰道。"(《管子·内业》)持这一说法的不只限于道家学派,其他诸家在不同程度上也接受了这种观念,如韩非就认为:"道者,万物之所以成也。"(《韩非子·解老》)后世儒家也有承此说者,宋儒邵雍说:"道为天地之本,天地为万物之本。"(《皇极经世·观物内篇》)道不仅指万物的本源,思想家们普遍把自然的规律或宇宙法则也总括为道,称"天之道","天之常"。如荀子:"天有常道矣,地有常数矣。"(《荀子·天论》)《管子·形势解》:"天覆万物,制寒暑,行日月,次星辰,天之常也。"《经法·四度》:"极而反,盛而衰,天地之道也。"《吕氏春秋·大乐》:"太一出两仪,两仪出阴阳……离则复合,合则复离,是谓天常。"春秋战国是中国古代文明的理性突破时期,人们对于宇宙本源与自然规律的冥思探索,标志着人们理性认识水准的不断提高。其二,把社会领域人们应共同遵守的原则与规范,人与人之间的关系准则,人的性情与本能等称之为"人道"。子产把自然与社会的规律分别称为"天道"与"人道"。

　　具体到意识形态领域，人们用道概括政治法规原则或最佳政策。西周的礼乐法规被称作"王道"。西周末年，"周室衰而王道废"（《淮南子·俶真训》），出现了所谓"王纲解纽，礼崩乐坏"现象，"道术将为天下裂"（《庄子·天下》）。继之而来的是思想巨人竞相崛起的百家争鸣时代。先秦诸子从不同的立场和角度，对传统的道术作了不同层次的选择和发展。各家都崇尚"道"，宣扬"道"，但各家之道有各自的内涵。统而观之，百家所谓的政治之道虽殊，但又有共性。在政治领域，他们崇尚的道，都是从具体的政策或统治方式中抽象出来的一般政治理性原则。正如韩非所说："道也者，生于所以有国之术。"（《韩非子·解老》）荀子说："道也者，治之经理也。"（《荀子·正名》）这些政治理性原则的形成，增强了统治阶级的政治主动性与自觉性，促进了政治运行的秩序化和规范化。亦如荀子体会的那样："水行者表深，表不明则陷，治民者表道，表不明则乱。"（《荀子·天论》）

　　当人们用道概括自然规律的时候，道本身体现着一种必然性权威。它辖制着世间万物的生成衰死，"道者，扶持众物，使得生育而终其性命者也"（《管子·形势解》）。思想家们用道来概括政治理性原则，道也就成为人们必须遵行的社会必然法则。

　　孔子以后儒家所谓的道，继承了西周的礼乐政治文明，即所谓"以六艺为法"（《史记·太史公自序》）。宋初石介说："周室衰，诸侯畔，道大坏也，孔子存之。"（《徂徕石先生文集·八救说》）儒家所说的道，在政治上称之为"王道"，并构成儒家的政治理想。王道有两个基本点：一个是以王权为核心并与人伦原则相结合的政治体系，"亲亲，尊尊，长长，男女之有别，人道之大者也"（《礼记·丧服小记》）。董仲舒也说："道者，所由适于治之路也，仁义礼乐皆其具也。"(《汉书·董仲舒传》)另一点,在政治实践上追求实现德政或仁政,儒家在天道与人道的关系上虽然有分而论之的认识,但从孔子始,就试图把天道与人道(其中包括"王道")统一起来。在儒家的理论中,"天人合一"居于主导地位。就此而言,儒家的认识可分为三个阶段。先秦时期,主要通过圣人作中介点,把天道与人道、王道统一起来。孔子说:"唯天为大,唯尧则之。"(《论语·泰伯》)《易传》说:"夫大人者,与天地合其德,与日月合其明,与四时合其序。"孟子讲圣人"上下与天地同流"(《孟子·尽心上》)。帛书《五行篇》云:"圣,天道也。"到了汉代,以董仲舒为代表,通过神秘主义目的论把天道与人道统一起来。董仲舒从"人副天数"出发,而导出"道之大源出于天"(《汉书·董仲舒传》)。到了宋儒眼中,天道和人道成为本质同一的不同表象。他们提出了"道一分殊"或"理一分殊","生成覆帱,天之道也;仁义理智,人之道也;损益盈虚,天之理也;寿夭贫贱,人之理也……道得之同,理得之异"(张载《语录》)。又:"道未始有天人之别,但在天则为天道,在地则为地道。"(《二程语录·卷二上》)"道一分殊"说的提出,使儒家人道越出社会范围,与宇宙的总法则完全契合为一,几近完美无缺;"夫天地日月山岳河洛皆气也,气浮且动,所以有裂,有缺,有崩,有竭。吾圣人之道,大中至正万世常行不可易之道也,故无有亏焉"(《徂徕石先生文集·宋城县夫子庙记》)。这样一来,儒家之道既是政治理性原则,同时又是宇宙本体在人间的再现,因而拥有无限的权威性和绝对的真理性,成为最高价值准则,被统治者奉为"万代之法"。所以,从理论上讲,道具有永恒性和至上性,所有的人,包括帝王在内,只能充当道的载体;在道的面前,是暂时的、从属的。

（二）道与王的统一和矛盾

在理论上，道最尊；在实际上，君主的权力又至高无上，"天子无妻（齐），告人无匹也"（《荀子·君子》）。这样一来道与王的关系就成为一个微妙而复杂的问题。儒家的道不是超现实的，但又不是对现实的一味肯定。道与王的关系表现为：不即不离，若即若离，又即又离。王在这中间有许多文章可作，儒者（主要指理论的追求者）也有许多文章可作，在具体的历史过程中呈现出十分复杂的局面。

道与王有一个基本的统一点，这就是对于君主专制体制的肯定。这种体制是儒学之道的实际政治价值之所在，更是每个君主所必须依赖的。孔子把礼的内涵概括为"君君，臣臣，父父，子子"，齐景公说："善哉！信如君不君，臣不臣，父不父，子不子，虽有粟，吾得而食诸？"（《论语·颜渊》）孟子说："人伦明于上，小民亲于下。有王者起，必来取法。"（《孟子·滕文公上》）他说的人伦就是"父子有亲，君臣有义，夫妇有别，长幼有序，朋友有信"（同前），荀子则指出："国者天下之制（制：疑衍）利用也，人主者天下之利执也。得道以持之，则大安也……不得道以持之，则大危也。"（《荀子·王霸》）董仲舒也认为"未有贵贱无差，能全其位者也"（《春秋繁露·王道》），"故圣人之治国也"，必然要"立尊卑之制，以等贵贱之差"（《同上保位权》）。以后的理学家们对这种体制更加强调："夫仁礼乐，治世之本也，王道所由兴，人伦所由至"（《唯阳子集·补》），"古者圣人之立制也，爵称有差，衣服有章，车旗有数，宫室有度。上不可以偪下，下不可以拟上，所以防夫僭夺而塞贫乱也"(《徂徕石先生文集·王爵论》)。礼制仁义给予君主政治以制度保障,"所以制天下,垂万世而不可易,易则乱矣"(同前)。依照儒家的设想,政治沿着道的原则运行,称为"有道"。"有道"政治要求"礼乐征伐自天子出"(《论语·季氏》),"诸侯受国于天子,非国人所得而立也;诸侯土地受之天子,不可取也"(《宋元学案·泰山学案》),"城邑宫室,高下大小,皆有王制,不可妄作"(同前)。越是"有道",行政权、立法权、军权、所有权等各种权力越要集于君主一身。不言而喻,道所维护和肯定的是君主专制政治体制。

道与王有着内在的联系,可谓休戚与共,密不可分。君主若无道作依托和保障,君的权位不得安稳;反之若无君的实践,道的原则也形同虚设。石介说:"自夫伏羲、神农、黄帝、尧、舜、禹、汤、文、武、周公、孔子以至于今,天下一君也,中国一教,无他道焉。"(《徂徕石先生文集·上刘邠书》)道和王实可视为君主政治的两个不可或缺的组成部分,如同土壤与枝干,相辅相成。然而,道是抽象的政治理性原则,是统治阶级普遍利益的理性化和规范化,在儒家理论中,道与抽象的理想君主——圣王明君是合二而一的,但在具体政治实践中则往往会与个别的君主形成某种程度的背离和冲突。

关于道与王的矛盾,孔子已作过明确的论述。曾子也说:"晋楚之富,不可得也;彼以其富,我以吾仁;彼以其爵,我以吾义;吾何慊乎哉!"(《孟子·公孙丑下》)其后,孟子把问题讲得更透彻,他说:"天下有达尊三:爵一,齿一,德一。"(同前)孟子说的爵是权位,齿指血缘辈分,德代表着儒家的礼制仁义原则。他认为爵、齿和德作为不同类型的价值标准,适用于不同的领域:"朝廷莫如爵",在政权系统里,以权力高低为标准,爵位越大越高贵;"乡里莫如齿"，在社会生活中，以辈份年纪论尊；"辅世导民莫如德"，作为理国治民的政治原则，当以德为本。在现实生活中，此三者缺一不可，"恶得有其一而慢其二哉？"（同前）孟子还认为，德与爵相比，德更重要。他把权势地位称作"人爵"，仁义道德称为"天爵"，说："古之人修其天爵，而人爵从之。今之人修其天爵，以要人爵，既得人爵，而弃其天爵，则惑之甚者也，亦终必亡而已矣。"（《孟子·告子上》）显而易见，假如需要在道和权势财利之间作选择，理论上只能先道而后势。所以他又说："古之贤王好善而忘势，古之贤士何独不然？乐其道而忘人之势。故王公不致敬尽礼，则不得亟见之。"（《孟子·尽心上》）孟子的认识是有代表性的，先秦儒学宗师大抵如是。荀子就在这些认识基础上提出"道高于君""从道不从君"的命题。

先秦儒学宗师的认识为后世儒家探讨道王关系定下了基调，明儒吕坤总结前人的认识，进一步明确了道与王的内在联系，说："天地间惟理与势为最尊。虽然，理又尊之尊也。庙堂之上容理，则天子不得以势相夺。即夺焉，而理常伸于天下万世，故势者，帝王之牧也；理者，圣人之权也。帝王无圣人之理，则其权有时而屈；然而理也者，又势之所恃以存亡者也。"（《呻吟语·卷一之四》）总之，作为理论家的儒者，在道与王关系上的共同认识大致有三点：其一，君主享有权力的合法性需由道来验证。如孟子说："非其道，则一箪食不可以受于人；如其道，则舜受尧之天下，不以为泰。"（《孟子·滕文公下》）其二，君主运用权力必须遵循道的准则。荀子说："治之要在于知道。"（《荀子·解蔽》）吕不韦说："治天下之要，存乎除奸，除奸之要，存乎治官，治官之要，存乎治道。"（《吕览·知度》）《管子·君臣下》甚至提出："明君重道德而轻其国。故君一国者,其道君之也;王天下者,其道王之也。"其三,君主须拜贤人君子为师、友,因为他们掌握道,是最好的政治顾问。"君子之事君也,务引其君以当道,志于仁而已。"(《孟子·告子下》)孟子称其中最优秀者为"不召之臣","将大有为之君,必有所不召之臣,欲有谋焉,则就之。"(《孟子·公孙丑下》)君主能否觅及贤人君子为师友,是成就大业的重要条件。成汤的左相仲虺曾说过:"诸侯自为得师者王,得友者霸,得疑者存,自为谋而莫己若者亡。"(《荀子·尧问》)这个认识成为"道高于君"的重要理论依据之一。

倘若君主真有背离道的倾向,贤人君子就要设法予以劝阻。通常采用的方式是"进谏"。孟子说:"唯大人为能格君心之非。"(《孟子·离娄上》)贤人君子具有规劝君主的资格和义务,然而在"率土之滨,莫非王臣"的时代,君主一人大权在握,贤人君子并不掌握制约君主的权力,儒家只得鼓励人们勇于冒死铮谏。荀子把这些人称为"争""辅""拂"之臣,为了国之大利而敢于"强君矫君","抗君之命",不惜一死。

假若通常手段不能奏效,儒家主张采用非常手段,即以"有道伐无道",取消无道之君的君主资格。具体方式有"诛一夫""易位"等等。儒家认为以"有道伐无道"符合权力运动的历史过程。董仲舒说:"夏无道而殷代之,殷无道而周代之,周无道而秦代之,秦无道而汉代之。"(《春秋繁露·尧舜不擅移汤武不专杀》)在他看来,有道与无道的交替是改朝换代的内驱力。当然,"伐无道"不是一般人能做的,必须有大德和受天命者方可行事。

儒家坚持用道对君权进行制约,在君臣关系上表现出一种不同凡俗的格调。他们认为一味顺从君主是"妾妇"之所为,属于低层次的臣道。荀子说:"入孝出弟,人之小行也;上顺下笃,人之中行也；从道不从君，从义不从父，人之大行也。"(《荀子·子道》)在道与王的冲突中，毫不犹豫地把道放在第一位，"虽贵不苟为，虽听不自阿，必中理然后动，必当义然后举。"(《吕氏春秋·不苟》)当然，这绝不意味着以道否定君主，压制王权，而是从根本上维护君的最大利益。如董仲舒所说："出天王而不为不尊上，辞父命而不为不承亲，绝母属而不为不孝慈，义矣夫。"(《春秋繁露·精华》)这也是忠孝，但不同于日常的忠孝，而是"大忠""大孝"，其目的在于"以德覆君而化之"，"逆命而利君"(《荀子·臣道》)。

然而，儒家以道的原则约束王权，究其实不过是用理论约束权力。人类文明史证明，只有权力才能制约权力。因此尽管儒学大师们反复论证"道高于君"，在现实生活中道最终也难逃王权的控制。儒家在高论之后，常常不得不认可现实。于是提出道是由圣君制定的。《中庸》说："虽有其位，苟无其德，不敢作礼乐焉；虽有其德，苟无其位，亦不敢作礼乐焉。"只有圣君兼具德与位，才具有制定道的资格和能力。所以荀子说："礼义者，圣人之所生也。"(《荀子·性恶》)张载也说："礼者，圣人之成法也，除了礼，天下更无道矣。"(《经学理窟·礼乐》)儒家还认为，道的实践最终系于君主一身。《管子·君臣上》说："夫道者虚设，其人在则通，其人亡则塞者也。"石介也说："圣人存则道从而隆，圣人亡则道从而降。"(《徂徕石先生文集·汉论下》)既然儒家把道的制定与践行的权力一并奉与圣君，那么圣君便理所当然成为道的最高主宰，正如荀子所言："圣人者也，道之管也。"(《荀子·儒效》)由此，儒家们得出结论：遵道与从王是统一的。《洪范》说："无偏无陂，遵王之义；无有作好，遵王之道；无有作恶，遵王之路。"如果说"王道"是最高层次的行为准则和认识标准，那么道的主宰者——王就成为人们认识的最高权威和终极裁判。正如董仲舒所说："圣人之所命,天下以为正。正朝夕者视北辰,正嫌疑者视圣人。"(《春秋繁露·深察名号》)每个王未必是圣,但他们有权自封是圣主,历史上许多荒淫残暴的君主都戴上了圣冠,所以王在实际上把握和控制着道。

从历史的过程来看,秦汉以后,伴随着封建帝国"一统"政治局面的形成,统治者依靠行政钦定了统一的思想准则。秦始皇"禁绝百家,以吏为师","别黑白而定一尊"(《史记·李斯列传》),汉武帝"罢黜百家,独崇儒术"。他们尊崇的思想不同,但目的是一致的,无非是要统一人们的思想认识,实现道的标准化。在这个过程中,王权决定取舍予夺。儒家之所以尊为官学,列为经典,在国家政治意识形态中占据统治地位,实得力于汉武帝的擢升和历代君主的确认。思想准则既然是帝王所确认的,那么,当思想界出现重大的理论分歧时,最终也要由君主裁定。比如著名的石渠阁会议和白虎观会议,都是在君主的主持下召开,按君主的旨意作结论的。君主对儒生们的要求就是作忠臣,唯君命是听。雍正说:"使孔孟当日得位行道,惟自尽其臣子之常经,岂有韦布儒生要自做皇帝之理?"(《大义觉迷录》卷二)可谓一语道破儒家思想的真谛。君主拥有权势,又把持着道,自然总是处于"圣明"之位,所谓"人主无过举"(《汉书·郦陆朱刘叔孙传》),是非裁定全凭君主一语定乾坤。君主有权随心所欲判定思想罪。人们的认识稍稍不合君主的心意,便会被冠上种种罪名,中国历史上层出不穷的文字狱,恰恰说明了权力高于原则,王主宰着道。

（三）道、王与孔子和儒生

道与王的矛盾给儒生们的选择提出了一个难题。孔子本人在道与王的选择上，采用兼及双方的中庸之道。简言之，孔子在行为上从王，观念上求道。

从总体上看，孔子是坚定的尊君论者，他主张"天无二日，民无二王"（见于《孟子》和《礼记》，当是可信的），尊君是孔子政治思想中的基本价值准则之一。他的政治理想是实现"君君，臣臣，父父，子子"，尊卑等级井然有序。他对君主的恭顺之情溢于言表："入公门，鞠躬如也，如不容。……过位，色勃如也，足躩如也，其言似不足者。摄齐升堂，鞠躬如也，屏气似不息者。"（《论语·乡党》）在他的心目中，"唯天子受命于天，士受命于君。"（《礼记·表记》）他也主张"以道事君"（《论语·先进》），但君主的权威是至高无上的，不能冒犯。

同时，孔子又诚挚地崇尚他的政治理性原则，把道作为自己和士人的立命安身之本。他说："志于道，据于德，依于仁，游于艺"（《论语·述而》），"朝闻道，夕死可矣"（《论语·里仁》）。道好比一个大门，理想的人生必须从这里开始，"谁能出不由户？何莫由斯道也"（《论语·雍也》）。孔子的人生理想就是追求道的实现，"君子谋道不谋食"（《论语·卫灵公》）。他内心十分清楚，在当时条件下，实现道的希望渺茫无着，但他仍"知其不可而为之"。有时他感慨而消极："道不行，乘桴浮于海"（《论语·公冶长》），有时又满怀信心和希望："苟有用我者，期月而已可也，三年有成"（《论语·子路》）。这种理想与现实的矛盾，在孔子的心灵深处形成巨大的冲突：一方面是尊君，另一方面是宏大的人生抱负。孔子竭力希望二者统一，当二者无法统一时，他又想方设法要从二者的冲突中解脱出来，其方式就是克己、节己、修己，也就是说，通过道的原则约束自身，做到"非礼勿视，非礼勿听，非礼勿言，非礼勿动"（《论语·颜渊》），"不在其位，不谋其政"（《论语·泰伯》），"君子思不出其位"（《论语·宪问》），使自身欲念与政治理想统一起来。这种方式是将外在的规定内化为自觉要求，以缓和道与王的冲突。就原则而言，士人应"笃信好学，守死善道"（《论语·泰伯》），为了道的践行应具有不惜一切的无畏精神，"志士仁人，无求生以害仁，有杀身以成仁"（《论语·卫灵公》）。但在现实生活中则要节制，可进可退，"天下有道则见，无道则隐"（《论语·泰伯》），"邦有道，则仕；邦无道，则可卷而怀之"（《论语·卫灵公》）。这种行为上的节制和精神上的"克己"促成了孔子的双重人格，作为道的倡导者和理想政治的代言人，孔子表现出崇高的精神境界，有着"天生德于予"（《论语·述而》）的强烈使命感；可是对君主又保持着深沉的敬畏和眷恋，表现出对君主毕恭毕敬，谨小慎微。孟子曾说，孔子"三月无君则皇皇如也"（《孟子·滕文公下》），孔子力图求得道与王的统一，但实际上却导致对王权的恭顺和服从。

后世儒生祖述尧舜（圣王），尊师孔子（道圣），这就使他们中绝大多数成了道和王的从属物。

儒生的精神世界受着"道统"的统属。所谓"道统"，是儒家构拟出来的一个"圣圣相传"的道的系列。最早是由孔子创拟出来的。孔子把尧、舜、禹、文王、武王、周公视为道的创造者，他则是道的承继者。其后孟子列出了尧、舜、禹、汤、文王、孔子的圣人谱系。孟子自称为孔门私淑弟子，以道统的当然继承者自居。唐宋时代,道统之说大盛,韩愈、石介、孙复、二程、朱熹等都曾延续道统说,各家的说法不尽一致。但不论具体说法差异多大,道统说使得儒家的道成为既定的万世一系总法则,构成中国传统政治思想中的一条主线。

按照儒家的传统认识,道统的继承者都是一代儒宗,比如孙复推崇董仲舒、扬雄、王通、韩愈,认为他们是"始终仁义不叛不杂者",其中尤以董仲舒"推明孔子,抑黜百家……斯可谓尽心圣人之道者也。至秦以后,圣道晦而复明者,仲舒之力也。"(《睢阳子集·补》)程伊川称赞明道说:"孟轲死,圣人之学不传,道不行,百世无善治,学不张,千载无真儒。"明道则"得不传之学于遗经……使圣人之道焕然复明于世"(《宋史·程颢传》)。道统与传道圣贤构成连续的思想权威体系,成为真理的化身,士人学子唯有拜圣贤为宗,以道统为法。在道统和圣贤的"真理"面前,容不得丝毫怀疑,只能笃信、领悟和皈依,不言而喻,这必然对中国古代知识分子形成巨大的思想桎梏。

儒家思想的"外王"逻辑,决定了儒生们在现实中必然依赖王权。当然,历史上颇有一些"苟全性命于乱世,不求闻达于诸侯",高吟"归去来",躬耕南亩的儒生。他们凭着自己"将芜"的"田园"作守道的资本和藐视无道君主的手段。然而,儒生本身是些"四体不勤,五谷不分"之人,"百工居肆以成其事,君子学以致其道"(《论语·子张》),摆在面前的只有一条坦途:依附王权,并且须尽力取得君主的亲信,才能在统治阶级的权力与财富再分配中谋得一张席位,攫取更多的利益。在封建专制条件下,权力高于一切,参与权力分配是进而参与社会财富分配的捷径。因之,"学而优则仕"成为韦带布衣之士子的理想。他们大多经不起地位、财富和利益的巨大诱惑,多数儒生匍匐在君主的脚下。

纵观整个古代社会,儒生们的出路大致有如下几种。

一、积极求道。这类儒生笃信"士不可以不弘毅"的信条,自知"任重而道远"(《论语·泰伯》),热衷于道的践行。他们在道和王之间的选择是:积极谋求道与王的统一,既不舍王而谋道,也不无原则地依顺王权,而是以道爱王。当道与王冲突时,他们会自觉地本着道的原则,把维护道放在第一位。因而,求道之士有着强烈的社会责任心和义务感。他们志在"美国家,利百姓,功施当时,泽及后世"(《温国文正司马公集》七十四《士则》),所谓"思以其道易天下者也"(《文史通义·原道》)。他们能将个人荣辱甚至生命置之度外,"天下有道,以道殉身;天下无道,以身殉道"(《孟子·尽心上》),"是以天下之纪不息,文章不废也"(《荀子·大略》),儒家的礼义纲纪有赖于他们代代传延。这些人入仕为臣,一般都表现出较强的政治原则性,"亏义得尊,枉道取容,效死不为也"(《盐铁论·论儒》)。他们能"当理不避其难,临患忘利,遗生行义,视死如归"(《吕氏春秋·士节》),敢于直言进谏,在一定条件下能对王权起某种程度的制约作用,如魏徵之对唐太宗。可以说道对王权的相对制约基本是由积极求道之士来实践的。需要说明的是,求道之士决不会对抗王权,他们不过是"欲为圣明除弊事"罢了,因而又是最忠诚、最坚决的王权维护者。

二、消极守道。这类儒生对于道的原则有着坚定的信仰,"士穷不失义,达不离道"(《孟子·尽心上》),"不为穷变节,不为贱易志。惟仁之处,惟义之行"(《盐铁论·地广》)。在道和王发生矛盾时,多半采取灵活态度。他们不敢义无反顾地以道约束其君,而是退而守道,以道自慰,"心卑卿相,志小万乘"(《盐铁论·利议》),

"诸侯之骄我者，吾不为臣；大夫之骄我者，我不复见"(《荀子·大略》)。这些人善于审时度势，对于社会政治环境和政治气候的变化十分敏感，他们的宗旨是"穷则独善其身，达则兼济天下"(《孟子·尽心上》)，决不勉为其难。这些人比起积极求道者的社会责任感和义务感大为逊色，而是专心于道的自我完善，其中较为上乘者归隐之后，尚能于诗酒之间冷嘲笑骂，表现出愤世嫉俗的情怀和一定的批判精神，多少能给后人以某种启迪。至于那些末流之辈，名为守道，实则保身，"有道难行不如醉，有口难开不如睡"，流为消极遁世的隐士。当然，无论是遁世，还是愤世，他们的精神世界仍未脱出道的束缚，因之，在他们之中不会产生反传统的斗士和抗衡王权的英雄。

三、替天行道。在处理道王关系的多种选择中，替天行道无疑是比较特殊的一种。这类儒生在道与王发生矛盾时，往往持比较激烈的态度，赞同采用极端形式否定无道之君，表现出某种造反精神，早在秦末农民战争中就有儒生参加。有些儒生还成为反叛者的领袖。如隋末李密、唐末黄巢等。替天行道之士多数有着忧国忧民的社会责任感，敢于与无道昏君公然对抗。当然也不能排除有些儒生打着"替天行道"的旗号，目的是取天下或通过造反的特殊途径牟取权益。替天行道之士反对个别君主，并不反对君主政治。他们希望以有道明君取代暴君、昏君。他们的追求依然是道与王的统一。在君主专制条件下，政治调节的形式大致可分为两种，一是统治集团内部进行主动的自我调节，通过"更化"或变法的方式，达到政治局面的相对平衡。另一种是统治集团之外其他社会政治力量进行的外部调节，当统治阶级在朝派无法继续推动国家政治正常运转，社会矛盾日益激化的时候，统治阶级在野派和其他社会政治力量往往会运用激烈的方式,迫使当政集团下台,新起的统治集团取而代之,重新实现整个社会政治局面的相对平衡。替天行道之士恰恰是这后一种调节的积极推动者和参与者。

四、假道谋官。虽说儒家理想的君子守则是"正其谊(义)不谋其利,明其道不计其功",然而多数儒生却摆脱不了利益的诱惑。他们看到依附王权随之而来的安车驷马,高官厚禄,便一心在学与仕上做文章,他们手捧经典竞相奔走于宦途中,口头诵道,内心是捞禄利,求功名的背后是求富贵。正如吕祖谦所指出的,科场考试"以一日之长决取终生之富贵"(《历代制度详说·举目详说》),士大夫一旦得志,其精神"趣于求田问舍"(《西园闻见录·谱系》)。谋官之士充实了君主麾下的官僚队伍,成为统治集团的主要成员和王权的积极支持者,儒生中的大多数走的是这一条路。

五、传道谋生。在实际历史过程中,并非所有儒生都能进入政权系统。门第、才能和机遇把相当一部分儒生排斥在殿堂之外。这些人虽然皓首穷经,费尽心机,也捞不到一官半职。入仕既无门,又无他长技,只得设馆授学,得些束脩以糊口,更有等而下之者,甚或卖文测字、占卜算命等。"尧舜之道,孔子之术"成了他们维持生活的手段。这些人与王权的关系相对疏远些,也谈不上什么社会责任感,他们只不过是君主专制治下的顺民。需要特别指出的是,充当教书先生的不仅自己做顺民,而且还要把做顺民的道理,诸如忠孝仁义等等教给每一个前来求知识的人。从这个意义上说,他们虽是仕宦途中的落伍者,终生被王权冷落,却为灌输和传播君主政治思想立了大功。

总括以上分析,我们看到传统社会里儒生的出路是多渠道的。但是,从总体方面看儒生们的本质特征是共同的。其一,不论其入仕还是归隐，儒生们都以学习和传播儒家的思想学说作为自身的基本职能。在儒家思想特别是儒学之道的桎梏之下，他们的视野偏狭，思维方式单一，缺乏创造性思维和进取精神。儒家思想的传统是"文以载道"。周敦颐说："文辞，艺也；道德，实也"，"不知务道德，而第以文辞为能者，艺焉而已。"（《易通·文辞》）在这种文风覆盖下，儒生们固守师说成法，惯于寻章摘句，为儒家经典作注疏。不论是"我注六经"，抑或"六经注我"，其认识本身都未能摆脱儒家的政治原则和价值观念的约束，难以形成认识上的批判与超越。因之，儒生缺乏思想的独立性和创造性。其二，由于儒生本身没有独立的经济地位和固定的生存方式，他们只能以所学的知识作媒介，与社会中其他阶级、阶层或集团相结合，也就是说儒生们除非转作士大夫、地主、教书匠和形形色色的术士，否则难以立足于社会。这就促成了儒生的依附性和寄生性，不可能形成社会的主体力量。他们是毛，只能附在别人的皮上。其三，儒生虽没有特定的经济地位，却有特定的阶层意识。在中国传统社会里，不论出身贵贱，凡能习经尊孔，恪守儒家传统的价值标准和行为准则，即被纳入孔门之中。因此，儒生之来源泛而杂，出路不一，却始终作为一个特殊的阶层而存在。

以上这些特征决定了儒生成为封建时代最为活跃的特殊阶层。他们围绕着王权上下浮动，随时准备按照统治者的需要来扮演角色，"人主用之，则埶在本朝而宜；不用，则退编百姓而悫，必为顺下矣"（《荀子·儒效》），为巩固君主政治而竭尽其力。

两千年来，儒生们在精神上追求道统，在现实生活中依从王权。应该说，他们缺乏独立的人格，也缺乏独立的意识和批判精神，有些学人想从传统的儒家思想中发掘出这些精神，以资借鉴和充实现代的知识分子,其用意或许无可厚非,但把这些精神说成是儒家的主旨,那就远离历史了,而以此为据复活儒家,希冀儒家的再兴,那就更加悖谬了。从儒家的经历中我们应得出这样的经验与教训:学术和理论不可能完全脱离政治,但不应成为政治的附庸;士人(知识分子)可以成为政府的成员,但不应成为政治权力的从属。儒家的悲剧正在这里,这是应该深切认识和反思的,从历史的逻辑看,古典的儒家中不可能产生现代的知识分子。中国现代知识分子虽然受到儒家造成的文化环境的熏陶,但从主流上看,他们是在另一种历史条件下和批判儒家传统中产生的。对于这一点,应给予足够的重视。

(原载《天津社会科学》1987年第6期,合撰者:葛荃)

三、士大夫的混合性格与学理的非一贯性

中国传统知识分子士大夫化的特殊品格,导致了中国传统文化的两个鲜明特点。

第一个特点,政治文化是中国传统文化的主体。士大夫作为中国传统思想文化创造的主体,决定了中国思想文化不可能离开现实政治,决定了中国思想文化与政治文化具有不可分割的内在联系,决定政治思想构成了中国传统思想的重心。

中国传统的知识分子,只要他接受了士大夫这条路,他就逃不掉帝王设置的天网,他就要面对现实,皈依王权,为帝王服务,为帝王歌功颂德。翻开任何一位"士大夫"留下的文集,都缺不了这

方面的内容。

从文献学角度看，中国的典籍分为经、史、子、集四大类。经书，讲的是伦理纲常，"君君、臣臣、父父、子子"。经书中没有一句话与这一主旨相悖；史书，讲的是"究天人之际，通古今之变"，其落脚点是让统治者"以史为鉴"，用梁启超的话说，二十四史乃"帝王家谱"。子部、集部中的典籍，大部分政治思想也十分突出。就学术地位而言，经、史部是主要，占支配地位。

就各种思想的最终归宿而言，几乎都归落到政治上。现代科学分类很细，如哲学、政治学、法学、经济学、伦理学、历史学、文学等等。但只要涉入中国传统文化，便很难用上述学科作精细的划分。中国哲学史，抽去其政治思想的内容，不知道会成为什么样子。在政治思想中，占主导地位的是王权主义。现在许多人说儒学是"人学"。我不赞成泛泛讲"人学"。中国古代社会历史中的"人"与儒家讲的"人"，都是"等级人"，儒学是"等级人学"。也正是在这个意义上说，儒学是维护帝王制度之学。

第二个特点，中国古代思想文化缺乏"学理"的一贯性和逻辑性。中国的传统知识分子具有强烈的使命感和忧患意识，他们有理想、有抱负。但他们的理想境界和归宿与现实政治分不开。中国的士大夫不超俗，他们不是皈依到宗庙寺院，不是寄希望于来世，而是寄希望于现世。中国士大夫的最高理想是圣与王的统一，知识、道德与王权的统一。他们苦苦企盼着"有道之君"和"有道之世"。他们忧患的焦点，是上忧君，下忧民。中国古代虽有无君论，但那是支流末节。正是在这种心境之下，范仲淹抒发了士大夫们的耿耿情怀："居庙堂之高则忧其民，处江湖之远则忧其君"；杜甫则把士大夫的情结表述为"致君尧舜上，再使风俗淳"。这种忧患意识,显而易见是从属于王权主义的。儒家的"内圣外王"和"修身齐家治国平天下",把自己的命运与天下安危连在一起。但这里的问题是,修成什么样的身,平什么样的天下？ 在王权支配社会的背景下,士大夫的忧患意识变形扭曲:当他们没有当官的时候,慷慨激昂,宣称救民于水火;一旦戴上了乌纱帽,摇身一变,便与从前判若两人。"三年清知府,十万雪花银。"因此,中国士大夫所创造的思想文化缺乏一以贯之的学理性和逻辑性。我把这种情况称之为中国士大夫思想文化"精神病"。从不同身份时期看,他们无一贯学理,前后矛盾;昨亦是,今亦是,堂而皇之曰:"彼一时也,此一时也","识时务者为俊杰"。从当官时期的情形看,他们多言行不一,阳奉阴违,口是心非。这是中国思想文化的一个重要现象。患上了这种"精神病"而不自知,或知而不悟,或悟而不改,是中华民族的悲剧。中华民族思想文化要走向现代化,一定要治疗这种"精神病"。因为,在我们这一代人中患有这种"精神病"的人还是很多、很多的。

（原载《中国研究》1996年第6期）

第六讲

帝王观念与王权主义

一、秦始皇神圣至上的皇帝观念：
先秦诸子政治文化的集成

皇帝制度的存在及其职能的实现，不仅仅依赖它自身所具有的物质力量，同时还需要社会成员的普遍认同。认同又可分为主动的、自为的维护和被动的、自在的接受两种不同情况。前者可称为主动意识，后者可称之盲从意识。这两者结合在一起，就会产生巨大的行为能量，就会演出轰轰烈烈的历史场面。

有一种看法，认为秦代是没有思想的时代，"历史文化传统对他们而言是没有真实意义的"[1]。如果我们认真分析一下秦代的文献，这种说法是极片面的，也是不能成立的。"历史文化传统"是一种社会存在和环境，不是想抛掉就能抛掉的。

秦始皇虽然没有留下风雅的篇章，但在皇帝理论上，可称得上前所未有的大家。他与他的谋臣所编造的皇帝理论，不仅继往，而且开来。不管后来的帝王与想做帝王的人如何评价秦始皇，但都遵循着秦始皇奠定的皇帝理论。在这一点上，秦始皇可谓历代帝王的祖师爷。

春秋战国最杰出的哲人们共同培植了一棵难噬的酸菜——圣

---

[1] 余英时：《道统与政统之间》，载《内在超越之路》，中国广播电视出版社1992年版，第170页。

王救世和一统理论。秦始皇就是这个理论的人格化。这里，首先从秦始皇与"道"的关系讲起。

春秋战国的思想观念较之以前有一巨变，这一巨变的集中点表现在从崇"天"（上帝）向崇"道"的转变。"天"是神性（也包含一部分理性）的最高体现；"道"是理性（也含有一部分神性）的最高范畴。"道"字在甲骨文中尚未见，西周早期金文与文献中的"道"仅指道路。道路是人类开辟自然的标志。于是，人们借用"道"这个字，进行了空前的文化开拓，"道"的含义像"连续乘方"一样扩展内涵。在春秋战国的文化转型中，"道"上升为中华文化的核心和理论原点：

> 道是世界的本原或本体；
>
> 道是万物运行的规律、法则和必然；
>
> 道是事物内在的规定性、本质和自然；
>
> 道是人类社会最合理的准则与规范；
>
> 道是真理和最深邃的认识；
>
> 道是公正、善、高尚；
>
> 道是美，是艺术的真谛；
>
> 道是人们生存和取胜的依据；
>
> 道又包含了一定的神性。
>
> ……

我们可以作这样一个假定，如果把"道"抽去，那么传统的中华文化体系肯定会随之散架。

春秋战国所有的思想家，虽常常互相攻讦，但却从不同理论、不同价值取向、不同角度出发,高扬"道"的旗帜。凡属能"知道""得道""同道""备道""体道""修道"者,就是最聪明、最有知识、最有道德、最高尚的人,也就是圣人。当时有一股强大的"圣者为王"思潮,因此,有道者理所当然就应占有天下。"得道者多助,失道者寡助","得道者得天下,失道者失天下",成为社会的公理。"道"在观念上是至高无上的,它比"王"更具有权威,正如荀子所说:"道高于君","从道不从君"。

秦始皇空前的大胜利,无疑是军事的胜利。但秦始皇及其周围的谋士并不仅仅是一批铁血人物,他们有很高的文化修养。他们在总结自己的胜利时,同时认为自己的胜利也是文化的胜利。秦始皇继承了春秋战国新文化(相对三代而言)的最高、最核心的成果——"道"。他对自己的胜利讲过这样与那样的原因,如赖宗庙之神灵等等,但核心是如下八个字:"体道行德""诛戮无道"(《史记·秦始皇本纪》)。

荀子对"体道"作了这样的论述:"知道察,知道行,体道者也。"(《荀子·解蔽》)"知道察"讲的是认识,"知道行"指的是实践,只有把"道"之理与实践结合起来,才可称之为"体道",能"体道"者就是圣人。韩非子从治国、保身方面对"体道"作了进一步阐述:"夫能有其国、保其身者,必且体道。体道,则其智深;其智深,则其会远;其会远,众人莫能见其所极。"(《韩非子·解老》)"体道""智深""会远"是一体的,三者结合就能超众。

在先秦众多的思想家中,包括纵横捭阖的说客,除了把先王和理想中的"圣人"视为"体道"者外,尚未把这项殊荣桂冠戴到任何一位当时王者的头上。秦始皇毫不犹疑地宣布自己是"体道"者。秦朝一班大臣称秦始皇"原道至明"(《史记·秦始皇本纪》)。把

"至明"基于"原道"，正是先秦思想家们在认识论上收获的一个硕果。老子说："知常曰明。"（《老子》第五十五章）"常"即规律，即道。汉初贾谊《新书·道术》概括得更清晰："知道者谓之明。"秦始皇"原道至明"正是这一认识路线最杰出的实践者或人格化。

先秦思想家们把最高智慧用于张扬"道"，制造了对"道"的崇拜，秦始皇毫不犹豫地撷取了这一文化硕果，豪迈地宣布：朕即道！秦始皇用"道"对自己的胜利作了最合理的论证。后来帝王无不用"道"来论证自己的合理性。

"道"是最高理性，圣人则是"道"的人格化。在春秋战国文化转型中，与崇道并行和相辅相成的是造圣运动和对圣人的崇拜，圣人当王几乎成为共识，"圣王"这个词应时而兴。圣人有数不清的品德，最主要的是睿智的理性、无与伦比的创造性和完美的德性。简而言之，即"体道"和"至明"。由于圣人的这种品性，人们合乎逻辑地把人类和自身的命运托付给圣人和圣王。秦始皇是在社会呼唤新圣的文化环境中成长起来的，他追求的是圣业，伟大的胜利又把他置于历史之巅。秦始皇称圣是顺理成章的。他"临察四方""听万事""理群物"（《史记·秦始皇本纪》），非圣而何？

他立的法是圣法："大圣作治，建定法度，显著纲纪。""圣法初兴，清理疆内，外诛强暴。""秦圣临国，始定刑名，显陈旧章。"（《史记·秦始皇本纪》）

他做的事是圣事："皇帝躬圣，既平天下，不懈于治。""圣智仁义，显白道理。"（《史记·秦始皇本纪》）

他进行的教化是圣教："宇县之中，承顺圣意"，"训经宣达，远近毕理，咸承圣志"（《史记·秦始皇本纪》）。

他把圣恩施及全国："圣德广密，六合之中，被泽无疆。""皇帝哀众"，"振救黔首"(《史记·秦始皇本纪》)，解民于"倒悬"，惠及牛马。

他的圣制要传之万世："后嗣循业，长承圣治，群臣嘉德，祗诵圣治。"(《史记·秦始皇本纪》)

秦始皇承继了春秋战国的"造圣"和"崇圣"的思想成果，同时又有新发展，这就是：朕即圣，即圣王。

春秋战国思想家，尤其是儒家以仁、义为标号，在思想文化领域掀起巨澜。大多数思想家都认同仁义。秦始皇面对着这一巨大思潮，没有等闲视之。他在致力于刑名法术建设的同时，也高唱"仁义"。这在刻辞中比比皆是，无须征引。

秦始皇称"皇帝"，同样承继了先秦思想家与政治家名号论与历史观的成果。这里先引议尊号一段文字：

> 廷尉斯等皆曰："昔者五帝地方千里。其外侯服夷服，诸侯或朝或否，天子不能制。今陛下兴义兵，诛残贼，平定天下，海内为郡县，法令由一统，自上古以来未尝有，五帝所不及。臣等谨与博士议曰：'古有天皇、有地皇、有泰皇，泰皇最贵。'臣等昧死上尊号：王为'泰皇'。"(《史记·秦始皇本纪》)

秦始皇批曰：去"泰"，著"皇"，采上古"帝"位号，号曰"皇帝"。

李斯与诸博士是当时著名的通古今的学问大家，他们的议论承继着先秦的有关议论。"三皇""五帝"是先秦诸子们讨论的一个关系人类自我历史、理想与批判意识的重大课题。顾颉刚等先辈在《古史辨》第七册中，从历史的角度对此进行了全面的梳理，功彪史学。这里仅就思想文化的几层含义，条陈于下：

其一，三皇五帝是人们历史意识新发展的表现之一。人类文化越发展，历史意识就越强化。人们要认识自己，历史的考察是最为重要的一环。春秋时期人们已经开始讨论三代以前的历史，战国时期议论更多。在争论中，庄子给人们出了难题：历史的头在哪里？头还有没有头？为了把历史推向无限远，他编造出了一个比一个早的英雄人物。阴阳五行家们也是把历史推向遥远的专家。如果我们抛开具体的历史，这种穷追不舍的精神的确使人们大开眼界。历史的眼光越宽广、悠久，经验的价值就越有限，经验的东西越有限，就越需要求救于理性，求助于创造。

其二，三皇五帝都是伟大的创新者，开一个时代的圣人。《吕氏春秋·贵公》说："天地大矣，生而弗子，成而弗有，万物皆被其泽，得其利，而莫知其所由始，此三皇五帝之德也。"《庄子·天运》说："故夫三皇五帝之礼义法度，不矜于同，而矜于治。故譬三皇五帝之礼义法度，其犹柤梨橘柚耶？其味相反而皆可于口。"三皇五帝法度的精神是什么，无疑因人而异，如《吕氏春秋·孝行览》是鼓吹孝的，于是说："夫孝，三皇五帝之本务而万世之纪也。"《庄子》诸篇非出一人之手，对三皇五帝评价也不一，多数篇认为是凡俗之圣，"道"之罪人也。就大思潮而言，是以三皇五帝为榜样建立功业，弘扬自己。正像《吕氏春秋·禁塞》称："上称三皇五帝之业以愉其意。"

其三，名号与哲学意义。名号是社会地位的规定和抽象。西周有五等爵号，"天子"是国王的专称，任何人不得僭越。春秋名号有所混乱，但诸侯们未有敢自称天子者。孔子有鉴于名号之乱与社会失序互相推动造成了严重后果，在他看来，政治的首要问题是"正名"。正名问题不限于儒，乃是诸子百家共同关心的问题。

伴随着讨论"三皇""五帝"以及"皇""帝"称号问题的兴起，人们从政治、哲学、历史的高度对其作了规定。《管子·兵法》说："明一者皇，察道者帝，通德者王，谋得兵胜者霸。"《庄子·在宥》说："得吾道者，上为皇而下为王。"《吕氏春秋·谕大》说："昔舜欲旗古今而不成，既足以成帝矣；禹欲帝而不成，既足以正殊俗矣。"作者鼓吹事求其大，"故务在事，事在（疑'事在'二字衍）大"。"大"不成，求其次，亦有成也。《吕氏春秋·务大》重述了这一思想："昔有舜欲服海外而不成，既足以成帝矣。禹欲帝而不成，既足以王海内矣。"

其四，"皇""帝"观念中程度不同地包含着神性。论证的材料很多，无须征引。

其五，理想与批判意义。诸子百家在论及三皇、五帝时，都注入了自己的理想，或是自己的理想和理论的人格化。比如，在《马王堆〈老子〉乙本卷前古佚书》中的黄帝反映的是道家黄老一派的理想与理论。凡属理论和理想，对现实总有程度不同的规范与批判意义。荀子说："诰誓不及五帝，盟诅不及三王，交质子不及五伯。"（《荀子·大略》）很明显，他就是借古批判当时"交质子"的无信无义行为。《吕氏春秋·尊师》说："神农师悉诸，黄帝师大挠，帝颛顼师伯夷父，帝喾师伯招，帝尧师子州支父，帝舜师许由。"古帝都尊师，今王当如何？

现在我们把镜头再对准秦始皇。他号称"皇帝"，一方面表明他承继了先秦"三皇""五帝"的"皇""帝"观念中所蕴含的政治文化；另一方面又表明他对古代帝王的超越，比古代帝王更加尊崇。

先秦的思想家、政治家创造了一系列弘扬帝王的名号，对每一种名号都赋予哲学的、神圣的、历史的意义。名号一旦社会化，被社会接受，就成为一种理所当然的事实，毋庸置疑的前提，变成拜物教，乃至宗教。秦始皇称"皇帝"完成了一项创时代的事，即把最尊崇的名号与最高权力结合为一体。

秦始皇称"皇帝"，是对历史的超越，但他又自认为是历史的继承者，他信奉"五德终始说"，既解决了继承的问题，又解决了革命问题，也为他的帝位找到了又一理论依据。"五德终始说"在当时是一股十分强大的思潮，战国后期的诸子百家程度不同地都参与了"五德终始"的再创造；阴阳家也吸取了诸子之说。秦始皇采纳"五德终始"之说作为自己立国的重要理论依据，说明他继承了先秦思想文化的共同成果，也说明秦始皇是位文化杂家。

秦始皇称"皇帝"，同时又称"天子"。"皇帝"观中有神性，但突出的是理性、创造性和社会的至上性；"天子"称号无疑更多的是神性。秦始皇对一般的神不那么敬重，他曾多次与神交战，如湘君、海神等，但对天还是尊崇的。他把信宫改为极庙，"象天极"，为祭天之所；他接受了先秦一些思想家（主要是儒家）鼓吹的封禅说，是有史可考的第一位举行泰山封禅大礼的帝王；他又接受"天命"说而改正朔；秦始皇死后，秦二世与群臣议立庙，援引古时天子立庙制度。所不同的是，他们把秦始皇视为超级天子，秦始皇的庙为"极庙"，永世奉祭。"天子"观在秦朝并没有中断，而是起着承上启下的作用。

秦始皇十分尊祖，反复宣传祖庙的庇护是自己取得胜利的主要原因之一。他总结胜利时多次说道："寡人以眇眇之身，兴兵诛暴乱，赖宗庙之灵，六王咸服伏其辜，天下大定"；"赖宗庙，天下初定"（《史记·秦始皇本纪》）等等。在那个时代，祖宗崇拜是论证现实合理的重要的理论之一，也是人们普遍接受的一种价值观念。秦始皇在这方面同样是一位能手。

中华民族很早就盛行龙崇拜,视龙为神物。到战国时人们开始把龙与帝王联结在一起,《易》《山海经》是比较早的以龙喻王的作品。从现存的文献看,秦始皇是第一位被人们称为"祖龙"的帝王,他也以被称为"祖龙"而得意。他说:"祖龙,人之先也。"(《史记·秦始皇本纪》)《河图纬·河图天灵》有一段记载:"赵王政(秦始皇)以白璧沉河者,有一黑公从河出,谓政曰:'祖龙来,天宝开,中有玉牍也。'"《尚书考灵曜》也有与此大同小异的记述。纬书晚出,但所记述的帝王神话在战国、秦汉之际已很风行,这同当时方术士走运无疑有直接的关联。纬书中有多处把秦始皇描述为奇人,《河图稽命征》载:"秦距之帝,名政,虎口,日角,大目,隆鼻,长八尺六寸,大七围,手扼□,执矢,名祖龙。"在纬书中,先帝王、圣人、孔子、刘邦等都是神奇之状。神化肉体是神化帝王的一种理论。

秦始皇是"体道"者,是"大圣",是"皇帝",是"天子",又是"龙",这些总合在一起,表现在社会历史作用上便是:功盖古今,恩赐天下。

秦始皇超越历史:

> 自上古以来未尝有,五帝所不及。
>
> 古之五帝三王,知教不同,法度不明,假威鬼神,以欺远方,实不称名,故不久长。其身未殁,诸侯倍叛,法令不行。今皇帝并一海内,以为郡县,天下和平。昭明宗庙,体道行德,尊号大成。
>
> 功盖五帝,泽及牛马。莫不受德,各安其宇。
>
> 圣德广密,六合之中,被泽无疆。
>
> 皇帝休烈,平一宇内,德惠修长。

惠论功劳,赏及牛马,恩肥土域。

忧恤黔首,朝夕不懈。(以上均见《史记·秦始皇本纪》)

以今天的眼光看,这些都可归入阿谀之列,如果回到那个时代,对秦始皇这些称颂又是先秦思想成果的继续。我们不管翻开哪位著名思想家的著作,都会看到,他们在认真地、穷思竭虑地编造圣王万能的理论和神话。秦始皇所做的,是把这类理论与神话落实在自己身上。

功盖一切、恩赐天下与占有天下是相辅相成的,后者是前者的逻辑后果。于是秦始皇宣布:"六合之内,皇帝之土。""人迹所至,无不臣者。"先秦以来,"天下"这个概念同"宇宙""六合"大体同指,是一个空间无限的概念。这个概念同皇权结合在一起,皇权也成为无限的。秦始皇是中国历史上把这种权力观付诸实践的最有力的帝王之一。

综上所述,秦始皇的帝王专制主义理论集先秦思想文化之大成,并与权力相结合。秦始皇的帝王观是后世帝王观的范本。

先秦诸子的思想无疑是十分丰富的,但在政治思想上,他们的主调是呼唤圣王救世和一统的君主专制主义。秦始皇的出现,除了其他原因之外,还有上述文化因素。秦始皇既是这种思想文化的产儿,又是这种思想文化的集中者。

中国古代思想文化的核心是帝王至上观,从这点看,秦始皇是帝王理论大师!

(原载《天津社会科学》1994年第6期)

二、王权主义：中国文化的历史定位

马克思在说到法国中世纪的特点时,曾说过这样一句话:"行政权力支配社会。"马克思虽然没有详细展开论述,但这句话对我认识中国传统社会却具有提纲挈领的指导意义。我稍加变通,把"行政权力"变成"王权"二字。我认为中国传统社会的最大特点是"王权支配社会"。与"王权"意义相同的还有"君权""皇权""封建君主专制"等。

从历史的总过程看,我仍相信生产力的发展状况与生产关系决定着社会的基本形态。这是最基础性的看法。王权支配社会问题是在此基础上提出的一个具体的社会运行机制问题。这是既有联系又有区别的两个不同层次的问题。前者要回答这个社会何以是这样?后者则是回答这个社会运动的主导力量是什么?就中国古代社会而言,我认为区分这两个不同层次对更真实地把握历史过程是有意义的。

社会的运动主要是受日常的社会利益关系矛盾驱动的。社会利益问题无疑有许多内容,但主要的还是经济利益。在长达数千年的中国传统社会中,经济利益问题主要不是通过经济方式来解决,而主要是通过政治方式或强力方式来解决的。这样,政治权力就走到历史舞台的中心,并在相当长的时期内成为社会运动的主角。

中国从有文字记载开始,即有一个最显赫的利益集团,这就是以王—贵族为中心的利益集团,以后则发展为帝王—贵族、官僚集团。这个集团的成员在不停地变动，而其结构却又十分稳定，正是这个集团控制着整个社会。这是一个无可怀疑的事实，我的问题就是以此为依据而提出的。

这种王权是基于社会经济又超乎社会经济的一种特殊存在。它是社会经济运动中非经济方式吞噬经济的产物，是武力争夺的结果，所谓"马上得天下"是也；这种靠武力为基础形成的王权统治的社会，就总体而言，不是经济力量决定着权力分配，而是权力分配决定着社会经济分配，社会经济关系的主体是权力分配的产物；在社会结构诸多因素中，王权体系同时又是一种社会结构，并在社会的诸种结构中居于主导地位；在社会诸种权力中，王权是最高的权力；在日常的社会运转中，王权起着枢纽作用；社会与政治动荡的结局，最终还是回复到王权秩序；王权崇拜是思想文化的核心，而"王道"则是社会理性、道德、正义、公正的体现；等等。过去我们通常用经济关系去解释社会现象，这无疑是有意义的；然而从更直接的意义上说，我认为从王权去解释传统社会更为具体，更便当。

王权主义是上述现象的总称，我所说的王权主义既不是指社会形态，也不限于通常所说的权力系统，而是指社会的一种控制和运行机制。大致说来又可分为三个层次：一是以王权为中心的权力系统；二是以这种权力系统为骨架形成的社会结构；三是与上述状况相应的观念体系。

以王权为中心的权力系统有如下几个特点：其一，一切权力机构都是王的办事机构或派出机构。其二，王的权力是至上的，没有任何有效的、有程序的制衡力量，王的权位是终生的和世袭的。其三，王的权力是无限的，在时间上是永久的，在空间上是无边的，六合之内，人事万物，都属于王权支配对象；或者说，王权的无限并不是说它包揽一切，而是说，王权恢恢，疏而不漏，它要管什么，就可以管什么；就某些人事而言，可以同它拉开一定距离，所谓"不事王事"，但不能逃脱它。其四，王是全能的，统天、地、人为一体，所谓的大一统是也。

在王权形成的过程中，同时也形成了相应的社会结构体系。王权无须经过任何中介，直接凭借武力便可以拥有与支配"天下"，所谓"溥天之下，莫非王土；率土之滨，莫非王臣"（《诗经·北山》），所谓"六合之内，皇帝之土……人迹所至，无不臣者"（《史记·秦始皇本纪》），"天子以四海为家"（《史记·高祖本纪》），"土地，王者之所有"（《陆宣公集》卷二十二），等等，并不是虚拟之词，而是历史事实的反映。在那个时代，政治统治权和对土地与人民的最高占有、支配权是混合在一起的；也可以这样说，对土地和人身都是混合性的多级所有，王则居于所有权之巅。这种观念和名义上的最高所有，有时是"虚"的，但它随时可以转化为"实"，"虚""实"结合，以"虚"统"实"。因此权力的组合与分配过程，同时也是社会财产、社会地位的组合与分配过程。王权—贵族、官僚系统既是政治系统，又是一种社会结构系统、社会利益系统，集政治、经济、文化为一体。这个系统及其成员主要通过权力或强力控制、占有、支配大部分土地、人民和社会财富。土地集中的方式，主要不是"地租地产化"，而是"权力地产化"。这个系统在社会整个结构系统中居于主要地位，其他系统都受它的支配和制约。

在观念上，王权主义是整个思想文化的核心。各种思想，如果说不是全部，至少也是大部，其归宿基本都是王权主义。春秋战国时的百家争鸣可以说是中国历史上的思想文化转型时期，诸子百家创立的学说和思维方式开其后两千多年的先河，后来者虽不无创造，但直到近代以前，基本上没有能突破那个时代创造的思想范式和框架，以至可以说，承其余绪而已。因此对诸子百家的思想作一个总体估计，对把握其后两千年的思想是极有参考意义的。这里我只提两个问题：其一，诸子百家的思想的主流和归宿是什么呢？应该说是政治。对这一点，司马谈有很好的概括："《易大传》：'天下一致而百虑，同归而殊途。'夫阴阳、儒、墨、名、法、道德，此务为治者也，直所从言之异路，有省不省耳。"（《史记·太史公自序》）班固的看法承司马氏，他认为诸子是"王道"分化的结果，归根结底又为王服务，"使其人遭明王圣主，得其所折中，皆股肱之材已"（《汉书·艺文志》）。诸子百家所论，可以说是上穷碧落下黄泉，无所不及，但最终归于一个"治"字，这应是一个无可怀疑的事实。我们可以从现代学科分类出发对过去的思想进行相应研究，但不能忽视当时的思想是一个整体，它有自己的特定的逻辑和结构，而政治思想则是其核心或主流部分。忽视这个基本事实，就很难贴近历史。道家中的"庄学"颇有点排除政治的意味，主张回归自然，那么从哪里回归呢？最主要的是要抛却政治才能谈回归自然，为此就必须不停地讨论如何同政治拉开距离。也就是说，必须议论政治，应付政治，庄子的千古名篇《应帝王》就是既想离又离不开的一篇奇文。其二，政治的中心是什么？我认为只能有一个结论，这就是王权和王制。在中国的历史上，除为数不多的人主张无君论以外，都是有君论者，在维护王权和王制这一点上大体是共同的，而政治理想几乎都是王道与圣王之治。

作为观念的王权主义最主要的就是王尊和臣卑的理论与社会意识。

我们的最伟大、最杰出的思想家几乎都在为王尊编织各种各样的理论,并把历史命运和开太平的使命托付给王。

天、道、圣、王合一,简称"四合一",置王于绝对之尊。"四合一"是传统思想中的普遍性命题,只要是能称得上是思想家的,几乎没有不论述"四合一"的。如何"合一",固然有种种说法和理论,但所追求的都是"四合一"。关于这些问题我已写过多篇文章进行了讨论,这里仅撮要说几点。其一,"四合一"把王神化、绝对化、本体化;其二,把王与理性、规律一体化;其三,把王与道德一体化;其四,把理想寄希望于王。从历史评价上看,天、道、圣同具体的王不一定契合,甚至相背,但是同理想的王或圣王则是一体关系。人们尽管在"四合一"中包含了无限美好的理想,并以此为依据对许多具体的君主进行了批评,甚至鞭挞,可是归结点依然是王权和王制。只要没有超出这个大框框,也就说明还没有走出王权主义。这不是苛求古人,而是对一种事实的判断。理想的王权主义同现实的王权没有不可逾越的界限。历史似乎给人们开了一个玩笑,越是寄希望于圣王,就越难摆脱现实的王。"四合一"是传统思想文化的一个命脉,不可忽视。现在有些学者离开具体历史内容大谈"天理""心性",如堕五里云雾,我期期以为不可也。

传统思想文化对帝王的社会与历史定位几乎也是一致的。首先,人类的文明和制度都是圣王们创造的,没有圣王人就不能成其为人,王是社会秩序的体现。其次,王只能有一个,一切权力只能集中于王,这就是所谓的"天无二日,民无二王"(《孟子·万章上》)和"大一统"。王贵"独":势位独一,权力独操,决事独断,地位独尊,天下独占。这"五独"是诸子百家的共同主张,也是社会的共识。在理论上,"五独"同君主要开明、要纳谏、要虚心、要用贤、要有罪己精神等并存不悖。后者对前者无疑有某种制约和规范意

义，但更主要的是完善和补充，即使最严重的"革命"，也没有突破
"五独"体制。再次，王为民之父母。从表面看，这是极高的要求，
也充满了脉脉的温情，然而恰恰在亲情的帷幕下所有的人都变成
了王的子民，变成被养育者，于是"皇恩浩荡，臣罪当死"成为不移
之论。还有，开太平的历史重任也只有通过王才能实现。在中国
的历史上，众多的思想家编造了太平盛世的理想，那么如何实现
呢？大凡都寄希望于圣王。正是在这种无限的希望中，帝王变得
更加伟大和神圣。

与王尊相应的是臣卑的理论和观念。

臣民卑贱是天秩所决定的。所谓天秩是指宇宙的结构或万物
秩序之类的事物关系。在各式各样的结构和秩序中，君主都处于
至尊至上之位，臣民与君主相对而处于卑下之位。"君臣相与高下
之处也，如天之与地也"（《管子·明法解》）。千姿百态的阴阳论无
一例外都把君主置于阳位，把臣民置于阴位，虽然阴阳相对相成而
不可分，但又有主次，阳为主，阴为辅。于是臣民为地、为阴、为
卑、为下，这是天秩，是命定，是必然。

臣民在社会与历史上只能为子民、为辅、为奴、为犬马、为爪
牙、为工具。"主者，人之所仰而生也。""为人臣者，仰生于上也。"
（《荀子·儒效》）君主是天下人的衣食父母，生养万民。既然臣民
是被君主恩赐才能生存的下物，那么属于君主自然是理中之事。
以至像柳宗元这样有个性的大文人在皇帝面前也要说这样的话：
"身体肤发，尽归于圣育；衣服饮食，悉自于皇恩。"（柳宗元：《为耆老
等请复尊号表》）这类的话不仅仅是谀辞，而是一种社会认同的政治
文化和观念。正如臣下对君主自称"犬马"一样，是一种无意识的自
然的文化认定。社会硬件（权力、等级等）对君臣主奴地位的规定无

疑具有强制的性质,而成俗的主奴观念则使人变为自觉的臣仆。从这个意义上说,成俗的政治文化对人的规范作用更为突出。

面对着君主,在认识上臣下虽然有某种自主性,比如以道事君、以道谏君等。但这种认识的自主性是有限的,绝没有在认识对象面前认识平等的意义,相反,在文化观念和心理上深深存在着一种错感和罪感意识。从理论和社会观念上说,君主是圣明的,无所不知,无所不通;臣下只能是君主的学生和受教育者;在是非的判断上,君主是最高的裁决者。因此臣下的进谏固然包含着对君主的批评,然而这种批评在观念上又是一种错误和罪过。于是在臣下的上疏中,开头、结语常常有这样一些语句,诸如"昧死以言""臣某诚惶诚恐,顿首顿首""愚臣""愚见""兢惶无措""惟圣心裁鉴""彷徨阙庭,伏待斧质"等等。这绝不是空洞的客套语和形式主义,而是社会和认识定位的真实写照。历史上无数因进谏而招罪的事实便是这类词语的历史内容和证据。如果说到臣民的认识能力和知识从哪里来,在君主面前大抵都要归功于君主,正如韩愈所说:"得备学生,读六艺之文,修先王之道,粗有知识,皆由上恩。"(韩愈:《请上尊号表》)就实际而论,韩愈的知识与皇帝何干?可是他必须把自己的知识归功于君王。这就是那个时代的臣民的精神! 在君王面前,臣民生就的错感和罪感意识对传统的思想文化有着巨大的影响,是造就思想贫乏、缺乏创造力和想象力以及人格普遍萎缩的重要原因之一。

中国传统社会的运行机制和历史过程,无疑比以上所说的要丰富得多,但就"主要的"而言,我自信,我的看法离历史真实不远。

(原载《天津社会科学》1998年第3期)

三、天人合一与王权主义

天人合一是中国思想史上的核心命题之一。最近，《传统与现代化》和几家有影响的学刊连续发表文章详加论述，论者仁智各见，多有启迪。但有一个十分重要的问题，即天人合一与王权主义的关系问题鲜有论及。天人合一的内容无疑要比天王合一丰富得多，但两者又有极密切的关系。天人合一的源头是天王合一，直到近代以前，天王合一始终是天人合一的中心。如果对这一点忽略了，也就忽略了基本的历史事实。现代诠释无疑可以各式各样，但对这个事实不能不留下适当的位置。下面略述一二。

（一）礼——天人合一的主要中介

天是一个混沌概念，神、本体、本原、自然、必然、命运、心性等，均在其中。天人合一的"天"虽不乏某项具体含义，但总的来说是在"混沌"意义上使用的。人也是一个复杂的概念，包含自然人、社会人、个人、人的群体、人性不同定义之人、等级人等。因此天人合一是各式各样的，难以细论。这里只能大而化之略加分析。天人合一的侧重点大抵不外三种，一是重在讲天与人的社会性的合一，这主要以儒家为代表；二是重在讲天与人的自然性的合一，这主要以道家为代表；三是讲天人相分，天人互动。第三种见识超群，但影响却不如前两者，这里姑且不论。就前两者而论，天人关系并不是同位的，而是天制约着人。换一种说法，即天道制约着人道。各流派对天道与人道有不同的理解,这里主要讨论儒家的看法。儒家认为天道与人道是统一的。从理论上说人道是从天道中派生出来的,实际上天道是人道的投影。儒家大抵从两方面来定义人,即一方面从人与物的比较中来定义,这就是人所共知的人是万物之灵;一方面是以人道定义人。前者有时包括在后者中,于是经常用人道来定义人。何为人道?礼义是也。《逸周书·礼顺》曰:"人道曰礼。"于是礼与人道基本上是同值的,早在春秋时期许多人便用礼来说明天人合一:"礼,上下之纪,天地之经纬,民之所以生也。"(《左传》昭公二年)鲁季文说:"礼以顺天,天之道也。"(《左传》文公十五年)子产说:"夫礼,天之经也,地之义也,民之行也。天地之经,而民实则之。"(《左传》昭公二十五年)《礼记·乐记》说:"礼与天地同节。""礼者,天地之序也。"《礼器》说:"礼也者,合于天时,设于地财,顺于鬼神,合于人心。"张载《正蒙·动物》说:"天之生物也有序,物之既形也有秩,知序然后终正,知秩而后礼行。"王夫之说:"天道、人性、中和化育之德,皆于礼显之。"(《礼记章句》卷九)又说:"礼虽纯为天理之节文,而必寓于人欲以见。"(《读四书大全说·梁惠王下》)礼既是人道之体现,又是天人合一的社会体现。在我们讨论儒家的天人合一的时候,如果论及人和社会,避而不谈礼,天人合一就没有着落。或者说,离开礼,在社会层面,天人合一就失去了中介。

礼的本质表现在"别""辨""分"上。《荀子·王制》说:"人何以能群?曰分。分何以能行?曰义。"又说:"先王恶其乱,故制礼义以分之。"《礼记·坊记》说:"夫礼,坊民所淫,章民之别……"《乐记》又说:"序故群物有别。""别"的主要内容便是亲亲、尊尊。《丧服小记》说:"亲亲、尊尊、长长,男女之有别,人道之大者也。"《荀子·富国》也说："礼者，贵贱有等，长幼有差，贫富轻重皆有称者也。"礼的内容很多，要之，即"三纲五常"。

在儒家看来，人是伦理的存在，正如《礼记》所说："何为人义？父慈、子孝、兄良、弟悌、夫义、妇听、长惠、幼顺、君仁、臣忠。十者谓之人义。"个人只有在社会人伦关系网中才能找到自己的位置。人要证明自己是人，就必须以礼做证，离开了礼就失去了为人的资格。墨子主张兼爱，不别父兄；杨朱提出不损害他人的为我。可是在孟子看来，这违反了亲亲、尊尊，斥之为禽兽。其实墨子、杨朱的主张是更具人道精神的，然而却不容于儒家的人道。理学家讲的"天地之性""天命之性""义理之性"等好似讲人性平等，但他们笔锋一转，用"气质之性"又论证了贵贱等差是天经地义的。朱熹对此有过详细的说明。人性的善恶由它决定："人之性皆善。然而有生下来底善，有生下来底恶，此是气禀不同。"(《朱子语类》卷四)禀日月清明之气便是好人，禀日月昏暗之气便是坏人；人的性格也由它决定："人性虽同，禀气不能无偏重，有得木气重者，则恻隐之心常多……"(《朱子语类》卷四)；人的贤愚、贵贱、寿夭也由它决定："禀得清明者，便贵；禀得衰颓薄俗者，便为愚、不肖、为贫、为贱、为夭。"(《朱子语类》卷四)等级贵贱与礼有不解之缘。可见儒家的人道不能离开礼的规范。一些文章在讨论儒家的天人合一时，论及人和社会，避而不谈礼，不能不说太忽视历史了。

（二）天人合一中的"无我"

有些学者对理学家的天人合一评价更高，认为理学家的人具有独立人格、主体尊严等，在天人合一中更有主动性。在我看来，理学家所说的人的主动性,并非指人自身,而是指对理的认同。理学家的天、理、性、命、心、道、纲常,细加分析自有局部的区分,但就它们的核心来说,实际是一个东西。张载说:"人伦,道之大原也。"(《张子语录下》)程颐说,三纲五常"合而言之皆道,别而言之亦皆道也"(《河南程氏遗书》卷二五)。朱熹也说:"这道理自是长在天地间,只借圣人来说一遍。"(《朱子语类》卷九)纲常、天理浑然一体,最显著、最具体、最实际的就是礼。程颐说:"不合礼则非理。""上下之分,尊卑之义,理之当也,礼之本也。"(《周易程氏传》卷一)程氏又说:"视听言动一于礼,谓之仁。"(《程氏粹言》卷一)又说:"父子君臣,天下之定礼,无所逃乎天地之间。"(《河南程氏遗书》卷五)

儒家绝对教人行善,形象化地说,就是教人作尧舜。"人皆可以为尧舜",无疑是最神圣的豪言壮语。从纯粹的意义上说,这无疑有人人平等的意味。但我们不能孤立地看这一句话。在儒家那里,尧舜具有两方面含义:一是楷模的帝王,一是道德的化身。人可为尧舜,在直接意义上显然不是指前者,而是要人成为道德化的人。在这一人格化的模式中,道德把"人"吃掉了。人只剩下一具以道德为轴心的社会性躯壳,躯壳中装载的便是三纲五常。在纲常面前,"我"是个很麻烦的问题,是个离心的力量,是一个坏东西。朱熹曾说:"我是为恶成就。"(《朱子语类》卷三六)于是与"我"作斗争,便成为儒家最关心的问题之一。为了抑制"我",提出"克己""无我""无意""无私""无心""忘己"等。这里用"无我"概言之。在理学家看来,能达到无我便达到了纯粹境界,如程颢所言:"无我,则圣人也。"(《河南程氏遗书》卷一一)如何达到无我呢?那就要与天理为一。圣人是天理所借用的一个人形,是没有人欲的形式人，"圣人都忘了身，只是个道理"（《朱子语类》卷九）。圣人的血肉完全被光芒四射的天理蒸发了，自身化为乌有，他只是理的工具，"圣人只看理当为便为，不当为便不为，不曾道我要做，我不要做。只容一个'我'，便是意了"（《朱子语类》卷三六）。在这里，天理是万能的主宰，人完全失去了主体的意义。然而，人毕竟是人，有其血肉之躯，儒家以及把天理推到本体高度的理学家，对此并不否认，因此也并不否认必要的人欲。"若是饥则欲食，嗜则欲饮，则此欲亦岂能无"（《朱子语类》卷九四）。但是他们对人欲从理论和情理上总具有排斥性。于是理欲、义利之辨始终是儒家最关心的问题之一。理欲、义利可以统一，那就是理、义为指导，欲、利服从理、义。即使如此，他们仍然把欲、利放在敌对地位。最早把理、欲敌对化的是《礼记》中的《乐记》，明确提出"穷天理"以"灭人欲"。理学家从哲学角度详细地论证了这个命题，"存天理，灭人欲"成为他们的口头禅。程颢说："天下之事，唯义利而已。"（《河南程氏遗书》卷一一）朱熹说："孔子所谓：'克己复礼'；《中庸》所谓：'致中和，尊德性，道学问'；《大学》所谓：'明明德'；《书》曰：'人心惟危，道心惟微，惟精惟一，允执厥中'。圣贤千言万语，只是教人明天理，灭人欲。"（《朱子语类》卷一七）张栻也说："学者潜心孔孟，必得其门而入，愚以为莫先于义利之辨。"（《南轩全集》卷一四）天理与人欲是一对对立的概念。天理即仁义礼义之属，也是人之为人的根据，"天理之不存，而与禽兽何异矣。"（《程氏粹言》）在实际生活中，天理、人欲之区别，深藏于心，显明于礼。钟鸣鼎食于王侯则为天理，于臣庶则为非礼，属于人欲。王能与民同乐，游乐也是天理；能富民，好货也是天理；能依礼纳女为后妃，好色也是天理。

天人合一无疑还有其他含义,但落实到社会层面,不能抽空它的历史内容,心、性之类精神难以用自身证明,必须借助于礼。我决不否认礼的历史合理性,但礼是一种贵贱等级结构,是主属关系,其中除了天子之外,其他人是不具备个人主体性的。这样,当天人合一落实到社会,人变成了礼的工具,并且礼也成为人的本质,于是人被抽空了,至少人变得残缺不全了。

儒家高倡礼义绝不是教人作恶,但是礼义教人修养成"无我",试问,"无我"之人还有独立意义吗?"无我"看来很高尚,但与礼连在一起则为恶势力的横行提供了最方便的环境,从历史上看,君主专制主义最喜欢民众"无我"。

(三) 天人合一中的王权主义精神

在天人合一中,王占有特别重要的地位。天人合一的源头是天王合一。我们从西周的天子说起。天是当时的至上神,是一切现象最后的决定力量。就人总体的本源而言,是天生烝民,但是就个体而论,除周王外,人们同天并不能攀亲,只有周王才是天所生,周王是天之子,于是周王又称天子。由于这种特殊的关系,天把最高权力赋予了周王。《大盂鼎》称:"丕显文王,受天有大令(命)。在武王嗣文王乍(作)邦,辟厥匿,匍有四方,允正厥民。"《师克盨》称:"丕显文武膺受大命,铺有四方。"《尚书·梓材》说:"皇天既付中国民越厥疆土于先王。"《诗·周颂·执竟》说:"丕显成康,上帝是皇。自彼成康,奄有四方。"

西周只有天王合一观念。随着天子的式微,天的观念的变化,在社会变动中民众作用的上升,天王合一逐渐演化为天人合一。

从某种意义上说，这是社会观念的一大变革。春秋战国时期的天人合一并不是每个人所能具有的功能，应该说，只有圣人才能有天人合一的功能。圣人与天的合一同周天子与天的合一相比有很大的不同。前者主要是通过神性达到的，后者主要是通过理性实现的。也就是说，主要是通过认识，把握了天人的本质、天人之间的规律和关系。具体而言，即天道、地道、人道及三者的合一。再抽象一点可用"道"概括之。道不无神性，但包含了更多的理性。人们对道可有各式各样的理解，常常各以己之道攻人之道，有时甚至骂得狗血喷头。但在最高层次上又有共同语言，这就是"知道""得道""有道""同道""备道""体道""修道"等。谁能与道相通，谁就是最聪明、最高尚、最有知识的人，也就是圣人，也就有资格居天下之首，为君王。"得道者得天下，失道者失天下"成了公论和民族的共同意识。

先秦诸子制造了圣人与天合一的理论，也制造了圣人当王的理论。他们除了把先王视为圣王合一外，尚未把圣加到当时任何一个王的头上。不过他们希望未来的王应与圣合一。时机终于到来了，秦汉帝国的出现给圣与王的结合提供了根据。

秦的统一与大帝国的建立是中国历史上亘古未有的大举，它的创造者秦始皇以其雄才大略，将天、道、圣、王统于己身。在一般的论述中，总把秦始皇看作只知行霸道的铁血人物，其实他也很注意文化宣传。春秋战国思想文化界与政界几乎一致认为"得道者得天下"，在这个文化共识面前，秦始皇决不落后。他在总结自己胜利的原因时，除宣扬武力外，还特别强调自己的正义性，这就是"有道"。他在刻石中讲得很多，其中有三句话值得特别注意，即"原道至明""体道行德""诛戮无道"（《史记·秦始皇本纪》）。

道是最高理性,圣人则是道的人格化。在春秋战国的文化转型中,与崇道并行和相辅而行的是对圣人的崇拜。圣人有数不清的品性,最主要的是合天、体道、至明。秦始皇都具备了。过去,人们所想象的圣人是在遥远的古代,在冥冥之中,在形而上学里,现在秦始皇以其"驭海内""察四方""听万事""理万物"的气势出现在人们的面前,人们不仅被征服,大多也心服、口服,于是几乎所有的臣下都以"圣恭"称秦始皇。他立的法是圣法,他做的事是圣事,他进行的教化是圣教,他的圣制要传之万世等。以秦始皇为标志,天人合一又发展到一个新阶段,即天、道、圣、王的合一,其中突出的是最高权力。然而,这并不是说,天、道、圣、王在任何情况下都是统一的。从先秦诸子开始一直贯穿整个古代,思想家们几乎都高扬道的旗帜,甚至经常把道视为王的对立物,用道批评王,张扬"从道不从君""道高于君",在行动上也常以道为由抗君命,矫君命,甚而以有道伐无道,举行革命或造反。

天、道、圣、王尽管有一系列错综复杂的矛盾,从中也产生了一系列相应的理论,这里暂不讨论。我要说的是,道这个东西尽管与某个王常发生冲突,但它对王的体制从总体上是肯定的。如果没有王,天下便陷入万劫不复的悲惨世界。人类最初没有王,各行其是,乱作一团,"日夜相残,无时休息"。为了从困境中走出来,于是产生了王,人类走入有序的时代。从王的产生说明,王本身就体现着道。春秋战国诸侯争霸,群首无王,本身便是无道的时代,正如孔子所说:"天下有道,则礼乐征伐自天子出;天下无道,则礼乐征伐自诸侯出。"(《论语·季氏》)《吕氏春秋·观世》也说:"今周室既灭,天子既废。乱莫大于无天子,无天子则强者胜弱,众者胜寡,不得休息,而佞进。今之世当之矣。"可见道与帝王体制又不能分开，甚至很多人提出王重于道，李觏就提出："无王道可也，不可无天子。"（《李觏集·佚文》）为了把道与王统一起来，在很早就创造了"王道""先王之道"一类的概念。王道可以用很多方法来分析，如哲学的、历史的、逻辑的、道德的、社会的方法等，这里我主要从历史和哲学角度略加分析。谁发明了道？或者说谁把天道引给了人类？各家各派几乎异口同声说，是先王和圣人。先王和圣人并不是简单的同指异说，但又有很大一部分是重合的，两者相统一的便称为"圣王"。正是这些圣王沟通了天人，给人类建立了"人道"：

> 子曰："大哉尧之为君也！巍巍乎，唯天为大，唯尧则之！"（《论语·泰伯》）

> 昔者，圣人之作《易》也，将以顺性命之理，是以立天地之道曰阴曰阳，立地之道曰柔曰刚，立人之道，曰仁曰义。（《易·说卦传》）

> 王者执一而为万物正，"以身为家，以家为国，以国为天下。此四者异位同体，故圣人之事，广之则极宇宙，穷日月，约之则无出乎身者也"。（《吕氏春秋·执一》）

> 帝者体太一，王者法阴阳，霸者则四时，君者用六律……生之与杀也，赏者与刑也。（《淮南子·本经训》）

> 古之造文者，三画而连其中谓之王。三画者，天、地与人也。……取天、地与人之中以为贯而参通之，非王者孰能当是。（《春秋繁露·王道通三》）

> 自初卷至三百八十卷，必首叙帝王，以明一统之尊。繇是渐推之宫室，旁及闰僭，以终外戚，皆隶于君，犹之天一也。……天

道也,君道也。……地道也,臣道也。(《册府元龟·序》)

这一类的论述举不胜举。分而言之,圣、圣王、王有别,但在实际上常常混而为一。于是王不仅把天道引渡给人间,而且他本身就是道的化身,即所谓的"体道"。

在天人合一中,天王合一始终是问题的核心,并且具有很强的神秘性,不断制造天子的神话。这方面的材料极多,不一一引述,只以《白虎通义》的有关论述作代表来说明之:

> 爵所以称天子何? 王者父天母地,为天之子也。帝王之德有优劣,所以称天子何? 以其俱命于天。……何以知帝亦称天? 以法天下也。……何以皇亦称天子也? 以其天覆地载俱王天下也。(《白虎通义·爵》)
>
> 天子所以有灵台者何? 所以考天人之心,察阴阳之会,揆星辰之证验,为万物获福(于)无方之元。(《白虎通义·辟雍》)
>
> 天子立明堂,所以通神灵,感天地,正四时,出教化,宗有德,显有能,褒有行者也。(《白虎通义·辟雍》)

天在中国的古代从来就没有失去过神秘性,因此天子也总具有神性。这种神性既是其超人的证明,又是其绝对权力合法性的证明。

皇帝是天的代理人,是道的化身。就一个具体皇帝而言未必如是,但从理论上应该如是。于是,在很多情况下,天、道、圣、王是四位一体的。天命观与道统论是古人的终极追求和理想境界。帝王是成天命和施治道的主角,所以常常以法天行道者自居。法天，天君合一，把皇权神化；行道是说帝王行为的合理性与正确性；称圣则表明皇帝聪慧无比。皇帝的谥号和尊号是当时政治文化的凝结，其中最重要的两个字就是天和道。特别自唐朝以后，天与道是最为重要、最为突出的，处于领衔的地位。谥号、尊号一开始便是"统天""法天""仪天""感天""体天"等；继之便是与道的关系，如"继道""体道""明道""契道"等；"天""道"之后又多随之以"圣"。此外还有表示功业、道德等方面的内容。

天、道、圣把王托到了社会的顶端，是王权至上的根据。董仲舒说："《春秋》之法，以人随君，以君随天。"（《春秋繁露·玉杯》）又说："圣人何其贵者，起于天，至于人而毕。"（《春秋繁露·天地阴阳》）对天来讲，王代表人类与天对话，承上启下；对民来讲，王是他们的总领和最高指挥："王者承天意以从事"，"王者天之所从也"（《春秋繁露·尧舜不擅移汤武不专杀》）。故天下人都要服从天子，"唯天子受命于天，天下受命于天子"（《春秋繁露·为人者天》）。"下至公侯伯子男，海内之心悬于天子。"（《春秋繁露·奉本》）在这里我们看到，天人合一的中心仍是天王合一，要论证的核心是王权主义，绝不是什么"人类主义"。

理学家讲的天人合一，就社会层面而言，增加了道德、心性方面的内容，但其中心同样仍是天王合一。正如程颐所云："君道即天道也。"（《春秋繁露·河南程氏遗书》卷十一）当然，他们比前期儒家的论证更加缜密，更加绕圈子，说穿了，更加迷惑人而已。他们所说的天理、道、性、命、心等，落实到社会和人，不外乎儒家通常所说的三纲五常。仅举数例以昭一般：

> 人伦，道之大原也。（《张子语录》下）

人伦者,天理也。(《河南程氏遗书》卷七)

道之大本如何求?　某告之以君臣、父子、夫妇、兄弟、朋友,于此五者上行乐处便是。(《河南程氏遗书》卷一八)

道之在天下,其实原于天命之性,而行于君臣、父子、兄弟、夫妇、朋友之间。(《朱文公文集》卷七八)

道之大纲,只是日用人伦事例所当行之理。(《北溪字义》)

吾儒之道乃天下之常道,岂是别有妙道?谓之典常,谓之彝伦,盖天下之所共由,斯民之所日用,此道一而已矣,不可改头换面。(《陆九渊集·与王顺伯》)

在理学家看来,人伦为道之大本、大原,道为人伦之大本、大原,道与人伦实同名异,在理论上基本上也是同价的。人伦法则亦即宇宙法则。正是人伦法则把形形色色的儒家统一在一起。在理学中,真正贯彻始终、渗透一切的范畴是人伦,是三纲五常。理学的各式各样的理论都通向对三纲五常的肯定。每个人都要各安其位,这就是"天命""天分""定分"。朱熹说:"天分即天理也。"(《朱子语类》卷九五)又说:"君臣父子,皆定分也。"(《朱子语类》卷六三)这就是说,等级差别出于天命,出于天然,人不得有任何非分之想,更不能有非分之举,"须着安于定分,不敢少过始得"。"且如嗜刍豢而厌藜藿,是性如此。然刍豢分无可得,只得且吃藜藿。"(《朱子语类》卷六一)等级制度、贵贱有别是君主专制制度赖以存在的社会基础。

我决不否认君主制度的历史必然性,我只想说明,在古代,天人合一并没有导向,或者说主要没有导向天与人类的普遍合一,而是导向天王合一。在这一点上,首先不是解释和评价的问题,而是一个历史事实的问题。天人合一的核心是讲天与社会秩序的关系，在当时历史条件下，社会秩序不可能是别的，只能是君主专制体制。三纲五常与君主专制是互为表里的。

在君主专制体制下，在三纲五常的体系中，不管对人有多少高妙的言辞，诸如"天地之间人为贵"等，但由于三纲五常这一天网笼罩在每个人的头上，在天面前，不存在人人平等，因此人们只有角色人格，很少有独立人格，也很少有个人尊严。像张载提倡的"民胞物与"，无疑是非常豪迈的、令人敬仰的壮语，但是只要全面考察老先生的思想，这显然不是他思想的核心。这不是苛求古人，而是不容忽视的历史事实。

同样，在君主专制条件下，也很难有人类与自然的和谐。虽然在理论上不乏王要顺天的规定，但王本身就是天的体现，王命就是天命，所以帝王们常常置天于不顾，任意而行，破坏天人和谐。这一点历史是可以做证的。

一言以蔽之，讨论古代的天人合一不能离开历史内容，这样才可能既借助历史的命题，又超越历史。即使把天人合一解释为人类社会与自然的和谐，我认为在所想象得到的未来，天人合一也不是超越一切的命题，人类社会也不可能乐融融相处，共同一致同天搞"合一"。无疑，人类和自然的关系问题是一个极其重要的问题，但同时不要低估还有许多更实际的利益问题纠缠着人们，左右着人们的行为。中国传统的"天人合一"不可能是下一个世纪解救人类的灵丹妙药，同样也不可能将"天人合一"作为东方文明优越的证明。

（原载《天津社会科学》1996年第4期）

第七讲

帝王对『学』与士人的控制

政治思想和政治文化是传统思想文化的主流，这是王权支配社会的必然产物。这里再简述一下王权对"学"和士人的支配。

一、王权对"学"的支配与控制

春秋以前"学在官府"，其后"官学"解体，分化出诸子之学，"学"在王权之外获得了自由。然而这仅仅是一时的现象，从中国古代历史的大势看，"学"没有获得自由发展和存在的空间，应该说，"学"基本由王权控制，或依附、投靠于王权。西周的"学在官府"，春秋战国诸子的"干世主"，秦始皇的"以吏为师"和汉武帝的"独尊儒术"，可以说是王权与"学"结合过程中依次发展的四种方式，其精神是一脉相承的，汉武帝的独尊儒术则是这一精神的集大成，其后延续了两千多年。

西周的"学在官府"，自然"学"由官府垄断，所以当时的"学"又称"王官之学"。依照班固的说法，春秋战国的诸子之学都是从"王官之学"中分化出来的。诸子之学在学术上无疑是多元的，然而在政治上却又有惊人的一致性，这主要表现在两点上：一是都热衷于政治，诸子之学的目的都是"干世主"；二是在鼓吹君主专制这一点上殊途同归。这一点在前文已作了论述。这两点十分重要，说明诸子之学压根儿是为政治、为王权服务的。秦始皇的以吏为师无疑太粗糙了。但仔细分析一下，此举也不是脱离历史逻辑的任意之为。其一，诸子之说几乎都没有什么宽容的雅量，都要求尊自己，排他说。其二，战国诸侯们对诸子之说虽有相当的宽容，但也有选择和排斥的一面，对于己不利的书也屡屡禁绝和焚烧。其三，诸侯们已经开始摸索方法把"学"置于自己的控制之下，如赵烈侯的尊儒、齐国设学宫等。其四，诸子之学几乎都在呼喊要吏师合一，圣王合一，这在理论上为以吏为师做了准备。其五，诸侯国的官办学校就是以吏为师。秦始皇实行以吏为师，就事实而言，就是实行学校官办，取缔私人办学，实行思想垄断和思想统一。以吏为师与战国诸子的学术精神并无大违，甚至可以说是诸子之学内在的专制主义精神的一次实现。

汉武帝的独尊儒术是秦始皇以吏为师的继续和发展。韩非、李斯是以吏为师的倡议者，董仲舒是鼓吹独尊儒术的重要人物之一（在他之前鼓吹者多多）。乍然看去，韩非、李斯与董仲舒的政见差别很大，可以说是敌对的，韩非、李斯要打击儒家，董仲舒则要独尊儒术。可是换一个角度看，分析一下他们的出发点和要解决的问题，应该说又是基本相同的，甚至所用语言也雷同。他们的目的都是为了尊王，实现大一统；在政治思想上一个讲"定一尊"，一个讲"持一统"，都主张实行思想统一和专制；所尊之外一律排他，取消私学。李斯提出，对非所尊之学实行"禁""烧""族"，董仲舒提出"皆绝其道气"。所以我认为，汉武帝的独尊儒术与秦始皇的以吏为师是一脉相承的，又都是"学在官府"的再建。当然，汉武帝比秦始皇高明，他有成套的措施，最主要的是他找到了一种思想文化的依托，这就是儒术。秦始皇所尊的是法令，是自己的直接意志,汉武帝则通过儒术做缘饰。

这里涉及儒术与帝王的关系以及儒术的主旨问题。新儒家以及倾心于新儒家的学者多半绕开儒术与帝王的关系来论述儒家的主旨。尽管他们的观点各式各样,但大多数认为儒家的主旨是"人学",是"成人之学",是"人文关切之学"。泛泛地这样说固无不可,问题是,"人"是什么样的"人",又"成"什么样的"人"? 对此完全抛开阶级分析,甚至连贾谊所说的"阶级"也不顾,说儒家的"人"是独立、自主、平等的人,我认为这种看法离历史太远了! 难道帝王们所喜欢的儒术竟是自由主义的? 难道自由主义竟是帝王体制的支柱? 儒家没有不讲"三纲"的,即使是儒家中的在野派,甚或是所谓的"异端"也不例外。帝王制度就是建立在"三纲"这种等级之上的。也正是以此为据,我说儒学的主旨是维护帝王体系之学。如果儒学与帝王体系没有内在的互用性,历代帝王能无端地尊儒吗? 我们当然不必事事论及"三纲",但"三纲"是统揽儒家全局的主旨,不管论述任何问题都应给它留下足够的位置。

汉武帝独尊儒术、罢黜百家,同秦始皇的以吏为师一样,意在把社会的思想文化置于王权控制之下,使思想文化降格,成为王权的从属物。且不说被"罢黜"者,就被"独尊"的儒术而言,恰恰因被尊而失去了原有的独立性格。因为它的被尊是皇权决定的,它被皇权宣布独尊的同时,也就被置于皇权控制之下。儒术变成皇权政治的组成部分,成为皇帝需要的政治原则,儒家的"经典"是由皇帝钦定的,最高解释权也归皇帝。在这种局面下,儒家,特别是儒家的"经典"体系,不是御用之物又是什么?

汉儒说孔子为汉家制度,想把孔子汉家化,由汉家独占,然而汉家亡了,孔子的香火依然缭绕不绝,儒家经典依然被尊为国宪。

按照儒家的道德准则，每次王朝更替都有"贰臣"问题，然而唯独"衍圣公"例外，没有人去谴责衍圣公侍奉新朝。由此看，似乎孔子、儒术超越了王朝，于是有人说，儒术作为文化是独立的，是"国魂"，是高于具体的王权的。依我看这只是一隅之论，从全局看这不恰恰说明儒术对王权制度、王权体系具有普遍的适应性和维护作用吗？

儒学既是官学，也就是官方的意识形态。这种官方意识形态借助帝王的政治力量推向全社会，从而使整个社会观念儒家化。儒家的社会化无疑有自身的濡化因素，但更主要的是政治推动的结果。特别是以经取士，把士人的多数吸引到儒家的阵营，并使之成为维护帝王体系的学人或政治工具。

（原载刘泽华主编：《中国政治思想史·综论卷》，中国人民大学出版社2014年版，第八章）

二、士大夫——中国传统知识分子的主体

"知识分子"是一个现代概念。从当前的情形看，这一概念使用得很宽泛，通常是指具有一定知识和社会关怀的人。中国古代没有"知识分子"一词，一般把"士人"作为"知识分子"的对等词使用。然深究之，"士"与现代概念的"知识分子"并不完全相同。

在春秋以前，"士"是一个等级性的概念，它指一个特定的社会阶层或等级。当时社会中的贵族分为王、诸侯、卿大夫、士。士是当时社会中贵族的最下层。在后来的发展过程中，士又成为贵族

与平民的中间阶层。春秋时代的平民分为所谓士、农、工、商,士处于这"四民"之首。

大概从春秋晚期开始,士与知识之间发生了特别的联系,并逐渐成为知识分子的代称,有"文士""学士""文学之士""博士""廉士""善士"等,表示文化意义。他们是社会知识和道德信仰的承担者,是社会理性的主体。战国时期对士有多种多样的解说和定义,体现了士的社会功能,如"士不可以不弘毅,任重而道远"(《论语·泰伯》)、"士志于道"(《论语·里仁》)。士的职责是研究"天地万物,古今之事"(《史记·吕不韦列传》)。刘向也说士"辨然否,通古今之道"(《说苑·修文》)。这些论述强调了士应具有鲜明的主体意识和道义追求,应具有理性,而且应该恪守理性精神。当时的士人强调"从道不从君""道高于君"。《墨子》把士分为"德行""言谈""道术"三种类型,"德行"指具有道德理性的知识分子;"言谈"指善于言谈交往的知识分子;"道术"指有知识体系的知识分子。总而言之,这个时期的士的含义发生了重要变化,比较多地强调了他们的知识、道德、信仰。

在中国古代,士很难作为一个独立的社会阶层而存在。当时社会分化还不充分,或分化还没有充分地独立化。因而,士面临着无可回避的现实抉择:靠什么职业谋生?自春秋战国以降迄于近代,士的主要出路是入仕,成为社会中的官僚阶层。以"选贤任能"为特征的中国传统官僚制度的产生,在古代中国造成了一个特定的社会阶层,这个阶层充当着君主安邦治国的工具,是君主的爪牙。另外,"官学"招生面的放宽,私学之兴,加之孔子提倡的"有教无类"也成为中国的教育传统,从而为更多的人提供了学习机会。无论何人,只要他学习得好,拥有超人的知识,就有可能入仕。所谓"学而优则仕"是也。

知识与特定的社会阶层相融合，士人与官僚相结合，导致出现了一个新的名词：士大夫。这是一个重要的社会现象和文化现象。过去，大夫、士是高下不同的两个等级，大夫在士之上，大夫有官位。后来，士当官的多了，战国初"士大夫"这个概念已流行，"士大夫"指拥有知识的官僚。战国时期，诸侯竞相争取士人，"礼贤下士"成为一股清新之风，士人成为官僚的主要后备队伍。西汉以后实施察举制度，隋唐以后又实施了科举制度。士与大夫之间的关系，是以一套制度为保证的。

士除了入仕以外，其他出路很窄，当教书先生有社会教育职能，但古代教书的主要目的是"学而优则仕"。另外有些隐士，真正的隐士，其生活处境相当困难，一般的士人难以接受，譬如庄子，他有极高的思想境界，不肯混迹于污浊的社会，超然于世外，但他的生活艰辛异常，穿的是草鞋。《孟子·滕文公下》记述了陈仲子的事迹。陈仲子的家族本是齐国贵族，世代享有禄田，但他为追求道义，不肯食不义之食，也不肯贪不义之财。其结果是面有菜色，生活维艰。孟子就讥讽说，陈仲子这样的隐士，只有变成蚯蚓，上食黄壤，下饮甘泉，方能达到自己的境界。战国时期著名的政治家苏秦，贫困之时父母家人对他不屑一顾。于是他发奋读书，而后周游列国，佩六国相印，衣锦还乡，父母家人迎之数里。陶渊明任彭泽令不满于社会的黑暗，辞官隐居，晚年的生活很是凄惨，乞食为生。李斯看到厕所与粮仓的老鼠大不一样，厕所的老鼠又脏又瘦又胆小，粮仓的老鼠硕大无朋而且胆大，由此联想，士人如同老鼠，不入仕则如厕所的老鼠，入仕为官则如粮仓之鼠。在李斯看来，"久处卑贱之位，困苦之地，非世而恶利，自托于无为，此非士之情也"(《史记·李斯列传》)。可见,士人一般是不走隐士这条路的。士人也有经商的,称为商贾之士。中国古代重农抑商,由学而商的例子并不是很多,不具有普遍意义。商贾之士的主要精力是追求财富。

由上可见,虽然士人的构成有多种成分,但作为主体的是士大夫。就这个意义上说,中国传统知识分子的特征可概括为三个字:士大夫。

中国传统士大夫的品格,可以概括为社会地位的臣仆与思想文化的主体化这样一种混合型的结构。这种品格结构是由中国特定的社会历史背景造成的。

士大夫的臣仆可以从两个方面做出说明。

从帝王的角度看,所有的人都必须是臣仆,只有当他们为王所用时才有存在的价值。《诗经·小雅·北山》中说"率土之滨,莫非王臣";至高无上的秦始皇声称"人迹所至,无不臣者"(《史记·秦始皇本纪》)。在帝王看来,不臣,就没有生存的价值,就应该被杀掉。汉武帝讲:"有才而不肯尽用,与无才同,不杀何施?"(《资治通鉴》卷一九)朱元璋也讲:"寰中士夫不为君用、是外其教者,诛其身而没其家!"(《大诰三编·苏州人材》)作为"竹林七贤"之一的嵇康,他之所以被司马昭所杀,是因为他"非汤武而薄周孔",主张"越名教而任自然",不为司马氏所用。历代帝王,特别是清代几位帝王对大夫结党深恶痛绝,声称朋党会造成国破家亡。朋党的要害在于,它在君臣这种政治关系中插入了新的政治关系,有可能导致异于君权的政治力量和政治权威,这是专制帝王所不容许的。有些开明的帝王,他们声称尊重知识分子,甚至对士人以"师友"相称,但这不过是一种假象,真正的目的是使这些人认同帝王。即使在学术最为"自由"的战国时期齐国的稷下学宫，学人可以自由论政，但君主也要千方百计地把学士纳入官僚体系中，"比大夫"给予俸禄。汉代的征辟制度，从表面上看是抬高士人，把知名学者请到政权中来，但其实是为了让士人为己所用。清初设立了所谓"博学鸿词科"，招纳名士，情形也是如此。

从士人的角度看，他们大抵自觉地把自己视为臣仆，中国传统知识分子历来都认为必须有圣王才能治天下，没有圣王，社会将会一片黑暗，时刻都期待着明君圣王。在中国思想最为辉煌灿烂的战国诸子学说那里，思想上百家争鸣的结果非但没有否定专制王权，反而从理论上丰富和完善了王权主义理论。即使像儒家学者所谓的"君者，舟也；庶人者，水也。水则载舟，水则覆舟"（见《荀子》的《王制》《哀公问》）以及"民为本"，也并非什么民主思想，而是在处心积虑地为专制君主着想，告诉君主应该明白自己生存的条件。当然，中国的士人也并非没有理性和批判精神，但在强大的专制权力下，政治理性不得不妥协和屈服。焚书坑儒、党锢之祸、文字狱，造成了中国历史上一次又一次非理性的政治真空。在这种轮回不已、万劫不复的政治迭兴中，士人只能做忠臣、谏臣、股肱，更有甚者是做犬马，唯独不能做首脑。所谓"效犬马之劳""臣罪该万死"云云，几乎成了人类政治史上的文化奇观。黄宗羲是明清之际的杰出思想家，他提出"为天下之大害者，君而已矣"（《明夷待访录·原君》），认为"天子之所是未必是，天子之所非未必非"（《明夷待访录·学校》）。然而，他终究还是未能跳出传统政治的魔圈，不得不寄希望于明君。

伴随着士人的臣仆化，还出现了学术的御用化。儒术被独尊之后成了御用学术。从表面上看，似乎专制帝王很重视学术知识，然而仔细考察不难发现,学术不过是任凭权力牵着走的羔羊。汉武帝的"策问",引出的是汉代大儒董仲舒的"天人三策";石渠阁会议和白虎观会议,更加强化了"三纲六纪",士大夫以经学为业,而经学只是教人做忠臣、做君子、做臣仆。

但是,士大夫同时又是古代中国思想文化创造的主体,或者说古代中国占主流地位的思想文化主要是由这些人创造的。知识和理性蕴含在思想文化中。任何一个人,只要他认真思考问题,就有可能产生独立的自主意识。独立的自主意识在很大程度上决定着自我人格独立可能达到的程度。

这样一来,在士大夫身上承担了两种角色:在社会生活中,他们是君主的臣仆;在思想文化领域,他们是理性和道德的主体。在理论上,他们陷入了是臣还是主人的悖论;在实践中,他们处于进退维谷的窘境之中。这种二律背反导致了中国传统知识分子的双重人格:行为与思想乖离,口头说的是一套,实际做的是另一套;在朝说的是一套,在野又说另一套;飞黄腾达时多阿谀,失意之时多牢骚。

三、中国传统思想文化的政治性与非逻辑性

学理的非一贯性作为中国传统知识分子士大夫化的特殊品格,导致了中国传统思想文化的两个鲜明特点。

第一个特点,政治文化是中国传统文化的主体。士大夫作为中国传统思想文化创造的主体,决定了中国思想文化不可能离开现实政治。与政治具有不可分割的内在联系,决定了政治思想构成中国传统思想的重心。

中国传统的知识分子，只要接受了士大夫这条路，就逃不掉帝王设置的天网，就要面对现实，皈依王权，为帝王服务，为帝王歌功颂德。翻开任何一位"士大夫"留下的文集，几乎都缺不了这方面的内容。

从文献学角度看，中国的典籍分为经、史、子、集四大类。经书，讲的是伦理纲常，"君君、臣臣、父父、子子"，经书中没有一句话与这一主旨相悖。史书，讲的是"究天人之际，通古今之变"，其落脚点是让统治者"以史为鉴"，用梁启超的话说，二十四史乃"帝王家谱"。子部、集部中的典籍，大部分政治思想也十分突出。就学术地位而言，经、史是主要部分，占支配地位。

就各种思想的最终归宿而言，几乎都归结到政治上。现代科学分类很细，如哲学、政治学、法学、经济学、伦理学、历史学、文学等，但只要涉及中国传统文化，便很难用上述学科做精细的划分。中国哲学史，抽去其政治思想的内容，不知道会成为什么样子。而在政治思想中，占主导地位的是王权主义。

第二个特点，中国古代思想文化缺乏"学理"的一贯性和逻辑性。中国的传统知识分子具有强烈的使命感和忧患意识，他们有理想、有抱负，但他们的理想境界和归宿与现实政治分不开。中国的士大夫不超俗，他们不是皈依到道观寺院，不是寄希望于来世，而是寄希望于现世。中国士大夫的最高理想是圣与王的统一，知识、道德与王权的统一。他们苦苦企盼着"有道之君"和"有道之世"。他们忧患的焦点，是上忧君、下忧民。中国古代虽有无君论，但那是支流末节。正是在这种心境之下，范仲淹抒发了士大夫们的耿耿情怀"居庙堂之高则忧其民，处江湖之远则忧其君"；杜甫则把士大夫的情结表述为"致君尧舜上，再使风俗淳"。这种忧患意识,显而易见是从属于王权主义的。儒家的"内圣外王"和"修身齐家治国平天下",把自己的命运与天下安危连在一起。但这里的问题是,修什么样的身,平什么样的天下?在王权支配社会的背景下,士大夫的忧患意识变形扭曲了:当他们没有当官的时候,慷慨激昂,宣称要救民于水火;一旦戴上了乌纱帽,摇身一变,便与从前判若两人。"三年清知府,十万雪花银。"因此,中国士大夫所创造的思想文化缺乏一以贯之的学理性和逻辑性。我把这种情况称之为中国士大夫思想文化的"精神病"。诸多理论命题本是很有意义的,沿着学理走下去,会别开境天,比如沿着"民本"推下去,可以推出民主思想。但实际上,这类思想命题一遇到王权,就停步或转向了。可以说王权面前无逻辑!另外,从士人不同时期的身份看,他们也无一贯学理,前后矛盾,昨亦是,今亦非,堂而皇之曰:"彼一时也,此一时也","识时务者为俊杰"。从当官时期的情形看,他们多言行不一,阳奉阴违,口是心非。这是中国思想文化的一个重要现象。患上了这种"精神病"而不自知,或知而不悟,或悟而不改,是中华民族的悲剧。

帝王对"学"与士人的控制,决定了思想文化只能以王权主义为主导、为主流。这是研究中国传统思想文化应注意的一个大前提,不可忽略。

（原载刘泽华主编:《中国政治思想通史·综论卷》,
中国人民大学出版社2014年版,第八章）

第八讲

政治思维的阴阳组合结构与研究进路

中国古代思想的一个重要现象是"混沌"，吕思勉先生在《文史通义评》中曾有论述。张岱年先生在《中国文化的基本精神》中指出，中国几千年来文化传统的基本精神其缺陷之一就是"混沌思维"。所谓"混沌"，就是思想概念、范畴的界定与运用，没有严密的区分。对这种现象中外学者都有过论述。

说混沌，其实也不是混沌一片，细分还是有其理路的，至少在政治思想中是如此。其理路就是阴阳组合结构。多年以前我曾说过："我认为中国传统政治思想在其学理上是很难找出理论原点的，各种理论命题是交织在一起的，以往我们有时称之为'混沌性'，有时称之为'阴阳结构'，有时称之为'主辅组合命题'等。"也就是说，在我看来，说"混沌"还只是表征，尚待更深入分析。于是提出了"阴阳结构""阴阳组合命题"或"主辅组合命题"。

一、阴阳组合结构的普遍性

在传统政治思想中，我们的先哲几乎都不从一个理论原点来推导自己的理论，而是在"阴阳组合结构"中进行思维和阐明道理。这里不妨先开列一些具体的阴阳组合命题，诸如：天人合一与天王合一、圣人与圣王、道高于君与君主体道、天下为公与王有天下、尊君与罪君、正统与革命、民本与君本、人为贵与贵贱有序、等级与均平、纳谏（听众）与独断、思想一统与人各有志、教化与愚民、王遵礼法与王制礼法、民为衣食父母与皇恩浩荡、仰上而生……

开列了这一大串命题，是为了说明这种组合命题的普遍性。这里用了"阴阳组合结构"，而不用对立统一，是有用意的。在上述组合关系中有对立统一的因素，但与对立统一又有原则的不同，对立统一包含着对立面的转化，但阴阳之间不能转化，特别是在政治与政治观念领域，居于阳位的君、父、夫与居于阴位的臣、子、妇，其间相对而不能转化，否则便是错位。因此阴阳组合结构只是对立统一的一种形式和状态，两者不是等同的。以上罗列的各个命题，都是阴阳组合关系，主辅不能错位。比如在民本与君本这对阴阳组合命题中，民本与君本互相依存，谈到君本一定要说民本，同样，谈到民本也离不开君本，但君本的主体位置是不能变动的。下边就两个组合命题稍作说明，以示其概。

先说"道高于君与君主体道"的组合。"道"是中国传统思想文化的核心范畴之一，是理性（也包含程度不同的神性）的最高抽象，又是整个思想文化的命脉。

"王"是最高权力者的称谓，同时又代表着以专制权力为中心的社会秩序，以及与这种秩序相对应的观念体系。

道与王是什么关系？就我拜读过的论著，特别是新儒家，十分强调儒家的道与王是二分的，常常把"道高于君""从道不从君"作为理论原点来进行推理，认定道是社会的独立的理性系统，由儒生操握，对王起着规范、牵制和制约作用。就一隅而论，足以成理；然全面考察，则多偏颇。在我看来，道与王的关系是相对二分与合二为一的有机组合关系，分中有合，合中有分，分合相辅，以合为主。这不限于儒家，而是整个传统思想文化中的主干。

"道高于君""从道不从君"只是组合命题的一面，还有更重要的一面，这就是"君主体道""王道同体""道出于王"。

先秦诸子把圣人、君子视为道之源，同时又认为先王、圣王也是道之源。在这一点上先秦诸子没有分歧，可以说是达成共识。这一理论为王与道一体化，以及道源于王铺平了道路。秦始皇是历史上第一位把自己视为与道同体、自己生道的君主。秦始皇宣布自己是"体道行德"，实现了王、道一体化。"体道"这个词最早见于《庄子·知北游》。其后荀子说："知道察，知道行，体道者也。"（《荀子·解蔽》）韩非进一步提出"体道"是君主有国、保身之本。秦始皇的"体道"便是由此而来的。秦始皇不仅体道，又自视为圣王，他颁布的制度、命令是"圣制""圣意""圣志"，永垂万世。先秦诸子创造的巍巍高尚的"道"一下子成了秦始皇的囊中之物。秦朝虽然很快垮台了，秦始皇的思想却流传给了后世。其后，贾谊提出"君也者，道之所出也"（《新书·大政下》）。董仲舒在《春秋繁露·王道》中说："道，王道也。王者，人之始也。"他还有人所熟悉的"王道通三"之说。道、王道、王混为一体，道由王出。于是李觏竟说出这样的话："无王道可也，不可无天子。"（《宋元学案·高平学案》）在中国的历史上，尽管道可以被捧上天，但一遇到"圣旨"，就得乖乖让路。在漫长的年代里，帝王既要搞朕即国家，又要搞朕即道。

宋、明理学家高扬道统的大旗，道统俨然独立于王之外。然而恰恰在把道统说得神乎其神的同时，却又把这个神圣的道敬献给帝王，这一点在谥号中表现得尤为突出，诸如"应道""法道""继道""合道""同道""循道""备道""建道""行道""章道""弘道""体道""崇道""立道""凝道""明道""达道""履道""隆道""契道""阐道""守道"等词。汉语词汇实在太丰富了，在这里，都说明一个问题：帝王是道的体现者。

王对道的占有，或者说道依附于王，是整个传统思想文化的一个基本命题，几乎所有的思想家，甚至包括一些具有异端性质的人，都没有从"王道"等的大框框中走出来。只要还崇拜"王道"等，那么不仅在理论上被王制和王的观念所锢，而且所说的道也是为王服务的。

其实，王对道的占有只是问题的一面，另一面更应注意道本身的王权主义精神。在思想史中有一个重要的事实，即人们在阐发、高扬"道"的观念过程中，一直向"道"注入王权主义精神。进而言之，道的主旨是王权主义。这一点被我们的许多学者，特别是被新儒学学者所忽视。只要稍稍留意观察，这一事实应该说是昭然若揭的。

中国传统思想文化中的道无所不在，千姿百态，但影响最大、最具有普遍性的，要数其有关宇宙结构、本体、规律方面的含义了。正是在这种形而上学的意义中给予王以特殊的定位。《周易·系辞上》说，"一阴一阳之谓道"，阴阳相交而生万物，而君臣尊卑之位便是宇宙结构和秩序的一环。被形而上学化的伦理纲常的首位就是君臣关系。程颐说："天地人只一道也。才通其一，则余皆通。""道之大本如何求？某告之以君臣、父子、夫妇、兄弟、朋友，于此五者上行乐处便是。"（《河南程氏遗书》卷一八）朱熹说："三纲五常，天理民彝之大节，而治道之本根也。"（《晦庵集·奏札》）又说："道之在天下，其实原于天命之性，而行于君臣、父子、兄弟、夫妇、朋友之间。"(《朱文公文集·徽州婺源县学藏书阁记》)儒家所论的伦理纲常无疑比具体的君主更有普遍意义,甚至经常高举纲常的大旗批判某些君主,有时还走到"革命"的地步。然而这丝毫不意味着对君主制度的否定,恰恰相反,而是从更高的层次肯定了君主专制制度,用形而上学论证了君主制度是永恒的。我们不能忽视儒家的纲常对王的规范和批判意义,同时也不宜忽视这种规范和批判的归结点是对王权制度的肯定。张扬儒学的朋友对此实在有点漠视,或视而不见,真不知其可也!

道、王相对二分与合二为一是有机组合关系,同时也形成一种思维范式,历史上最伟大的思想家都没有从这种范式中走出来。这种思维范式的影响比具体内容的影响更为广泛和深远。

再说"民本与君本"的组合。"民本"与"君本"是中国古代政治思维的两大基点。历代思想家、清醒的帝王和政治家都把"君为民主"与"民为国本"两大命题相提并论,并在理论上形成稳定的"阴阳组合"结构。

"君为民主"把君奉为政治的最高主宰,这是讲君权的绝对性;"民为国本"承认民之向背对政治兴败具有最终决定作用,这是讲君权的相对性。依照逻辑推理,这两者是不能共容的。如果把"民为国本"视为最高的理论原点,就应否定"君为民主"的思路,进而赋予民众政治权利,以民主方式选举国家元首并设计必要的政治程序以制衡其权力。可惜,中国古代一切民本论者都没能从君为民主、治权在君、君为政本的思路中走出来,从而跃入民主主义范畴。这就注定了"民为国本"命题是"君为民主"命题的附庸,重民的主体是君主,民众只是政治的客体,民是君主施治、教化的对象,其中并没有"民治"的思想。这种"民本论"所导出的仅仅是统治者的得民之道、保民之道、治民之道。民本的最终归宿是实现君本。

"民惟邦本"与"君为政本"，"民贵君轻"与"君尊民卑"，"君以民为本"与"民以君为主"，从表面上看是相对的。但如果被置入"阴阳结构"中，而两者各得其位，就能被中国古代政治思维巧妙地圆融在同一理论体系之中。这种思维方式和理论结构注定了民本论同时具有尊君、罪君双重功能。

尊君与罪君也是典型的组合结构，并成为一种政治文化范式。"尊君—罪君"理论结构不仅体现为统治思想中包含着相当丰富的规范、约束、品评君主乃至抨击暴君、暴政的内容，还体现为除无君论者外，在一切抨击暴君、暴政的思想家的理论体系中都包含着论证君主制度合理以及必然的内容。这就形成了一种共有的政治文化范式。

所谓"尊君"，即尊崇君主制度、尊崇理想中的圣王或以尊崇时君为己任；所谓"罪君"，即非议、批判乃至抨击帝王。"尊君—罪君"文化范式是一种政治文化基因，它可以在理论上或行为上表现为不同的类型。主要有两大类：一是"尊此君—罪此君"类型。这种政治行为类型多见于谏议的过程中，即通过诤与谏及相应的调整，"格君心之非"，"矫君之失"，"纳君入礼"，最终"致君尧舜"。各种谏议论、改革论是其理论形态。二是"罪此君—尊彼君"类型。这种类型多见于政治动荡的过程中，即通过弃旧迎新，择主而事，重建君主政治秩序。"革命"论是其理论形态。在理论上将两大类型综合在一起的是道义。道义是传统政治价值的最高概括。道义理想与道义操作的结合必然构成"尊君—罪君"范式，即罪现实之君，尊理想之君。现实之君不可能完全符合道义理想，必然招致谏净、"革命"之举，即受到程度不同的批评、非议。各种罪君形式又可能通过不同途径缩小君主与道义的距离，即使它无济于事，人们仍然期盼理想中的圣王降临人间。君臣在互动中强化着一种特定的政治文化，在帝王观念中是"自尊—自罪"，在臣民观念中是"尊君—罪君"，而其共同的结果，是把最终决定全社会命运的权利托付给某一特殊的主体或冥冥之中某种超然的力量，诸如天命、圣人或贤君之类。古代的"无君"论者最终也没能从这种政治文化中超脱出去。这就注定了传统政治思维中没有宪政的容身之地，只能寄希望于好皇帝。

"阴阳组合结构"无疑是我们的概括，但其内容则是古代政治思维的普遍事实，这种结构性的思维应该说是极其高明的，它反映了事物的对立与统一的一个基本面。也可以说是"中庸""执两用中"思想的具体化。这种"阴阳组合结构"的思维方式和认知路线对把握事物非常有用，也非常聪慧，正是所谓的"极高明而道中庸"。20世纪80年代初，我在《先秦政治思想史》一书中曾用"边际平衡"来分析和说明孔子的"中庸"思想，应该说"阴阳组合结构"把"边际平衡"更具体地揭示出来了。就思想来说，这种结构的容量很大，说东有东，说西有西，既可以把君主之尊和伟大捧得比天高，但又可以进谏批评，乃至对桀纣之君进行革命。由于有极大的容量，以至于人们无法从这种结构中跳出来，至少在政治思想史范围内，直到西方新政治思想传入以前，先哲们没有人能突破这种"阴阳组合结构"。最杰出的思想家黄宗羲虽有过超乎前人的试跳，但终归没有跳过去。

二、思维定势与人的行动轨迹

在我看来，上文所说的种种阴阳组合命题在古代思想观念领域具有普遍性，是一种思维定势，同时也是一种价值系统。因此对人们的行为方式，这些理论框架也成为一种设定和规范，对士人的影响尤为突出。他们的思想和行为大体不出上述组合范式。孔老夫子是大圣人，高扬道的旗帜，以道为最高和最后的人生准则，他曾发出壮言"朝闻道，夕死可矣"，但实际上他的"恋君"情结不比"死道"情结弱，你看他三个月不见君则心神无主，惶惶不可终日。鲁昭公、定公、哀公显然不是他的"道"中之君，如果孔老夫子的理论逻辑与行为相一致，他就应远离鲁君和当时的其他的君主，浮游于海，固守他心中的道，但他没有这样做。所以如此，就在于在上述的组合性的思维方式，也可称之为文化范式中有相应的活动空间。而且孔子本人对这种思维方式就有重大的创造，这突出表现在"中庸"论上。孟子也具有阴阳组合思维。孟老夫子对当时的君主们几乎没有说过什么好话，几乎是一批到底，他还说过"民为贵，社稷次之，君为轻"这句流传千古、让人无限崇敬的豪言，这也是我们许多人认定民本即民主论的最重要的依据。的确，这句话曾惹恼那位和尚皇帝朱元璋，几乎要把他革除出教门。然而，不应忽视，孟老夫子的种种看似抨击和批评言词的终曲，恰恰是对君主们的忠告和殷切的希望。中国有两句老话，"爱之极则恨""恨铁不成钢"，孟夫子的言论大抵属于此类。他自己坦言，世上爱君之切者，没有超过他的。我认为这不是他为取悦君主而说的表面逢迎之词,而是思维方式与行为统一的一种表现。在中国历史上几乎所有具有思想家色彩的儒生大抵都在组合性思维范式中行事。朱熹是旷世大儒,他用理学原则评判历史,认为三代以下没有一个够格的君主,他对宋朝的弊政批评也常常入木三分,照理,应对宋朝的皇帝有一个相应的定位,可是在他眼里宋朝却没有坏皇帝,即使不如意,也都是可以成圣的材料。宁宗赵扩即位不久,召朱熹作侍讲,让朱熹兴奋得不得了,满怀信心要把宁宗调教为圣王。没有想到,好景不长,宁宗听不进他的大而无当的唠叨,转而认为他是个假道学,把他赶出了京城。突如其来的五雷轰顶,把朱熹打得天昏地转,几乎一命呜呼。然而他的"忠君爱国"姿态却依然如故。朱熹不可谓不智,也不可谓不知世故,难道他真的是故意装傻?我想不是,从文化范式来看这是合乎逻辑的。儒家整天教育人们要忠于君王,要事之如父母,朱熹又是领衔大儒,因此像孩子被娘打一样,不会影响恋母情结,他的忠君情结应该说是真实的。这里不妨再说说海瑞这位儒臣。海瑞受王阳明的影响较大,坚守知行合一。范仲淹说,"居庙堂之高则忧其民,处江湖之远则忧其君",海瑞就是如此浑然为一体的典型,不过又以尊君为归宿。他说得十分清楚,"天下者,陛下之家",所以为民也就是为君。正如何良俊评价的那样:"海刚峰之意无非为民。为民,为朝廷也。"如下的一幕,把海瑞的心境淋漓尽致地展现出来。嘉靖皇帝是个有名的昏君,当时的民谣"嘉靖,嘉靖,家家皆净"把当时的苛政揭露无余。嘉靖四十五年(1566),海瑞的上书震惊了朝野。他对嘉靖进行了正面的批判,惹恼了嘉靖,被下狱,判以死刑。由于海瑞的上书又充满了对皇帝热切的忠爱,嘉靖也不无领会,所以迟迟未执行。在一拖再拖的过程中,嘉靖病逝。海瑞在监狱里不知道这一消息。

一天,狱吏设酒宴款待海瑞,他以为是临刑前的送别餐。海瑞在上书之前已做好了必死的准备,把家属打发回家,备置了棺材。所以当狱吏请他吃酒时,便开怀大饮。饭罢,狱吏告诉他:"宫车适晏驾,先生今出即有大用矣。"按一般人心理,听到这个消息,至少会松口气。然而海瑞却悲恸不已,如丧考妣,将酒饭全都吐出来,痛哭昏厥,栽倒在地。从海瑞一生的经历看,这绝不是他逢场作戏,而是真情的表露。由此我要说的是,前边说的传统思想文化的阴阳组合结构既是一种理论,又是一种思维与行为方式,同时还是立命的价值准则。

以上说的是自觉的事例,其实细考察,那些造反者的思维方式也不出上述的组合结构。比如,梁山好汉的旗帜是"替天行道",尽管他们的路线与上述那些人不一样,但思想文化方式并没有根本的差别。

总之,阴阳组合结构对传统社会的规范有着不可估量的意义,有待深入研究。这里只是提出问题,以期引起讨论。

三、阴阳组合结构的意义与影响

在政治实践上,这种阴阳组合结构的政治理念具有广泛的和切实的应用性。以古代的君主专制体制为例,一方面它是那样稳固,不管有多少波澜起伏,多少次改朝换代,这种体制横竖岿然不动;另一方面,它有相当大的自我调整空间和适应性。我想这些应该说在很大程度上得力于政治思维的阴阳结构及其相应的政治调整。

　　这种思维定势影响至深,在我们现实生活中还广泛流行,依然笼罩着许多人的思维。在过渡时期,这些无疑具有很强的包容性和灵活性,也许在一个历史时期是适用的,甚至是难有其他选择。但在学理上是需要分析的。1986年我曾写过一篇文章《除对象,争鸣不应有前提》,对以什么为指导与百家争鸣问题进行了辨析。我想,对类似的问题都应从理论上作进一步的辨析。只有通过辨析,指出其在历史进程中的局限性才可能更有效地推进政治改革。如果我们不从这种阴阳组合结构中走出来,我们就不可能登上历史的新台阶。政治观念阴阳组合现象既然是普遍的现象,由此也应成为解析政治思想的一个基本进路。抓住一句话进行逻辑推理或进行抽象,多半不符合历史实际。在思想史中突破阴阳组合结构的,只有近代以来的自由主义思想和民主社会主义,也就是说,只有承认政治多元化才可能走出阴阳组合结构。

　　　　　　　　　　　　(原载刘泽华主编:《中国政治思想通史·综论卷》,
　　　　　　　　　　　　中国人民大学出版社2014年版,第五章)

第九讲

君尊臣卑观念的普遍性

君主尊而臣民卑、君做主而臣民从,这是古代政治学说最基本的政治关系定位。诸子百家以各种方式为君主和臣民定位,系统地论证了臣民的卑贱地位和工具属性。如果说臣民卑贱观念主要是结构定位,那么臣民工具观念则主要是功能定位。两种定位相辅相成,浑然一体。结构上的卑贱地位决定了功能上的工具属性;功能上的工具属性又表明了结构中的卑贱地位。古代政治学说以多种形式为帝王与臣民定位,每一种定位方式都兼含结构定位与功能定位。据说这是天秩,是命定,是自然之理,且最合乎人情。这类理论、观念对帝王与臣民两方面的政治意识都有深刻的影响。

一、君尊臣卑观念概述

　　诸子百家在阐释帝王与臣民关系时,往往使用类比方式进行推理,他们多方设譬,以一种形象化的方式为君、臣、民定位。这些譬喻获得全社会的广泛认同,有的甚至成为文化符号。最常见的君臣之喻有以下几种:

　　帝王为天与臣民为地　《管子·明法解》说:"故君臣相与高下之处也,如天之与地也。"帝王处于至尊至上之位,臣民处于至卑至下之位,高下相悬犹如天壤之别,故素来有君为臣天之说。《周易·系辞上》说:"天尊地卑,乾坤定矣。卑高以陈,贵贱位矣。"天高地卑历来被视为君主制度和等级制度的法象。类似的君臣之喻还有很多,如雁阵的头雁与群雁,哺乳的母羊与跪乳的羔羊等。中国古代政治学说喜欢以"自然之理"来论证结构模式、秩序法则和社会规范的必然性、合理性和绝对性。天地自然之喻是臣民卑贱论的主要论据之一。

君主为父母与臣民为子女 《尚书》有帝王"作民父母"之说。这一观念前有古人,后有来者,是古代文献中最常见的社会政治定位理论。其基本思路是:在上者与在下者属于一种亲子关系,如官僚为庶民之父母,大官为小官之父母,君为臣之父母。于是人们以"君父"为帝王定位,以"臣子""子民"为臣民定位。这就是说,天下一家,家国一体,君父一体,忠孝一体。在这囊括众生的政治大家庭中,为帝王者无论长幼永远是父母,为臣民者无论老少永远是孩子。这种关系定位不移,它不以帝王与臣民的实际年龄和辈分为转移。广大臣民是帝王养育、监护、教化、支配的对象,为子为臣者只能尽忠尽孝,唯命是从。在宗法观念占支配地位的时代,这种定位方式本身就确认了臣民的卑贱地位。

君为元首与臣为股肱 以"元首"喻君,以"股肱"喻臣,这种观念可以追溯到三代。西周金文就有这类比喻。在历代文献中,元首与股肱之喻最为常见。以至于"元首"成为一种君主称谓,而"股肱"也成为辅臣的文化符号。《两同书·损益》说:"夫万姓所赖在乎一人,一人所安资乎万姓,则万姓为天下之足,一人为天下之首也。"人们常常以此论证君为主、臣为辅、民为本,告诫帝王千万不要做自损手足,割股啖肉的蠢事。然而手足无论多么重要,毕竟要由头脑来指挥,为元首服务。头脑高高在上,支配四肢运动;手足处于下位,为头脑取物、行走。首足之喻生动形象地揭示着臣民在帝王面前的卑下地位与工具属性。

君为腹心与臣为九窍 "主者,国之心也。"(《文子·上德》)心脏是主宰的喻体之一。与心脏对称的是九窍、肢体。心脏是人体的中枢,九窍则是附属与配件,故心又与君互喻。《管子·心术上》说:"心之在体,君之位也;九窍之在职,官之分也。心处其道,九窍循理。"心把握道理,九窍遵循而行,彼此犹如君臣。反之,"君者心也,民犹支体"(《汉书·武帝纪》)。君臣关系犹如心与九窍、四肢。心脏、九窍、肢体相互须一体,谁也离不开谁,故武则天说:"夫人臣之于君也,犹四支之载元首,耳目之为心使也。相须而后成体,相得而后成用。"为君不可独治,必须"置群官,以备爪牙耳目"。贤臣良佐犹如君之耳目,代替帝王"视听于四方"(《臣轨·同体》)。这种哲理化、形象化的论证方式在古代文献中很常见。心脏、九窍、肢体之喻表明帝王是臣民的主宰,臣民是帝王的工具。

帝王为御者与臣民为车马 以驾车驭马比喻治国理民,这在中国古代政治思想史上司空见惯。《周礼·天官冢宰》大讲"驭群臣"与"驭万民"。《文子·上义》以御马论"治人之道"。《韩非子·外储说右下》把国家喻为君之车。《孔子家语·执辔》讲得比较具体:"古者天子以内史为左右手,以德法为衔勒,以百官为辔,以刑罚为策,以万民为马,故御天下数百年而不失。""临驭天下"说为人们勾画出这样一幅政治图画:国家犹如一驾马车。帝王是高高在上的驭手,群臣是操纵牲口的辔绳,民众则是驾辕拉套的牛马。将臣民、治术喻为牛马、衔辔,象征着帝王对臣民的绝对支配,一切臣民都是帝王的工具。帝王治国实质是鞭笞天下。

以牛、马、鹰、犬作为臣民喻体，这是古代政治文化的一大特点。汉高祖把披坚执锐、攻城略地的众将称为"功狗"，唐太宗则以牛马喻臣民，他认为：马"能代人劳苦者也。以时消息，不尽其力，则可以常有马也"（《贞观政要·教戒太子诸王》）。在文献中，人们常把良将贤才比为良弓、走狗、鹰犬、骐骥。以犬马喻臣民，以人马、人犬关系喻帝王与臣民关系，这既生动，又贴切。重臣如同猎手珍爱的行围打猎的鹰犬，重民如同驭者养护负重远行的牛马。臣民只是一种工具的人格化。这种类比显然有不把臣民当人看的意味。

君主为舟与臣民为水 《荀子·王制》有一段名言："君者，舟也；庶人者，水也。水则载舟，水则覆舟。"民既可以择君拥君，又可以弃君诛君，这就像水平则载舟，水激则覆舟。舟水之训千古传诵，它着重论证了君权的相对性，从而为民本思想张目，为重民政策呐喊。然而水永远是水，舟永远是舟。水不载此舟，仍要载彼舟；民不拥此君，仍要拥彼君。舟水之训从不具有改变民的卑贱地位和工具属性的意义。在载舟覆舟这一点上，臣与民类同，故又有"君舟臣水之说"，即"夫君者，舟也；臣者，水也。水能浮舟，亦能覆舟；臣能辅君，亦能危君"（《两同书·得失》）。还有一种比喻更为精细：君为船夫，臣为舟楫，民为江水。船夫横渡江河，必须借助舟楫；帝王治理国家，必须依靠群臣。如隋炀帝说："凡厥在位，譬诸股肱。若济巨川，义同舟楫。"（《隋书·炀帝纪》）舟楫与水体不同，故官僚与庶民不同。然而舟楫毕竟是船夫所操纵的工具。上述比喻虽然着重强调帝王对臣民的依赖，臣民对帝王的制约，但这类思想也未能脱出臣民工具论的窠臼。

有关君臣关系的喻体还有很多。如：把帝王比作龙虎，臣民比作风云；把帝王比作太阳，臣民比作葵花；把帝王比作凤凰，臣民比作百鸟；把帝王比作北极星，臣民比作群星……云从龙，风从虎，葵花向阳，百鸟朝凤，群星绕北斗，万物靠太阳，因而臣民是帝王的附庸、从属。又如：把臣民比作附丽苍穹的日月星辰，装点大地的山川岭岳；鸿鹄凌云的羽翮，巨鲸遨游的溟渤；集成珍裘的狐腋，汇成大海的涓流……无论哪一种比喻，帝王的喻体都处于主导地位，而臣民的喻体则处于工具地位。再如：把帝王比作源，臣民比作流；把帝王比作容器，臣民比作液体；把帝王比作工匠，臣民比作器物；把帝王比作冶人，臣民比作矿石；把帝王比作陶工，臣民比作泥土……无论哪一种比喻，帝王的喻体都是主体，臣民的喻体都是客体。

一般来说，人们普遍认为：道是宇宙间最高的存在，阴阳是天地间最普遍的矛盾规律。物之有形者皆根于道（理），生于阴阳。阴阳相摩相荡，促成天地万物的生灭变化。阴阳存在于世界上一切对立的事物和现象之中，大凡先后、始终、动静、晦明、上下、进退、往来、阖开、盈虚、消长、刚柔、尊卑、贵贱、表里、隐显、向背、顺逆、存亡、得失、出入、行藏等，都是"一阴一阳"的具体表现。阴阳论既是一切事物对立性、依存性的概括和抽象，也是事物对立性、依存性普遍存在的依据。这就是说，作为实体，阴阳化生万物；作为属性，阴阳遍布一切事物之中。阴阳是表述形而上学和普遍联系的范畴，它可以解释自然、社会、人生的一切对立统一现象。这样一来，阴阳成为为一切事物定位、定性的理论工具。阴阳就是道，或是道所确立的法则；天之道曰阴曰阳，天地是一大阴阳；人类社会中的男女、夫妇、父子、君臣皆为阴阳关系。因此，依据阴阳法则对社会角色的定位又被称为"天秩"。

"制人者阳，制于人者阴。"（《黄老帛书·称经》）阴与阳分别代表两类截然相对又相互依存的事物。阳尊阴卑，归入阳类则高贵、完善、主动；归入阴类则低贱、残缺、被动。因此，各种阴阳论都把帝王置于阳位，把臣民置于阴位。"阴以知臣，阳以知辟，君臣之道，万世不易。"（《太玄经·玄文》）这种定位的依据是阴与阳的属性和形式。

儒家学说对阳尊阴卑的不变之说最为执着，它又代表着主流文化。《周易》及其各种注疏集中反映了儒家关于政治定位的基本观点。儒家依据阴阳法则对帝王与臣民的定位可以归纳为以下四点认识：

其一，阳尊阴卑，注定君臣之分，贵贱有恒。阳为天、君、男、夫、父、兄及大、重、上、贵、富等；阴为地、臣、女、妻、子、弟及小、轻、下、贱、贫等。在等级关系中，尊者为阳，卑者为阴。君尊臣卑，定位不移，臣民只能永远处于卑贱地位。

其二，阳刚阴柔，阳动阴静，注定君道刚严，臣道柔顺。阳为乾、刚、健；阴为坤、柔、顺。《周易·坤卦》以"坤道其顺""地道无成"论臣道。孔颖达的注疏认为："臣不可先君，卑不可先尊"，因此臣下必须"不为事始"，"待命乃行"，柔顺、被动、服从是臣民的本分。在支配关系中，主导者为阳，从属者为阴。君主臣从，合乎天理。在政治生活中，臣民不能充当具有完全主体性的自我做主的主动者。

其三，阳纯一，阴驳杂，注定君道无为，臣道有为。《周易·系辞下》以阴阳论君道、臣道。孔颖达的注疏认为：君道为阳，"纯一不二"，所以"君以无为统众"，"委任臣下，不司其事"；臣道为阴，"不能纯一",所以臣下"各司其职",为君主服役。这就叫君道无为而臣道有为。臣民只能充当君主的驯服工具。

其四,阳善阴恶,注定君主道德完善,臣民道德残缺。《周易·系辞下》以阴阳论"小人之道"。历代儒者皆以"一阴一阳,一善一恶"论道德。董仲舒以予、仁、宽、爱为阳,以夺、戾、急、恶为阴。扬雄说:"阳道常饶,阴道常乏。"(《太玄经·太玄告》)朱熹认为,阳为刚、为明、为公、为义,属"君子之道";阴为柔、为暗、为私、为利,属"小人之道"(《朱文公文集·傅伯拱字序》)。依据这个逻辑,属于阴类的臣民注定有道德缺陷,甚至是见利忘义的"小人"。臣民愚昧,先天注定,他们只能做卑贱者。

以天道与地道、阴与阳、乾与坤等为君臣上下定位,这就为君尊臣卑、君主臣从观念找到了哲学依据。它从哲学的高度向人们宣示:帝王永远处于尊、贵、刚、健、主的地位,臣民永远处于卑、贱、柔、顺、从的地位,这是天的规定、道的本质,是上帝的律令或自然的法则,任何人都不能违逆。

综上所述,中国古代政治学说以各种方式诠释臣民的地位与功能:在等级体系中,他们是卑、是下;在政治体系中,他们是臣、是民;在宗法体系中,他们是子、是女;在学术体系中,他们是生、是徒。他们像天文体系中的群星,必须环绕北斗;他们像水文体系中的江河溪流,必须朝宗大海;他们像地理体系中的沙砾壤土,必须仰望山陵。以鳞虫为喻,他们是尾随龙蛇的鱼虾;以禽鸟为喻,他们是朝见凤凰的百鸟;以毛兽为喻,他们是陪衬麒麟的群兽。帝王为圣人,臣民则为愚氓;帝王为大人,臣民则为小人;帝王为主子,臣民则为仆役;帝王为至贵,臣民则为至贱。说来说去,都是要告诉人们这个一定之规:臣民只能做政治的客体,不能做政治的主体。

二、从韩愈、柳宗元的表奏析君尊臣卑观念的普遍性

韩愈、柳宗元上皇帝的表、奏不为近世研究者所重。文学史中无其踪,思想史中无其影。何以会这样?可能是认为这些是形式主义的阿谀奉承官样文章,没有什么可以称道之处。的确,这种看法不无道理。但如果换一个角度,即从政治文化的角度看,或者说从了解那个时代的政治意识和士大夫阶层的价值观念的角度,这些文字则给我们提供了最直接的、最有说服力的资料,我们几乎无须加任何诠释,活生生的时代灵魂就展现在我们的面前!

其实,如果我们把镜头拉得远一点,这些文字应该说是那个时代的盖世之文:皇帝心悦,朝臣称赞,士人向风,自己得意。韩愈对此有一段自诩的话,足以为证:"臣于当时之文,亦未有过人者。至于论述陛下功德,与《诗》《书》相表里;作为歌诗,荐之郊庙;纪泰山之封,镂白玉之牒;铺张对天之闳休,扬厉无前之伟迹;编之乎《诗》《书》之策而无愧,措之乎天地之间而无亏,虽使古人复生,臣亦未肯多让!"(《韩昌黎文集·潮州刺史谢上表》)看,韩老先生对这些表奏文字是何等自信和骄傲!的确,其文辞之优雅,用典之深奥,知识之渊博,行文之潇洒,鲜有人能及。然而,我们却把这些与《诗经》《尚书》相埒的鸿文弃而不顾,对老先生实在是大不敬。

这些表奏有的是自己主动之作,更多的是受人之托或公推而作,是分别上给德宗、顺宗、宪宗和穆宗的。内容关涉诸多事件,这些事件一概不论,也就是说既不论人也不议事,更不作任何考

究。我所注意的仅仅是文中所反映的时代精神,再具体些,主要是政治文化精神。因此在行文中对韩、柳也不加区别,而是统而论之,可谓去"实"存"虚",弃"体"析"神",仅仅是借韩、柳之文剖析一种普遍意识。

韩、柳的这些表奏,可以说是中国传统思想文化的凝结,"四部"的缩影,显现了中国传统文化的基本精神,更确切地说,展示了占主导地位的思想文化精神。在这些文字中既凝集了中国传统思想文化最神圣、最美好、最博大、最深邃的观念和词汇,同时又集中了最萎缩、最自贱、最无耻、最无主体的观念和词汇。韩、柳的大手笔把这些奇妙地、浑然有机地组为一体,展现了一幅相反而相成的绝妙图画! 这幅图画的主题是什么呢? 这就是本章标题所揭示的:君尊臣卑。

君尊臣卑既是一种社会关系体系,同时又是一种思想体系。就事实而论,韩、柳对此只是承前而已,并没有增加新东西。不过由于他们的表奏把这种思想浓缩化、集中化了,足资作为了解这个问题的窗口,所以还是很值得分析的。

(一) 君:神化、自然化、皇化的统一

传统思想文化中的尊君之论有很多,大致说来,诸种理论基本都是围绕君主神圣、万能、仁慈而展开的。神圣问题涉及君主与传统思想最深奥的本体、本性、本根等的问题;万能问题是说君主的功能与作用是无限的;仁慈讲君主普度众生,是道德的化身,洒向人间皆是爱。其实这三者之间并没有界限,在传统思想文化中,尽管说到具体君主,自有高下、善恶之分,但是君主本体的东西一定

是万能的，也一定是善的、美的。在理论上和人们的希望中，君主应是完美无缺的；韩、柳的表奏专门称颂君主的无限伟大、光荣、正确和完美。

任何一种成形态的思想文化都有一套纲领性的概念来表达和支撑，中国的传统思想文化也不例外。那些正面的纲纽性概念集中表达了真、善、美。韩、柳的表奏几乎把这些纲纽性的概念统统用上，以神化和美化君王。诸如表达超人的或本体性概念的有神、上帝、天、天地、乾坤、日月、阴阳、五行、四时等；表达理智的，如聪、明、睿、智、英、谟、理、文、武等；表达道德的，如仁、义、德、惠、慈、爱、宽、恭、让、谦、休等；还有一些包容上述诸种含义的，如天、圣、道、理等。中国传统思想文化的精神，都是靠这些纲纽性概念来集中表达的。在韩、柳的表奏中，这些同帝王统统结为一体。把纲纽性的概念帝王化由来已久，并不是韩、柳的发明，但是一窝蜂式地把这些纲纽性概念同帝王胶结在一起，在前人中还是不多见的。纲纽性概念帝王化现象是中国传统文化的一个重要特点，帝王拥有、占有了这些纲纽性的概念，也就控制了思想文化的命脉，反过来又成为控制社会和人们灵魂的法宝。把这些真、善、美的纲纽性概念献给帝王，也就把自己的灵魂奉献给帝王。我们的大文人、大思想家在奉献灵魂方面真可谓一代大师！

君主神圣是尊君论之纲。神是超人类、超自然的，固不待言；圣本来是在神之旁出来的一个突出人的意义、突出理性的概念，但没有走多久，就和神联结为一体。虽然细分之下神和圣还是有某些细微区别，但一进入形而上的范畴，两者就难分难解了，神和圣混同，也就是神性和理性混同。从中国的历史进程看，殷、西周时期神与王是混合的。春秋、战国时期在神与现实的王之外创造出了一个观念性的、体现理性的圣王,可谓神、圣、王三足鼎立。实际上,三者在分解的同时,也开始了混同。从秦、汉开始,现实的帝王与神、圣逐渐形成一种特别的混合体。所谓"特别",指三者是又即又离、不即不离式的"怪物"。这个"怪物"随着人们不断地打扮、涂抹,越来越五彩缤纷,越来越模糊不清,真可谓一个巨大的混沌。它像《庄子》中的混沌一样,是不可分解的,一分必死,更准确地说,一旦君主与神、圣分开,它就失去了合理性和绝对性。中国历史上的叛逆者、革命者总是要以这种分解作为自己起点的。韩、柳不是叛逆者,他们是沿着神、圣、王混合一体的道路接着走的,在混沌上加混沌,将君主神圣到了无以复加的地步。他们两人真不愧为超级文字大师,文章写得那么洒脱,那些生硬的概念在他们手中,一下子变成粉彩,被用来对君主浓妆淡抹,斐然成章。同时又使得他们像痴呆的老妪,就是那么几层意思翻来覆去地唠里唠叨,没完没了!

前面提到的用于表达本体、本根、本原的概念,在韩、柳的表奏中都被帝王化了,或成为帝王的代名词。帝王与天几乎是同体的,"天"成了帝王的代词,诸如"天位""天序""天心""天意""天志""天听""天声""天眷""天慈""天泽""天府""天阙"等,一拥而上,满篇皆是。

帝王与圣也同体,于是有"圣王""圣朝""列圣""圣德""圣理""圣谟""圣运""圣慈""睿圣""圣言""圣恩""圣泽"等。

我们在韩、柳颂扬帝王的伟大功能中,可更具体地看到君主的本体性意义。帝王的功德洒遍天地人间,惠及万物群生,同时甚至使百神失灵,日月减色,乾坤暗淡。今天看,马屁拍得实在无边无际,令人作呕;但冷静想想,这不是个人的行为和品质问题,而是整个历史和文化的产物,是我们老祖宗思想原则的表现。我还要郑重地说,这也是正宗的中国传统思想文化的精神!既不可鄙而不顾,更不可一哂了之。由于其中的文化含义极为丰富,耐人寻味,文字极其飘逸,足资欣赏,还可作为范文,供好者借鉴;因此不厌其烦,抄录于下:

今天子整齐乾坤,出入神圣;经营乎无为之业,游息乎混元之宫;不谋于庭,不战于野;坐收冀部,旋定幽都;析木天街,星宿清润;北岳医闾,神鬼受职,地弥天区,界轶海外。(《韩昌黎文集·请上尊号表》)

播休气于四海,洽太和于万灵,食毛含齿,所同欢庆。(《柳宗元集·礼部贺立皇太子表》)

神化旁畅,皇风远扬,自华及夷,异俗同庆。(《柳宗元集·礼部贺皇太子礼毕德音表》)

睿谋广运,神化旁行,植物知仁,祥图应圣。(《柳宗元集·御史台贺嘉禾表》)

圣王之德,无所不至,有感则应,无幽不通。伏惟陛下恩沾动植,仁洽飞翔。(《柳宗元集·礼部贺白鹊表》)

伏惟皇帝陛下,保合太和,缉熙庶类,德馨上达,神化旁行。(《柳宗元集·礼部贺嘉瓜表》)

优以圣心积念,天意遽回,移造化之玄功,革阴阳之常数。(《柳宗元集·王京兆贺雨表二》)

陛下仁育次苍生,恩同赤子。……睿谟潜运,甘雨遂周。布漫垂阴,随圣泽而俱远;滂沱积润,与恩波而共深。(《柳宗元集·王京兆贺雨表二》)

遏密之中,施雨露以被物;遐迩之地,睹日月之继明。则四维之外,八极之表,人神胥悦,草木比春,煦妪生成,不失覆载。(《柳宗元集·贺践祚表》)

蒸黎咏德,知必自于圣心;草木欣荣,如有感于皇化。有年之庆,实在于斯。(《柳宗元集·王京兆贺雨表四》)

皇风不异于遐迩,圣泽无间于华夷。(《柳宗元集·谢除柳州刺史表》)

威使百神,德消六渗,天降宝运,时临太平。(《柳宗元集·柳州贺破东平表》)

陛下威灵远被,神化旁行,遂使奸猾之谋,先期而自露;回邪之党,不露而尽夷。(《柳宗元集·为裴中丞奏邕管黄家贼事宜状》)

陛下言为神化,动合天心,睿谟朝降,膏泽夕周,知天人之已交,识阴阳之不测。(《柳宗元集·王京兆贺雨表三》)

为了让读者看得更明白,我把韩、柳用来颂扬帝王的功能的词组摘录出来,再胪列一下。计有:

"神化""神功""大化""与天合德""法天合德""感通天地""参天两地""功参造化""整齐造化""政体乾坤""体乾刚""协坤元""体昊穹""移造化""革阴阳""仁化""德化""统和天人""顺时御极""幽明感通""威使""威灵""宝运""广运""王风""熏风""金风""垂休""帝力""皇化""皇灵气""皇风""皇泽""皇慈"等等。

人与神的差别,既表现为"存在"形式上,也表现在功能上,后者更为重要。任何东西一旦被赋予超人的功能,它就是神;比神更神者,无疑是神中之神。在韩、柳的表奏中,神化、自然化、皇化是三位一体的,甚至是超神的。严格地说,传统思想文化中的主流并不把帝王视为神,或者说不以神的形式来定位帝王;神化帝王主要是借无限夸大其功能来表现的,由于功能相同,于是帝王与神相同或相通。

以上的颂扬大抵还是泛论,放在历史上如何呢? 在韩、柳的笔下,这几位帝王的功业是超历史,超列祖,冠将来的。

> 神圣英武,数千百年已来,未有伦比。(《韩昌黎文集·论佛骨表》)
>
> 众美备具,名实相当,赫赫巍巍,超今冠古。(《韩昌黎文集·加册尊号表》)
>
> 天地神祇,永有依归;华夏蛮貊,永有承事;神人交庆,日月贞明。(《韩昌黎文集·贺皇帝即位表》)
>
> 皇帝陛下,德合覆载,道光轩虞。(《韩昌黎文集·贺庆云表》)
>
> 创业已来,列圣功德未有高于陛下者,可谓赫赫巍巍,光照前后矣。(《韩昌黎文集·表状二》)
>
> 陛下即位以来,躬亲听断,旋乾转坤,关机阖开,雷厉风飞,日月清照,天戈所麾,莫不宁顺;大宇之下,生息理极。高祖创制天下,其功大矣,而治未太平也。太宗太平矣,而大功所立咸在高祖之代;非如陛下(按:指宪宗)承天宝之后,接因循之余,六七十年之外,赫然兴起,南面指麾,而致此巍巍功治也。(《韩昌黎文集·潮州刺史谢上表》)
>
> 圣神之功,贯于天地;文武之道,超乎古今。(《柳宗元集·为

京兆府请复尊号表三首》)

　　伏惟皇帝陛下，协周文之孝德，齐大禹之约身，弘帝尧之法天，过殷汤之解网。未逾周月，四海将致于时雍；俯及元正，率土更欣于再造。(《柳宗元集·礼部为百官上尊号表》)

　　化超前圣，道贯重玄，遍野同欢，倾都相庆。(《柳宗元集·王京兆贺雨表三》)

　　侧身防患，道迈周王；尽力勤人，功过夏后。(《柳宗元集·王京兆贺雨表四》)

　　含生比尧、舜之仁，率土陋成、康之俗。(《柳宗元集·柳州贺破东平表》)

　　殷后徒勤于自翦，周公空愧于舞雩。(《柳宗元集·贺亲自祈雨有应表五》)

　　六穗惭称于汉臣，异亩耻书于周典。(《柳宗元集·御史台贺嘉禾表》)

　　在儒家传统中，三代盛世，后世莫及；先王先圣，后王难企。然而韩、柳为了吹嘘当朝，不仅三代先圣不足道，连唐王朝的创业祖宗也等而下之，真可谓"厚今薄古"！

　　韩、柳是否是在阿谀奉承，佞妄？关于这点，连他们自己似乎也有所不安，但同时又自我辩解，说"不是"。"臣子至公，面扬君父"，"夫岂饰哉，率由事实"(《柳宗元集·礼部为百官上尊号表》)，"伏以圣王之纂承天位也，臣子必竭恳诚，献尊号，安敢为佞，礼在其中"(《柳宗元集·礼部为百官上尊号表》)。

　　这些阿谀奉承、歌功颂德、拍马屁的文字是王权至上的派生物和王权主义观念的组成部分。对帝王而言，其由此进一步获得了合理性和权威的论证。在中国的历史上，建功立业，行德泽民，一直是帝王合理性的重要依据之一。这种认识原本是极有意义的，但是在实现过程中却变了味，不管帝王们有没有功德，都必须编织一大套颂功的虚辞加在他们的头上，从而形成一种具有形式主义性质的颂扬文化。从历史的过程看，越是形式主义的东西越具有规范意义，只要没有对它提出异议，它就成为人们的当然前提。因此，这种颂扬文字不只是在重弹一种老调，而是在强化一种社会规范。面对"伟大""英明""仁慈"的君主，臣下除了敬仰、服从之外，还能做什么呢？臣下对君主的敬仰和服从意识是君主专制权力强化的必要基础和条件。所以这些颂扬文化绝对不是可有可无的事，而是专制王权的重要精神支柱，也是专制权力运转的必要条件之一。

颂扬者、拍马屁者或许从中得到某种利益，但在颂扬中同时也把自己丢失了、淹没了。作为一种文化，这些丢失的就不仅仅是个人，而是所有与自己地位相同的人。

君尊的理论与观念凌驾于所有社会理论与观念之上，并对其他的思想与观念形成居高临下的控制之势，因此是思想文化史中一个具有全局性的问题，不可不察。

（二）臣：卑贱、无知、谬误、罪过的载体

与君尊相对的是臣卑。君主只有一人，而臣则包括了君主以外所有的人，上至达官贵人，下至百姓仆隶。臣卑论所表达的就是在君主面前尽人皆卑贱、皆奴仆。

对君主的依赖和从属是臣卑的基础和前提。这种依赖和从属

是全方位的,臣下的社会地位、衣食、知识、寿命等,皆来自"圣育""皇恩"。

> 天子神圣,威武慈仁,子养亿兆人庶,无有亲疏远近。虽在万里之外,岭南之陬,待之一如畿甸之间,辇毂之下。(《韩昌黎文集·潮州刺史谢上表》)

> 称身虽贱微,然皆以选择得备学生,读六艺之文,修先王之道,粗有知识,皆由上恩。(《韩昌黎文集·请上尊号表》)

> 臣等蒙国宠荣,备位班列,无任恳望之至。(《柳宗元集·礼部为百官上尊号表》)

> 臣等得生邦甸,幸遇盛明。身体发肤,尽归于圣育;衣服饮食,悉自于皇恩。(《柳宗元集·为耆老等请复尊号表》)

> 臣等共被仁育,同臻太和。陛下德达上玄,以丰臣之衣食;道跻寿域,以延臣之岁年。(《柳宗元集·为京兆府请复尊号表二》)

> 臣特受恩遇,超绝古今,报国之诚,寐寤深切。(《柳宗元集·为王户部荐李谅状》)

> 恩重命轻,不知所效。(《柳宗元集·为刘同州谢上表》)

君主对所有的臣民拥有生、杀、予、夺之权,但细致分析,生、予与杀、夺是不平衡的,生、予是以杀、夺为基础的,臣民生下来就是为了被君主所杀、所夺的。在传统思想文化中,人有生存权利的观念是十分淡薄的,反之,臣下被君主杀、夺则是天经地义、理所当然之事。反衬之下,不杀、不夺即是恩。于是与臣民被彻底剥夺的观念相对,君主恩赐的观念格外盛行。臣下的一切,都要归结为君主的恩赐。由这种恩赐观念引发出来的必然是依赖和从属意识。

一切由上恩赐的观念是传统思想文化的要义之一，影响至深至广，直至今日我们也还没有完全从中走出来，在思维方式上与韩、柳一脉相通。

与依赖性相伴的是卑贱性。传统思想文化中的卑贱之论有很多，韩、柳的文字虽不能说齐备，但也可以说属于"集成"了。臣卑论大致可分为本体性的卑贱论和功能性的卑贱论。

本体性的卑贱论是说臣的卑贱是天就的，是必然，是超人类的安排。如从"天秩""阴阳"等说论定君尊臣卑。韩、柳的表奏对这些间有涉及，如说"君者，阳也，臣者，阴也"（《韩昌黎文集·论今年权停举选状》），"身微命贱"（《韩昌黎文集·袁州刺史谢上表》），"臣受性愚陋"（《韩昌黎文集·潮州刺史谢上表》），"天与朴忠，性惟愚直"（《韩昌黎文集·为裴相公让官表》），"性本庸疏"（《柳宗元集·为韦侍郎贺布衣窦群除右拾遗表》），等等。臣子们是天生的卑贱、陋薄，这与帝王们天生的尊贵、睿智形成鲜明的对比。

关于臣下功能性的卑贱，韩、柳说得极多，总括起来可分如下几点：

第一，愚昧无知论。同君主的圣明相对，臣下把自己说成是愚昧无知的蠢货和废物。且看以下的自卑之论：

> 臣至陋至愚，无所知识。（《韩昌黎文集·御史台上论天旱人饥状》）
>
> 臣以愚陋无堪，累蒙朝廷奖用。（《韩昌黎文集·袁州刺史谢上表》）
>
> 臣愚陋僻蠢。（《韩昌黎文集·论捕贼行赏状》）

不次之恩,遽属于庸器。(《韩昌黎文集·为韦相公让官表》)

臣等职在燮和,惭无效用。(《韩昌黎文集·为宰相贺雪表》)

臣以无能,累更事任。(《柳宗元集·代韦永州谢上表》)

臣以庸微,特承顾遇,拔自卑品,委以剧司。(《柳宗元集·为户部王叔文陈情表》)

才术无闻。(《柳宗元集·为王京兆贺雨表一》)

臣本非长才,又乏敏识,学不能通达经训,文不足缘饰吏事。(《韩昌黎文集·为韦相公让官表》)

文字鄙陋,实惧尘玷。(《韩昌黎文集·进顺宗皇帝实录表状》)

臣才识浅薄,词艺荒芜。(《韩昌黎文集·谢许受王用男人事物状》)

这些仍不足以表达臣下的愚陋,于是又有"臣贱琐材""琐劣""薄陋""虚薄""馊才""刍贱""犬马""驽驹""鸟兽""葵藿""枯朽"等自贱之词。

臣子把自己说成无知、无能、无用,这就从能力、作用和价值上把自己剥夺得一干二净。稍加留意,我们会发现这同各种有关臣的作用理论是相悖的,即使在法家的著述中,臣的作用也是十分重要的。然而我们只要翻开臣子的个人上疏,又会发现他们大多又都对自己的能力、作用和价值持贬低与否定的态度。这固然可视为谦辞,但由于具有普遍性,几乎臣子人人如此,这就不再是个人问题,而是一种文化现象。这样就在臣子的作用理论上形成一种悖论性结构,即理论上的肯定与个人的自我否定。理论上的肯定主要是对帝王说的,提醒帝王要"用"臣;而臣子的自我否定则表明个人无足轻重或"无用"。这样，在帝王"用"臣与臣子说自己"无用"的相比中，更显现出臣子对君主的依赖，一旦得到君主的录用和提拔，臣子便感激涕零，高呼万岁，一切归功于君主。

臣子说自己无知、无能、无用是君尊臣卑理论与观念的重要组成部分。这种普遍性的个体价值否定，最终导致所有的臣子无人格、无主体、无意义，并为臣子天然的谬误与有罪作了铺垫。

第二，错误意识。相对于君主的绝对正确，臣下则是一个错误的载体，或干脆说就是错误体。臣下的一切无不同"谬"连在一起。韩、柳的表奏中充斥了臣谬的词语，如"谬膺重寄"（《柳宗元集·为裴中丞贺克东平赦表》），"谬承重委"（《柳宗元集·代裴中丞谢讨黄少卿贼表》），"谬登清贯"（《柳宗元集·为樊左丞让官表》），"谬忝澄清之寄"（《柳宗元集·代柳公绰谢上任表》），"谬膺仕进"（《柳宗元集·代节使谢迁镇表》），"谬处众人之上"（《柳宗元集·代李愬襄州谢上任表》），"谬典方州"（《柳宗元集·谢赐端午绫帛衣服表》），"谬居方镇"（《柳宗元集·为裴中丞奏邕管黄家贼事宜状》），"谬司邦甸"（《柳宗元集·为王京兆贺雨表二》），"谬领京邑"（《柳宗元集·为王京兆贺雨表四》），"谬尘荣位"（《柳宗元集·礼部贺太上皇后册毕贺表》），"谬膺藩守"（《柳宗元集·贺践祚表》），"谬职宪司"（《柳宗元集·御史台贺嘉禾表》），"谬承渥泽"（《柳宗元集·礼部贺甘露表》），"谬承恩宠"（《韩昌黎文集·论淮西事宜状》），"谬列台衡"（《韩昌黎文集·为宰相贺白龟状》），"滥居荣宠"（《柳宗元集·为王京兆贺嘉莲表》）。

这个"谬"字不无形式主义的客套，但我更认为它凝结了臣子说不尽的卑贱意识。臣子作为"谬"的存在体，在君主面前就失去了任何自我申辩和自卫的权利。按照以道事君和道高于君的原则,臣还是有一定的主动性和自主性的。可是这种自我"谬"论,把有限的主动性和自主性也自动放弃了。于是我们又看到另一个悖论的组合,即以道事君和自我谬论的组合。

以道事君、道高于君,张扬了理性,多少有点真理面前人人平等的意味,臣下的自谬论却又使臣下完全变成奴才人格,一切唯上是从,不再有是非观念。韩愈的《论佛骨表》与《潮州刺史谢上表》正反映了这两种心态。《论佛骨表》是以道事君,铮铮之声,气壮如虎;《潮州刺史谢上表》则是自谬的范本,精神卑微,厕鼠不如。许多人常以后者为证讥讽韩愈人格不高,这种评论不无道理,但仅视为个人行为是远远不够的,应该说这是一种文化现象。翻开历史,何止韩愈?柳宗元何尝不如此?思想文化框架在这里起着巨大的作用。

以道事君,似乎把道看得高于一切,然而不可忽视的是,传统观念中又有君道同体这一条,君就是道。面对君道同体,臣下有什么道可言?所以,只要在认识上与君主相左,摆在臣下面前的就只有认错一途。我不是给韩愈开脱,我认为与其责备韩愈,不如反思一下臣下自谬观念与文化。这种自谬论不是同样在后人血液中流动吗?

第三,负罪意识。为臣的不管事实上是否有罪,都必须在观念上披上"赭衣"。面对君主,臣下既是天然的错误体,又是负罪体,这一观念甚至与基督教的原罪论有近似之处。臣下对君主的负罪意识或负罪感是多种原因造成的,这里暂且不论。在韩、柳的表奏中表现出来的主要是由负恩、谬误而负疚,由负疚而负罪;以死相报,死不足报;罪无轻重,有罪当死,死而无怨。

臣以愚陋无堪，累蒙朝廷奖用。(《韩昌黎文集·袁州刺史谢上表》)

承命惊惶，魂爽飞越，俯仰天地，若无所容。(《韩昌黎文集·为裴相公让官表》)

承命震骇，心神靡宁，顾己惭觍，手足失措。(《韩昌黎文集·为韦相公让官表》)

闻命震骇，心识颠倒，非其所任，为愧为恐。……强颜为之。以塞诏旨，罪当诛死。(《韩昌黎文集·进撰平淮西碑文表》)

臣以狂妄戆愚，不识礼度，上表陈佛骨事，言涉不敬，正名定罪，万死犹轻。(《韩昌黎文集·论佛骨表》)

圣恩弘大，天地莫量；破脑割心，岂足为谢!(《韩昌黎文集·潮州刺史谢上表》)

伏望恕臣愚陋僻蠢之罪。(《韩昌黎文集·论捕贼行赏状》)

顾惟琐劣，多惭负恩。(《柳宗元集·代节使谢迁镇表》)

臣尸素岁久，谴递宜加……(《柳宗元集·代节使谢迁镇表》)

捧对丝纶，惭悸无地，拜命竞悚，不知所载。(《柳宗元集·代李愬襄州谢上任表》)

叨承大贶，荣重丘山，非才忝恩，俯伏惭荷。(《柳宗元集·谢赐端午绫帛衣服表》)

有悛儒之质，无区处之能。(《柳宗元集·为刘同州谢上表》)

尝惧叨冒清列，芜秽圣朝。(《柳宗元集·为刘同州谢上表》)

寄之雄藩，非臣庸琐，所宜膺据。(《柳宗元集·为刘同州谢上表》)

以竞以惶，恩重命轻，不知所效。(《柳宗元集·为刘同州谢上表》)

"铭心镂骨，无报上天"，只有尽心尽责"以塞余罪"。(《柳宗元集·谢除柳州刺史表》)

死是人的极限，也是人最重视的，于是"死"便成了向君主表达自己屈服和忠诚的最后"证物"。在韩、柳的表奏中，不管是感恩、乞请，还是述职、请示，抑或检查、谢罪，几乎都要把决定自己生死的权力交给君主，请君主任意处理。在观念上不仅仅是被动的君叫臣死，臣不敢不死，而且是臣首先请死。于是有"冒死陈闻"，"昧死陈情"，"彷徨阙庭，伏待斧锧"，"臣等有死而已"，"陨首阙下"，"不敢惧死"，等等。死是理所当然，不死反而是幸运的！

这个"死"字凝结了无穷无尽的臣民意识，臣下无条件地把生命交给君主，他还有什么呢？这个"死"既不表示人格的崇高，也不表示理念的神圣，相反，它只证明臣下是绝对的卑贱和毫无意义、毫无价值。这里还要说明的是，重要的不是具体人的生和死，而是这种观念把亿万臣民抛入万劫不复的境地。还有，无条件地把生命交给君主，也就把智力、体力、能力交给君主，从而也使君主集中了无限的力量，臣下则变得更加卑微。这个"死"不是一个小问题，它关系到所有臣民的价值与意义问题，因此也是中华思想文化的一个全局性的问题。

三、君尊臣卑是传统思想文化的大框架

如果以今天的眼光看，我们会把韩、柳的这些表奏列入糟粕，然而在那个时代却是精粹，可谓"横看成岭侧成峰"。抛开价值的

判断，从历史的角度考察，这些表奏所表达的君尊臣卑思想是当时思想文化的主流，或者说是居于统治地位的观念和意识。依我看，君尊臣卑论是传统思想文化的大框架，除庄学稍有突破外，其他均为这个框架所囿，或者说没有走出这个框架。

时下学术界，特别是思想史研究者，对传统思想文化的主旨是什么，有各式各样的评价和定位，有的说是人文主义，有的说是天人合一，有的说是和合精神，有的说是人道主义，有的说是自强不息，有的说是伦理精神，等等。这些概括和判断，无疑都有各自的依据，也都有启发意义，足使人开阔视野。但我认为上述种种说法有一个极大的漏洞，即忽视了政治思想在中国历史上的地位和作用。

对中国传统思想文化无疑可以从不同视角或侧面进行研究，但居于主导地位的，我认为是政治思想和政治文化。它的基本精神是什么？我认为就是王权主义，就是君尊臣卑。不管研究什么问题，都不能忽视它的存在及其主导意义。这是历史事实问题，不是可以这样说或那样说的事。

这里是借着韩、柳的表奏说传统思想文化的框架。有人可能质疑，凭什么把韩、柳的表奏说成是传统思想文化的缩影？韩、柳的表奏能说明传统思想文化的框架吗？我说可以，理由如下：

第一，纲纽性概念是一种思想文化精神的凝结和集中，或者说一种思想文化由纲纽性的概念统领而纲举目张。传统思想文化的纲纽性概念虽不能说尽备于韩、柳的表奏，但也可以说是"集成"于韩、柳的表奏。这些概念一方面被用来表达君尊臣卑，另一方面也在君尊臣卑的体系下各就各位。在不长的文字中，集中那么多的纲纽性概念，这在其他文章中是很少见的。

第二,说到传统文化精神,首先应该说的是社会的共识。这些表奏所表达的君尊臣卑的观念就是传统思想文化中的共识。

第三,韩、柳都是博通之士,"四部"兼具,因此,这些表奏知识密集,覆盖面也较大。

时下讲传统思想文化者向人们推荐这部书、那部书,还未见有人推荐这些表奏的。我认为要想真正了解传统思想文化的真谛,读读韩、柳的表奏可切中肯綮。

附带说一点,韩、柳的表奏与他们的其他作品在精神上不能说没有冲突,甚至还可以说,他们的表奏中也可能"埋伏"着牢骚,然而君尊臣卑的大格局,他们是遵奉的。

我们在评价传统思想文化时完全可以有不同的切入角度,但大框架是不能忽视的。这种大框架具有定位的意义,不可不察!

(原载刘泽华主编:《中国政治思想通史·综论卷》,

中国人民大学出版社2014年版,第十一章)

第十讲

传统政治观念与近代转变

一、春秋战国的"立公灭私"观念与社会整合[*]

公、私问题是中国历史过程全局性的问题之一。它关系着社会关系和结构的整合,关系着国家、君主、社会、个人之间关系的价值取向和行为准则,关系着社会意识形态的规范和社会道德与价值体系的核心等重大问题。由于它的重要性,因此又关系着政治乃至国家兴衰和命运。公、私观念的确定和"立公灭私"范式的形成基本是在先秦时期,因此本文以先秦为限,主要讨论"立公灭私"这一理念的形成及其与春秋战国社会整合的关系。以往学者在论述先秦的伦理道德、政治思想、义利关系时,对公、私问题有所涉及,但专论甚少。至于公私与社会进程的关系问题,日本学者沟口雄三等以及中国学者王中江与黄克武对公私观念与明清社会关系的变化有开创性的研究,其他时期的几乎还没有涉及。[1]所以本文只讨论先秦时期的公私观念与社会的关系。

---

* 本文所引《周易正义》《毛诗正义》《周礼注疏》《春秋左传正义》《尚书正义》《礼记》,据中华书局 1980 年十三经注疏影印本;《老子本义》《庄子集释》《管子校正》《荀子集解》《慎子》《尹文子》《晏子春秋校注》《商君书》《墨子闲诂》《春秋繁露义证》《吕氏春秋》《论语正义》《孟子正义》,据中华书局 1954 年诸子集成本;《韩非子集解》,据中华书局 1980 年诸子集成本;《孔子家语》《大戴礼记》《谥法解》,据四部丛刊本;《史记》《后汉书》,据中华书局 1998 年二十四史本。

[1] [日]沟口雄三:《中国公私概念的发展》,《国外社会科学》1998 年第 1 期。王中江:《中国哲学中的公私之辨》,《中州学刊》1995 年第 6 期。

（一）战国时期"公""私"由人指向社会观念的拓展

甲骨文中已有"公"字，其义仅指"先公"或地名。"私"字还未见。

西周时期"公"的使用逐渐广泛，从人指而扩展到属于公的物指和事指，并开始发展为有政治公共性含义的抽象概念。所谓人指，即人的身份和个人。公是高级爵名，五等爵之首就是"公"（天子是否是爵名，有争论，这里不论）。同时又是最高的官阶，《易·小过》："公弋取彼在穴。"王弼注："公者，臣之极也。"有些小官也冠以"公"，如"公路""公行"等，是为公侯服务的小官。"公"指个人则是以官爵称人，如周公、召公、鲁公等。物指是说属于"公"的各种事物，这类的名称颇杂，如"公族""公邑""公田""公廷""公堂""公所""公甸"等。事指是指与"公"相关的事情、行为、社会关系等，如"公事"。《诗·召南·小星》："肃肃宵征，夙夜在公。"此处的"公"字即指"公事"。《诗·召南·羔羊》："退而自公，委蛇委蛇。"此处的"公"指朝廷、国家，细究，也还有公侯的含义。

"私"在西周是一个表示身份、所有与个人情性的概念。

作为身份，指与"公"相对的人，可以是贵族，如卿大夫，大凡说到"私家"，即指这些人；也可以是底层的一般人，如私属、仆役。《诗·大东》说："私人之子，百僚是试。"《诗·嵩高》："王命傅御，迁其私人。"毛注："私人，私家人也。"孔颖达疏，卿大夫"称其家臣为私人"。

"私"的另一含义是"属于己"之谓。《诗·大田》："雨我公田，遂及我私。"这里的"私"指"私田"。《诗·七月》："言私其豵，献豜于公。《周礼·夏官·大司马》载打猎的收获:"大兽公之,小兽私之。"此处的"公""私"都是名词作动词用,即"公有""私有"。

私又指私情、私恩。《诗·小雅·楚茨》:"诸父兄弟,备言燕私。"毛注:"燕而尽其私恩。"

西周时期的公、私基本是社会身份为主,大体在具象范围内,到春秋战国时期"公""私"的含义像连续乘方一样大扩张。

先说"公"。就人的社会身份而言,"公"已从西周时期贵族的专称普及于社会。上层的诸侯贵族可泛称"公""王公""公侯""公卿""公大夫"等。中下级官僚的官名与爵位带"公"字的也多多,如"县公""公吏""公乘""公士"等;国家的编户民称为"公民""公徒"等;一般家庭的家长可称之为"家公",妻子称丈夫为"公",子称父为"公",人与人之间的敬称可称之为"公"。

在社会事物上与"公"相连的词汇遍及各个方面。大致说来又可分为三种情况:一是与公侯主体相关的事物,如"公家""公室""公门""公宫""公所""公馆""公国""公财""公邑""公社""公席"等;二是与公侯有关联的国家、朝廷事物,如"公法""公举""公事""公仓""公货""公马""公币""公钱"等;三是社会公共事务,如"公壤""公作""公器"等。

此期最有新义的是由"公"字为核心组成的一系列社会价值和道德概念,诸如"至公""奉公""为公""徇公""用公""贵公""公道""公正""公直""公平""公心""公识""公理""公义""公信""公审""公察""公议""公是""公忠""公利""公功""公患""公过""公然"等。

与"公"的含义扩张的同时,以"私"为核心的词组也同样成系列地被创造出来。诸如:

与"公家"相对的有："私家""私门""私馆""私自""私利""私财""私藏""私属""私卒""私族"等。

表达个人情欲的如："私欲""私心""私意""私好""私情"等。

表达个人道德与行为的如："私善""私德""私廉""私恩""私惠""私道""私义""私荣""私为""私劳""私怨""行私""私行""私事""私求"等。

表达个人政治行为的如："私奸""奸私""私党""私人之党""私朝""私威""私曲""私交""私请"等。

表达个人认识的如："私言""私视""私听""私智""私虑""私议""私意""私名""私词""私术""私名"等。

以公、私为核心组成的词组，其内容覆盖了社会生活的各个方面，说明公、私的极端重要。

（二）"公""私"的社会价值分析

"公"所指的社会存在应该说是"公"的价值内容的基础。所谓"公"的社会存在，大致可分为两方面：一是社会身份与相应的社会内容；二是所表达的社会公共事务与公共关系，如国家、社会共同体、普遍的社会关系等及其价值准则。这两者巧妙地结合在一起，前者是后者的主体；后者相对独立于前者，又服务于前者。

"公"的价值意义中最主要的和最核心的是把国家、君主、社会与个人贯通为一体，并形成一种普遍的国家和社会公共理性。

"公"发展为国家和社会的公共理性其标志有三：一是成为国家与社会的准则；二是成为人们的道德与行为准则；三是成为人们认识的前提和认识准则。为了说明这些问题，我们先分析如下一些关键词。这些词具有"纽结"意义，是公共理性的集中体现。

公道 《韩非子·内储说上》载："殷之法，弃灰于公道者断其手。"这里的"公道"即公共道路。哲学化的"道"是由道路发展而来的。作为哲学化的"公道"一词在战国时期才被人们使用。"公"与"道"的结合是两个普遍性概念的组合。最早把两者连在一起的是老子。他说："知常容，容乃公，公乃王，王乃天，天乃道，道乃久，没身不殆。"（十六章）这段文字虽然还没有出现"公道"，但已经沟通了"公"与"道"。庄子进一步把"公"与"道"互相定义："阴阳者，气之大者也，道者为之公。"（《则阳》）又说："道不私，故无名。"（《则阳》）不私，即是公。《管子·任法》把"公"与"大道"相对应："任公而不任私，任大道而不任小物。""不任私"，就是"从公"。"公道"一词在《管子》《荀子》《韩非子》中正式作为一个价值概念被使用。《管子·明法》说："是故官之失其治也，是主以誉为赏，以毁为罚也。然则喜赏恶罚之，人离公道而行私术矣。"《荀子》说："公道通义之可以相兼容者，是胜人之道也。"（《强国》）又说："公道达而私门塞矣。"（《君道》）商鞅说秦孝公"变法易俗而明公道。"（《奸劫弒臣》）这里所说的"公道"即政治法度和准则。

与公道相近的还有"公理"。"理"是诸子的一个非常重要的概念，与"道"相近，只是没有"道"为万物之本根那层意义，一般是在"规律""普遍性""公共性"意义上使用。除"理"单独使用外，还有如下一些词组，如："天理""道理""物之理""万物之理""事理""文理""义理""礼之理""人理""民之理""先王之理""成理"等。"公"与"理"相结合而出现"公理"这个概念。《管子·形势解》说："行天道，出公理。"这六个字把天道、公理的关系交代得清清楚楚，公理源于天道。《版法解》又说："听治不公则不尽理。"公理一词在先秦虽然还不普及，但其所表达的公共性与"公道"一词的含义几乎是一样的。公道与公理在社会层面上所指的内容基本一致，这就是人们应遵从的社会公共性原则和准则，如《管子·君臣上》说的："有符节、印玺、典法、策籍以相揆也，此明公道而灭奸伪之术也。"《韩非子·解老》说："短长、大小、方圆、坚脆、轻重、白黑之谓理。理定而物易割也。"

公法与礼之公　春秋战国是历史上的大变更的时期，人们的主动创造主要体现在"变法运动"。变法运动的重要内容之一是法律制度与礼制的变革与调整。具体内容多多，这里只说一点，即变法（也包括"变礼"）的最重要特点之一是把国家、社会生活和人的行为纳入法、律、令、礼的轨道。在这一点上法家的主张尤为突出。法家提出一切都要"一断于法"。法、律如同日月对万物那样，要一视同仁，公而无私。在理论上"公"与"法"常常是互相定义、互相规定、互相体现，相辅相成。法是公的条文化规定，公是法的灵魂。慎到说："法者，所以齐天下之大动，至公大定之制也。"（《遗文》）荀子说："莫不法度而公"（《君道》），为了突出法的"公共"性，于是创造出了"公法"这个概念。最早创造这一概念的是《管子》一书的作者们。"公法"是社会和一切人的言行准则，它与形形色色的"私"相对，有关的论述多多，这里仅举数例，如"公法行而私曲止"；"公法废而私曲行"（《五辅》）；"私说日益，而公法日损"（《任法》）；"私情行而公法毁"（《八观》）；"请谒任举，以乱公法"（《任法》）；"民倍公法而趋有势"则主弱（《明法解》）；"当今之时能去私曲就公法者，民安而国治"（《有度》）；"公法废，私欲行，乱国也"（《大道下》）；"少私义则公法行"（《上农》）；"不以私害公法。"（《内篇·谏下》）总之，诸子的共识之一是：公与私相对，而其标志则是法。

法是公的体现,那么礼与公是什么关系呢?这个问题比较复杂。在一些道家和法家看来,礼这种东西与私相关连,甚至认为与道和公法是对立的。老子把道与礼视为对立物,而礼与私和欲是相通的。有些法家对礼也持否定立场,这在《商君书》和《韩非子》一些篇中有明确的论述,他们认为礼这种东西讲"亲亲",讲"孝",而亲亲与孝必有私。《商君书·开塞》说历史的初始阶段是以"亲亲而爱私"为特点。在历史的发展进程中它被否定了。到了商鞅生活的时代,"亲亲"这种东西与法有不两立之势,所以在一些论述中便把礼喻为虱子、臭虫,主张消灭之。韩非也对"亲亲"提出过批判,认为那些孝子是最容易背公而当逃兵的人。因此对礼也有诸多批评。但是如果我们仔细考察,商鞅与韩非都没有绝对地排斥礼。在一些地方他们都给了礼一定的地位,如商鞅主张"变礼"。韩非在许多地方对礼比商鞅更为重视,把礼视为与法可以并行的治国之道。韩非子在《解老》中对礼有如下一段断语:"礼者,所以貌情也,群义之文章也,君臣父子之交也,贵贱贤不肖之所以别也。"这与儒家之说没有什么区别。他还有一篇名曰《忠孝》,论忠孝之重要,汉儒的"三纲"说便是在此篇中首倡。商、韩对礼从某一个角度出发确有程度不同的批评和排斥,但不能说他们根本不要礼。《管子》一书大部分是齐国法家派的作品,尽管出自多人之手,但有一点是共同的,即没有商、韩那种对礼的批判,相反,对礼还十分注重,把礼与法视为同道。《君臣下》说:"礼孝弟则奸伪止。"《形势解》说:"礼义者,尊卑之仪表也。"《任法》说:"群臣不用礼义教训则不祥。"当然,礼要服从法,正如《任法》中所说:"仁义礼乐者皆出于法。"

礼与法有别,甚至有冲突,但在根本上并不相悖,因此礼与公也同样不是相悖的。从先秦的文字上看,直接把礼与公互相论证的确不多,而且明确说到礼的本质是公的不是儒家,而是法家。慎到说:"法制礼籍所以立公义也。"(《威德》)《尹文子·大道上》说:"在下者不得用其私,故礼乐独行。礼乐独行则私欲寝废。"《管子·五辅》说:"中正比宜,以行礼节。"

无私、中正与公互相定义,论述礼的本质是无私、中正的在《左传》《国语》中有多处,因此说礼在本质是公是可以成立的。

公器 所谓公器指社会交往中的各种标准性的共用器,如度、量、衡、货币、契约,更为抽象化的则是名分与公共概念等。标准性的器物体现着"公",慎到说:"蓍龟所以立公识也,权衡所以立公正也,书契所以立公信也,度量所以立公审也。"(《威德》)商鞅说:"夫释权衡而断轻重,废尺寸而意长短,虽察,商贾不用。"(《修权》)因为失去了"公"。荀子说:"探筹、投钩者,所以为公也。"(《君道》)"名"是更普遍性的规定,《庄子·天运》说:"名,公器也。"器物凝结着观念,观念渗透于器物,"名"一旦形成就会成为一种社会规定和规范,尤其社会性、等级性的"名",如君臣贵贱上下之名,对社会具有极强的控制意义,无怪乎孔子把"正名"作为政治之首,以名为社会立公准、公器。

共识、公是与公心 在认识论中,"公"占有特别重要的地位。思想家们除庄学外,几乎都把"公"贯彻到认识的全过程。认识要以"公心"为基底,荀子说:"以公心辨。"(《正名》)又说:"公平者,职之衡也。"(《王制》)如何才能公? 这就必须排除私心、成见和外物的干扰,要虚静,"夫私视使目盲,私听使耳聋,私虑使心狂,三者皆私设精则智无由公。智不公,则福日衰,灾日隆"(《序意》)。

要之,人的感官系统不能与私发生关系,私一介入则导致智与公的紊乱。慎到把问题推向极端化,提出:"不瞽不聋,不能为公。"(《君道》)认识一定要把"公"作为出发点,于是有"公察"一词的出现。荀子说:"公察善思论不乱。"(《成相》)又说:"尚贤使能则民知方,篡论公察则民不疑。"(《君道》)社会性的认识同样要以"公"为中的,于是又创造出了"公议"一词。公议就是要依据公共性原则进行议论,《管子·版法解》说:"恶不公议而名当称。"《说疑》云:"彼又使谲诈之士,外假为诸侯之宠使,假之以舆马,信之以瑞节,镇之以辞令,资之以币帛,使诸侯淫说其主,微挟私而公议。"《管子·任法》提出要以"公"作为认识的标准,即"以公正论"。庄子从相对论出发不赞成"以公正论",他说:"天下非有公是也,而各是其所是。"(《徐无鬼》)但除庄学之外,其他诸子基本上是承认"公是"的存在。"公是"与"公义"大致同义,墨子最早提出"公义"这一概念,"公义"与"一人一义"相对,他提倡"举公义,辟私怨"(《尚贤上》)。荀子说:"怒不过夺,喜不过予……是法胜私也。《书》曰:'无有作好,遵王之道。无有作恶,遵王之路。'此言君子之能以公义胜私欲也。"(《修身》)到了董仲舒更明确提出:"公心以是非。"(《盟会要》)诸子还提出"公"是通向明智的康庄大道,荀子说:"公生明,偏生暗。"(《不苟》)又说:"蔽公者谓之昧。"(《大略》)《管子·心术上》说:"洁其宫,开其门,去私毋言,神明若存。""去私"即"公"。《吕氏春秋》更进一步提出"公"胜于智:"智而用私,不若愚而用公。"(《贵公》)私把聪明引向邪路,公使愚者胜过聪明。

把"公"作为认识论中统领全局的关节和灵魂,这在认识以经验为主和道德绝对化的社会中无疑有其天然的合理性与说服力,但由于"公"受成俗的约定和制约,所以在认识论中又常常成为一个因循和僵化的因素，成为认识发展的阻力和惰性。这点在商鞅与杜挚、赵武灵王与其叔父的争辩中可以看到，当时反对变法的观念是公识。

公正 公正作为一个道德与政治概念在战国时期大行于世。"公正"与"中正"相近、相通。"公正无私"与"中正无私"成为政治行事和道德的最高准则。"中正者，治之本也。"（《宙合》）"中正而无私"是礼之大经（《五辅》）。社会与政治的准则是"毋以私好恶害公正"（《桓公问》）。"公"是政治的通行证，"一言定而天下听，公之谓也"（《内业》）。反之，"操持不正，则听治不公。"（《版法解》）

"公正"与"正义"也是相近和相通的。"君必明法正义，若悬权衡以称轻重，所以一群臣也"[1]（卷五四）。荀子说："正利而为谓之事，正义而为谓之行。"（《正名》）"正义之臣设，则朝廷不颇。"（《臣道》）

从以上诸方面看到，"公"是社会普遍化的准则，是社会制度（包括礼、法、俗等）精神准则，是社会交往准则，是道德价值准则，一句话，是人间的公共理性。

关于"私"的界定或定义，战国时期著作中有多处近似的说法，胪列于下："私意者，所以生乱长奸而害公正也"（《明法解》）；"夫私者，壅蔽失位之道也"（《任法》）；"行私则离公"（《正世》）；"行恣于己为私"（《重令》）；"背私谓之公"（《五蠹》）。

汉初的贾谊也有类似定义："兼覆无私谓之公，反公为私。"[2]（《道术》）许慎的《说文解字》承继上述说法，对公、私两字的解释

---

[1]〔唐〕欧阳询：《艺文类聚》，中华书局1982年版。

[2]〔汉〕贾谊：《贾谊集校注》，吴云、李春台校注，中州古籍出版社1989年版。

如下："公：平分也。从八，从厶。八犹背也。韩非曰：背厶为公。"[1]

"私"与"公"相对，价值上大抵属于被否定的。"私"也有不含价值的用法，如孔子说颜回："退而省其私。"（《为政》）这类用法几乎没有理论内容，不予议论。兹将关于"私"的社会价值意义的词语条列如下：

私与法对立　法是公的体现，因此违法则属私。中华法系形成于先秦时期，当时各国的法律虽然有所不同，但基本精神大体一致。其特点是自上而下的行为规定，人只有在赏罚中存在，并没有法律"主体人"的观念和规定。因此在法律中没有独立性的"私"和"己"的地位。在当时人的眼里，一谈到"私"就意味着与法相对或对立。慎到说："立法而行私，是私与法争，其乱甚于无法。"（《佚文》）《管子·任法》说："私者，下之所以侵法乱主也。"《八观》说："私情行而公法毁。"《七臣七主》说："私道行则法度侵。"《商君书·修权》说："君臣释法任私必乱。"反之，"不以私害法则治。"荀子说："怒不过夺，喜不过予，是法胜私也。"（《修身》）又说："行法至坚，不以私欲乱所闻。"（《儒效》）韩非说："奉公法，废私术。"（《有度》）"法令行而私道废。"（《诡使》）这类论述比比皆是，它们的共同点就是法与私相对，私是法的破坏者。

法律无疑应该是社会公共性的体现，但它不一定必须是排私的，如果法对"私"一概排斥，这种法就是专制主义的法。

私与国、君主对立　从理论上说，国与君主既有同一的一面，又有二分的一面，但在实体上国与君主是合二为一的。臣下相对

---

[1]〔汉〕许慎：《说文解字》，上海古籍出版社1981年版。

于国与君主则属于"私"，当然君主相对于"国"也有"私"的一面。在公私问题上就出现多层关系，大致说来可以这样概括：国是绝对的公；君主有私的一面，但又是"国"的人格体现，因此又是公；臣民在国、君面前则都属于"私"。当然也可以同于"公"，但首先要克私。由于臣下在本体上是"私"，因此在本体上与国和君主是天然的对立和相反的关系。

私欲、私德与公德、公义相对　事实上人人都有私欲，可是在理论上却成为过街老鼠，除道家的"贵己"和"纵欲"派外，几乎其他的派别都加入了声讨的行列，人人喊打，把私欲视为万恶之源。私欲同德义成反比，春秋时期楚国的伍举说："夫私欲弘侈，则德义鲜少。"[1]（《楚语上》）《逸周书·官人解》说："多私者不义。"[2]

在国家至上、君主至上的理论体系中，"德"与"刑"为君主实行统治的二柄，是君主的垄断品。刑由君独操自不必说，很多思想家从不同角度论述了德同样要由君出，德要归君。在这种观念下，私德对"公"成为一种危险物，因为私德有可能分解君主的权威。田成子私德于民，终取代姜氏而有齐。因此臣下有私德成为君主的大忌，反之无私德方可以为忠臣。法家对此有特别的论述。韩非说："利于民者，必出于君，不使人臣私其德。"（《八奸》）从广义说，私德与法相悖，因此君主也要去其私德，"明君之使其民也，使必尽力规其功，功立而富贵随之，无私德也，故教流成"（《错法》）。

"积善之家必有余庆"，激励人们行善。但善不可与"私"接连，"私善"是背法的，"有道之国，法立则私善不行"[3]（《转辞》）。"法制

---

[1] 薛安勤、王连生注译：《国语译注》，吉林文史出版社1991年版。

[2] 朱右曾：《逸周书集训校释》，商务印书馆1937年版。

[3] 伍非百：《邓析子》，中国社会科学出版社1978年版。

设而私善行,则民不畏刑"(《君臣》)。韩非更斥私善为奸妄:"法令所以为治也,而不从法令为私善者世谓之忠。"他从法的角度评价这种"忠"实则是"奸"。他还把私善与行贿、邀名并列,视为国之蠹,因为"为私善立名誉"必伤君(《奸劫弑臣》)。同样君主也不能行私善,"知善,人君也;身善,人役也。君身善,则不公矣"(《君臣上》)。

道本是一个崇高的概念,但"私道"也属逆行,一些人主张抑止"私道",《商君书·说民》提出:"塞私道以穷其志。"

恩、惠一般说来属善事,但一与"私"相连就成了凶手,"夫舍公法而行私惠,则是立奸邪而长暴乱也";"舍公法、用私惠,明主不为也。故《明法》曰:'不为惠于法之内。'"(《明法解》)韩非也同样禁私惠:"上有私惠,下有私欲。"(《诡使》)"田恒因行私惠以取其国。"(《内储说下》)私恩与私惠相同,"明主之道,必明于公私之分,明法制,去私恩。"(《饰邪》)

私说与公论相对 "智""说""论""议""见""理"等关涉到认识论、知识论、价值论诸多内容。就发生学而言,这些都源于个人,由"私"而出。所谓"公论""公识""公议"等,只能是"私论"等社会化的结果,离开"私论","公论"就无由出。然而有一个极为有趣的现象需要我们认真思索,这就是,我们的先哲一方面弹精竭虑、绞尽脑汁提出个人的创见,另一方面几乎又众口一词排斥"私论",禁止"私说"。

法家主张一断于法和绝对服从君主,以此为据而主张禁私说、私智。《管子·任法》提出:"官无私论,士无私议,民无私说。"慎到说:"法立则私议不行。"(《佚文》)商鞅说:"法者,国之权衡也,夫倍法度而任私议,皆不知类者也。"(《修权》)"明君在上,民毋敢立私议自贵者。"(《法法》)"吏多私智者,其法乱。"(《禁藏》)韩非说:"君之立法以为是也,今人臣多立其私智,以法为非者,是邪以智。"(《饰邪》)大家都在追求"理",但"理"与"私"相连同样也在被禁之中,《管子·法禁》讲,如果君主置仪不一,"则下之倍法立私理者必多矣","百姓之立私理而径干利者必众矣"。

从字面看,儒家没有对"私论""私说"等进行批判,但如细究,他们仍是法家的同道,只是表达的方式不同。孔子提出的"非礼勿听"等"四勿"同法家的排斥私论原则上是一致的。孟子的辟杨、墨,除耕战之论同样是禁私说。荀子在《非十二子》中一方面说诸子各家是"其持之有故,其言之成理",同时又说他们说的"理"都是"欺惑愚众",是"天下之害",因此当务之急是"务息十二子之说"。

墨子尚同论也是同一思路,他对一人一义深恶痛绝,认为每人各有私义是天下祸乱之根,因此要通过"尚同"的办法一同天下之义,其理想状态是"上之所是亦必是之,上之所非亦必非之"(《尚同中》)。

道家似乎宽容,然而在理论上也是排斥私说的。老子的愚民主张与庄子的"齐物论",从两极取消了私说的意义与价值。

私利与公利相对 与公利相对的是私利。私利的含义极广,这里只讨论财产关系。中国自有文字以来的记载表明,君主和国家对社会财产拥有最高的所有权或支配权,同时私人也有某种程度的所有权和支配权,因此我认为在所有权问题上,既不是简单的国有,也不是简单的私有,而是一种混合性的多级所有制。作为一定程度的私有在西周时期已有文字记载,到春秋战国发展得更为明显。尽管个人财产买卖、交换现象相当发达,国家对个人私有财产也有一定程度的保证,但却一直没有出现私人财产不可侵犯的观念和相应的法律规定。由此而来的"私利""私有"也没有足够独立的合法地位,国家和君主要凌驾其上。"私利""私有"是否合法,取决于行政分配与国家相应的制度规定。

私利相争自文明始,到春秋战国又掀起一次财产关系大变动,像墨子说的,上下交相争利,搅动了整个社会。然而诸子百家对私利和私有观念却没有给予合理的论证。相反,对私利和私有却进行了批评和限制。这就是晏婴所概括的两方面限制:其一是"幅利"原则;其二是"利不可强,思义为愈"(《昭公十年》)。

"幅"是布帛的尺寸标准,所谓"幅利",就是制度规定原则。晏婴认为人的本性是好利的,都希望富有,但他同时又理性地提出"利过为败,吾不敢贪多,所谓幅也"(襄公二十八年)。孟子说的"制民之产"的"制"字说明"民产"由政治分配决定。由于财产占有关系从属于政治分配,个人的占有来源于"公"才是合理的、合法的,超乎此,个人另谋利益则缺乏合法性,因此在中国古代财产占有"逾制"是一个经常提出的问题。与此相对应,"私利""自私""自利"意味着与君主、国家相对立,正如《管子·禁藏》中说的:"民多私利者其国贫。"因此"私利"在制度上是违制的,道德上是不正当的,正如孟子说的:"为富不仁。"《吕氏春秋·忠廉》说,忠廉之士"有势则必不自私矣"。

在中国古代"私利"现象虽然十分普遍,也十分活跃,但没有相应的合理性论证,在理念上是一种"恶"的存在。

（三）公、私关系：立公灭私

从上节公、私观念可以看出，凡属有公的地方相对都有私。公与私不仅是一种观念，同时也是一种社会关系和行为。需要特别强调的是，春秋战国时期是"私"字大行的时代，财产私有化迅猛发展；人们为争私利熙熙攘攘而奔走上下，直至大打出手，朝野不安；社会关系以私为纽带进行了空前的大改组；士人的私理、私论大行其道、传播天下。总之，私字布满社会各个角落。照理，我们的先哲应对公和私一视同仁进行对应论证，寻求公、私各自存在的理由和依据，探索公、私相对存在的机制、体制和道德准则。然而，先哲的睿智几乎都没有朝这个方向施展，他们从不同的角度出发，对私进行了猛烈抨击。大家众口一词把"私"视为万恶之源，是政治的大敌。有关的论述很多，下边胪列一些典型论断以示其要。《商君书》："公私之交，存亡之本也。"（《修权》）"国乱者，民多私义"、多"私勇"、多"私荣"（《画策》《弱民》）。

《管子》："私者，乱天下者也。"（《心术下》）"舍公而好私"则国乱（《任法》）；"行公道以为私惠"则国危（《法禁》）。"重私而轻公"则国乱（《明法》）；"为人君者，倍道弃法而好行私谓之乱"（《君臣下》）。

《荀子》："群臣去忠而事私"则乱（《解蔽》）。

《庄子》："五官殊职，君不私，故国治。"（《则阳》）

《经法》："精公无私而赏罚信，所以治也。"[1]（《君正》）

---

[1]《经法》，文物出版社1976年版。

《韩非子》:"禁主之道,必明于公私之分,明法制,去私恩。"
"私义行则乱,公义行则治,故公私有分。"(《饰邪》)"君臣废法而
服私,是以国乱兵弱而主卑。"(《奸劫弑臣》)"能去私曲就公法者,
民安而国治;能去私行、行公法者,则兵强而敌弱。"(《有度》)

《尹文子》:"禁令行,人人无私,虽经险易,而国不可侵,治国
也。""君宠臣,臣爱君,公法废,私欲行,乱国也。"(《大道下》)

《吕氏春秋》:"以私胜公,衰国之政也。"(《举难》)"圣王之治
天下也,必先公。公则天下平矣。平得于公。""有得天下者众矣,
其得之以公。"(《贵公》)

《新书》:"人主公而境内服矣,故其士民莫弗戴也。"[1]
(《道术》)

《盐铁论》:秦二世而亡的历史经验是"公道不行"[2](《非鞅》)。

基于上述理由,人们对私没有一点宽容之意,而是全力进行批
判、抑制、杜绝直至排除、摈弃。与此相反,对公则进行无限颂扬、
张扬、高扬。在公私关系上逐渐形成如下简练的判断:"以公灭
私"(《尚书·周官》);"立公所以弃私也"(《慎子·威德》);"废私立
公"(《管子·正》);"任公而不任私"(《管子·任法》);"无私"。汉初
的陆贾、贾谊也说"公而不私"[3](《耳痹》)、"公丑忘私"[4](《阶
级》)等。

为了证明公的绝对性,先哲们诉求本体,说公源于天地、四时、
神明,还源于"道"。公的另一同价说法即"无私",也是天地、自
然、神灵和道的本质性体现。这类的论说比比皆是,无须征引。我

[1][3][4]〔汉〕贾谊:《贾谊集校注》,吴云、李春台校注,中州古籍出版社1989年版。
[2]〔汉〕桓宽:《盐铁论校注》,王利器校注,古典文学出版社1958年版。

们的祖先凡要论证事物的合理性或绝对性时，一定要从天地、自然、神灵、道与圣人那里寻求本体性的依据。只要找到这种依据，该事物便成为不可置疑的，而且在当时也很难有其他理由与之抗争。

如何立公灭私？法家、道家、儒家、墨家各有不同思路，但又有交叉。

在立公灭私上法家是最为明快的，从以上引述的言论中可以看出，法家之论最多。法家立公灭私思路是以法为公，一断于法。法家是最具有现实主义精神的一批时代巨人。他们从社会日常的生活得出结论，认为人的本性是自私自利，是唯利是图，且只有到盖棺之时而后止。但是他们在理论上又提出以公废私，把私视为公的对立物，并宣布：公、私不两立。乍然看去颇为矛盾。那么他们的立公灭私是什么意思呢？这可从三方面说：其一是让人在法内取利，法外避利。政治家的艺术和高超之处不是把人求利之心去掉，而是善于把握人的求利之心，善于利诱、利导、利用。利有千头万绪，但如何纳入被控制的轨道呢？法家认为这就是"法"。法的核心是赏罚，要在赏罚中疏导人们对利的取舍。其二是依法办事，一断于法。上至王侯将相，下至平民百姓，都要遵从法律命令。君王颁布的法律、命令，君王首先要执行。其三是国家（又可称之为社稷、宗庙、天下）是一种更高的存在，公就是它的理性体现。与君主相比，国家高于君主，相比之下，君主也是"私"。

法家虽然承认在法范围内"私"的存在和意义。但没有把"私"作为法律的主体来对待。法家的法无疑有社会公正的内容，但同时又是以帝王利益为核心的，为帝王统治服务。法家毫不含糊地说，法者乃帝王的工具。法家的公私论是在追求国家秩序，在当时,这种秩序只能是君主专制制度。

儒家立公灭私的思路与法家有别,他们主要是以道德完善和自律来灭私。在儒家那里公、私对立的命题直到荀子时才出现。但这不是说孔、孟等前期儒家没有相似的命题。作为国家与社会公共性的"公",在《论语》中曾提到过两次。一次是在《雍也》篇由子游说的"非公事"云云,此"公事"指政治之事。另一处是《尧曰》篇记尧的话:"宽则得众,信则民任焉,敏则有功,公则说。"(《尧曰》)此处的公指公平。这两处的"公"已隐含着对"私"的否定。在孔、孟思想中,国家与社会公共理性与个人的关系是用"克己复礼"与尚义贱利两个命题表达出来的,与立公灭私大体是相类似的。目下学界有多人把"克己"之"克"解释为"能够"或"发扬"。其用意无非是要把孔夫子从"灭私"中解脱出来,此说其实是清人的发明,并非新意。应该说,把"克己"理解为"灭私"是符合孔夫子的本意的,扬雄《法言·问道》把问题说得十分明白:"胜己之私谓之克。"[1](卷九)《孔子家语》说:"克,胜。言能胜己私情复之于礼则为仁也,信善哉!"(《正论解》)朱熹在《论语集注》中也反复说明是此义:"己,谓己之私欲也。""胜私欲而复礼。""日日克之,不以为难,则私欲净尽,天理流行,而后不可胜用矣。""克去己欲以复乎礼,则私欲不留。""不违仁,只是无纤毫私欲;稍有私欲,便是不仁。"[2]还有,在《逸周书·官人》中也提出"胜私"[3]《荀子·修身》提出:"以公义胜私欲。"《强国》中说:"并己之私欲,必以道。"《大戴礼记·曾子主事》提出"去私欲","君子攻其恶,求其过,强其所

---

[1] 汪荣宝:《法言义疏》,陈仲夫点校,中华书局1987年版。

[2] 〔宋〕朱熹:《论语集注》,中华书局1992年版。

[3] 朱右曾:《逸周书集训校释》,商务印书馆1937年版。

不能，去私欲，从事于义，可谓学矣。"克己、胜私、忍私、去欲，是一回事；胜私而后能公，荀子说："志忍私，然后能公。"(《儒效》)《吕氏春秋·去私》也把"忍"字视为"去私"的法门。克己与灭私、弃私是一致的。复礼与立公也是相通的，礼也是尚公的。《尹文子》说不上是儒家，但有一段论述完全是儒家之论："圣王知人情之易动，故作乐以和之，制礼以节之。在下者不得用其私，故礼乐独行，则私欲寝废，私欲寝废，则遭贤之与遭愚均矣。"人变成了礼的存在物，也就无所谓贤愚之分，此种情况是"公"的最高境界。礼与公是合二为一的。

义利之辨是传统思想与价值问题的核心之一。儒家的思路是尚义而贱利。孔子说："君子喻于义，小人喻于利。"(《里仁》)孔子此说具有社会阶级与道德双层含义。此后儒家义利之辨的走向大体不出这一格局。只要讲私利就只能落入卑贱小人行列。孟子对克己复礼这一命题没有明确涉及。但在尚义贱利上比孔子更加绝对化。义源于人性善，于是义成为人之为人的本质规定，而利与人性之善是对立的。孟子虽然十分关切人民的疾苦和生活，力主应给人民以"恒产"，但在道德层面他是排斥私利的。到荀子，他把克己复礼、尚义贱利、立公灭私三者合为一体。

道家的立公灭私之路是回归自然，与道同体。他们认为，私、我、己仅是自然的一种存在形式，或衍生过程中的一种现象。因此，私、我、己与万物并没有什么区别，于是提出齐万物，物我为一。由此很自然导出无己、无私的结论。"公"的最高境界就是连"人"本身也取消了，《吕氏春秋》中《贵公》篇属道家言，文中讲了一个故事，有一位楚国人丢了一把弓也不去找，有人问他为什么不去找，他说：楚国人丢失，楚国人拾到，何必找呢！孔子听到后说：

"去其'荆'而可矣。"老聃闻之曰："去其'人'而可矣。"作者于是说："老聃则至公矣。"所以在道家那里，公的本质就是取消人的主体意义，即庄子说的"吾丧我"是也。这固然是最彻底的公，但也是最无情的公，因为连人本身也被剥夺了！

人的主体性最强的是感知系统，因此道家或受道家影响的人时常讲只有封闭了感知系统，才能通向公。"去听无以闻则聪，去视无以见则明，去智无以知则公。"（《任数》）"不瞽不聋，不能为公。"（《佚文》）有时又讲虚、静而后公，"清静以公"（《审分》），"虚素以公"（《上德》）。为什么只有聋、瞽、虚静才能通向"公"？从积极方面说不无一点道理，因为感知会带来主观性，而主观性过多有可能妨碍公，但是把主观性与公完全对立起来，干脆排除感知系统，固然无私了，但人也变成了非人，人自己都不把自己当作人，这正是专制主义所求之不得的。

墨家以义为公。《墨子》一书直接论述公私的不多，《墨子·尚贤上》说："举公义，辟私怨。"一个"举"字和一个"辟"字完全表达了墨子公私问题上的思路。墨家是以公为上的，有一个故事，墨家钜子因儿子犯禁而大义灭亲，于是人们评论："子，人之所私也。忍所私以行大义，钜子可谓公矣。"墨子认为人的本性是"自利""自爱"的，自利、自爱会导致"交相争"和天下大乱。他虽然没有讲过人性的善恶，但实际上近于人性恶论。不过他认为经过圣王的教育和改造，人可以变成"交相利"和"兼相爱"。也就是说，能从"一人一义"的"异义"的分裂状态达到"一同天下之义"的大同境界，于是提出"尚同"论。他的"同"有两层含义：一是同于"公义"。公义即他的十大主张。公义是由圣王"立"的，不是源于人的本性。墨子的公义虽然没有完全否定个人之利，如他一再讲要保护民的

"生利"，要"交相利"，要"调和"等，但在理论上他并没有给"私"留下合理的位置，他鞭打的对象就是"自爱""自利"，也就是自私；二是要上同于天子。墨子的"公"与"同"是相通的，"公"和"同"都是由"上"（圣王、圣人、天子、政长等）灌输、教育、赏罚的结果，因此"公""同"的导向也只能是君主专制主义。

诸子从不同角度和不同理论出发都导致一个大致相同的结论，这就是"无私""灭私""弃私""废私"。那么与私字相近的还有什么相关词语呢？最主要的还有如下几个字：我（吾、余等）、己、身、欲、心等。这些，均在灭、废之列，于是有"无我""无己""无欲""无身""无心"等命题的提出。对"志"似乎有所不同，孔子主张"有志"，其他诸子在"有志"这点上都有相近之处。这点可参阅拙文《道、王相对二分与合二为一》[1]与《圣、王相对二分与合二为一》[2]。诸子说的有"志"是否是精神独立、人格独立、道德独立和主体独立呢？乍然看去，确实有相当的依据，诸如"当仁不让""大丈夫""道高于君""从道不从君"以及"民不畏死，奈何以死畏之"等豪言壮语，足以显示有志者人格之伟大。但是如果把这些豪言壮语与"无私""无我""无己""无欲""无身""无心"等联系起来考察，那么这些豪言壮语中是不包括自身个性和利益在内的，此时的"我"已经不存在，"我"仅仅是"公"的载体。因此从逻辑上说，"我"是无个人之人格的，"我"是不独立的。没有任何个人的东西而谈个性独立等，显然是空话和虚话，应该说与个性独立相反，在"立公灭私"的公式中恰恰没有给个性独立留下应有的位置，而是

---

[1] 刘泽华：《王、道相对二分与合二为一》，《东方文化》1998年第2期。

[2] 刘泽华：《圣、王相对二分与合而为一——中国传统社会与思想特点的考察之一》，《天津社会科学》1998年第5期。

否定个性独立的绝对化的集体主义和国家主义。此点下边还要论及。

当然，诸子也不是对人的自私自利性一点也不顾，在一定程度上对"私"还是相当关注的。法家认为人生来就是自私自利者，直到盖棺而后止。墨子认为人的本性也是自私自利的，他还第一次提出要把人之"生利"作为自然的权利来看待。孔子罕言利，但对人的实际利益又给予特别的关注。孟子的"小性"论，从人性上肯定了"色""食"的意义。总之，对在生存意义上的"私"，我们的先哲给予了充分的肯定与关切，但"私"既不包含个人社会权利的意义，也没有社会独立价值的意义，大抵只是在生存意义上才被重视。因此"私"大致说来仅是一种动物性的需要，而没有进一步发展成为社会权利系统中的要素，更不是政治系统中必需的要素。由于在公私关系上彻底排除了"私"，因此剩下的只有"公"才是唯一合法与合理的。而"立公"导致了社会与国家政治公共理性的充分发展。

（四）立公灭私与社会和政治公共理性的发展

社会和政治公共理性主要指社会与政治的一般化原则和通例，它或是人们在生活过程中形成的共同认定的准则和习惯，或是由国家与社会组织颁布的政令与行为准则。社会和政治组织范围越大，越需要公共理性来维持和维护，而且社会与政治组织的范围的大小与公共理性的一般化程度成正比。这种公共理性的发展是历史总体运动的成果，其中包括政治制度的改革、社会关系的重组、国家机器发展的程度等，而"立公灭私"则是这个时期公共理性的高度概括和总体特征。"立公灭私"表现在不同层面，内容多多，其荦荦大者有以下几点：

理性治国观念的发展 政治公共理性的发展以破除神性政治为必要条件。在春秋以前，重大的政治决定大都是在庙堂里决定的，都要与卜问、占龟等相联系，因此称为"庙算"。参与庙算的人只有极少数的贵族与神职人员。政治公共理性发展起来之后，政治就走向社会，甚至走向民间，以至平民也可以论政。曹刿曾说过"肉食者鄙，未能远谋"，这是政治公共理性走向人间的新时代的标志性话语。士人的普遍参政与政治公共理性的发展是互为因果、互相促进的。政治变成社会性的认识对象，诸子百家的议政足以表现其炽热的场面。在这场以理性认识为主的争鸣中，人们提出了各式各样的治国纲领，诸如"以礼治国""以德治国""以法治国""以道临天下""无为而治""一同天下之义"，以及这些纲领的混通、兼用等。这些治国纲领都是以"公"作依据的，都是"公"的体现。

同于百姓观念的发展 《逸周书·太子晋》说："与百姓同谓之公；公能树名生物。"朱曾佑注曰："同者，同其好恶。公之言公正无私也。"[1]这里的"公"既指名号，又指公共理性，两者合二为一。《谥法解》也说："立制及众曰公。"话语极其简练，内容十分丰富。早在西周就有"天听自我民听，天视自我民视"，神民一体化的聪慧之论，到了春秋抛却了神，直接诉诸于民，于是有"国将兴，听于民；将亡，听于神。"（昭公三十二年）"得民者倡，失民者亡。""号令

[1] 朱右曾：《逸周书集训校释》，商务印书馆1937年版。

阖（合）于民心，则民听令"[1]（《君正》）等相类的许多经典之论。于是一些具有远见的政治家几乎都要在"与百姓同"上做文章。诸如与民同乐、同辛苦的事例多有记载，成为统治者争取民众的最有效的举措之一。

"同于百姓"与"立制及公"是处理社会公正和公平的最有价值的思路。因为在这个命题中明确提出了"公"的社会标准是"百姓"、是"众"。应该说，这在认识上是一个极大的突破。

"公国"与"天下为公"观念的发展　从政治角度看，西周时期的"公"指爵位和人，"国"则是公侯所居之处，是政治中心。春秋以前，作为一个社会政治实体和组织的"国家"概念还相当模糊。当时有"国""邦""邑"等称呼，"国"一般指政治中心的都城，"邦"一般指统辖的区域，"邑"泛指居民点，王侯居住的"都""国"可以称之为"大邑""天邑"。在战国中期以前"国家"这个概念还不特别神圣，因为国、家都是被占有的对象，是人的从属物；占有"国"和"家"的主体是王侯、封君等，因此又称他们为"有国有家者"。孟子讲，诸侯之宝三："土地""政事""人民"。许多学者把孟子之说视为"国家"要素说的最早概括。其实孟子在这里并没有把国家提升为公共政治理念，也没有国家至上的意思，因为拥有"三宝"的是诸侯。

国家至上的观念到战国中后期才逐渐形成。这就是"公国"与"天下为公"说的提出。《管子·法法》说："明君公国一民以听于世。""世无公国之君，则无直进之士。""公国"即以国为公。比"公国"更具普遍意义的是《礼记·礼运》篇的"大道之行也，天下为

---

[1] 马王堆汉墓帛书整理小组编：《经法》，文物出版社1976年版。

公"。其实类似的说法还有不少，如《商君书·修权》说，尧舜禅位天下"非私天下之利也"。慎到说："古者立天子而贵之者，非以利一人也。曰：天下无一贵，则理无由通。通理以为天下也。"又说："立天子以为天下，非立天下以为天子也。立国君以为国，非立国以为君也。"（《威德》）《吕氏春秋·贵公》说："天下，非一人之天下，天下之天下也。"《韩非子·观行》说："大勇愿，巨盗贞，则天下公平。"这些与"天下为公"同义。

公国、公天下可以说是政治公共理性发展的极致，具有十分重要的理论意义和实践意义。从纯粹逻辑上说，它否定了君主独占统治权的专制体制，否定了家天下。《礼运》在说"天下为公"之后紧接着说："选贤与能，讲信修睦。"孙希旦集解："天下为公者，天下之位传贤而不传子也。"《礼运》"天下为公"与君位禅让论大致也是相通的。应该说从"公国""天下为公"还可以推导出政治普遍参与的结论，诸如臣民谏议、庶民议政、传贤与能等。从公国、公天下观念中还可以推出君主应是为天下服务的工具；如果君主谋取私利，把天下视为自己的私产，那就违背了天下为公的原则，就失去了合理性。所以天下为公也是"革命论"的重要依据之一。另外，国家被"公"化之后，才有至上的意义。

事实上，"天下为公"并不是唯一的，与之相对还有"王有天下"论。此另当别论。

工具理性和制度理性的发展　像度量衡这类工具，其本身蕴含着丰富的社会公共关系，同时也包含着社会公共理念。度量衡的历史无疑由来已久，但从春秋开始，随着社会交换的发展，度量衡的应用更加普遍和更加精密，还有，契约关系、货币关系等也有空前的发展和普及，这些都大大促进了社会公共理性的发展与提高。于是人们把度量衡、契约等视为社会的"公信""公识"。以规矩成方圆成为一种社会公共理念。

与之相应，人们把社会制度、道德规范，即礼、法、道义等也视为一种规矩，像规矩成方圆一样，以之规范社会，使人群成方圆。如下的论述十分明快：

"法者，天下之程式也，万事之仪表也。"（《《明法解》》）"夫法者，所以兴功惧暴也；律者，所以定分止争也；令者，所以令人知事也。法律政令者，吏民规矩绳墨也。"（《七臣七主》）"法者，天下之仪也，所以决疑而明是非也，百姓所悬命也。"（《禁藏》）"法者，天下之至道也。"（《任法》）程式、仪表、规矩、绳墨都是社会交往的工具和标准，法与这些的性质相同，而"至道"两字就是我们的"公共理性"。

公共理性的存在形式是公开化、要人人皆知。法是公开化还是秘而不宣？从春秋晋国铸刑鼎就有争论。法家主张法律必须"明"，即公开，法要成为君臣上下"共操"之物，使"天下之吏民无不知法者"（《定分》）。由于"共操"，"吏不敢以非法遇民，民不敢犯法以干法官也。"（《定分》）法于是成为公共之公器。

规矩、制度、道德等上升为一种独立的、一般的存在，所有的人在它面前都属于个别，而个别则要服从一般，即使君主也不能例外。因此君主办事也要出于公心，听之以公、断之以公。但同时所有的思想家几乎从不同角度又得出一个共同的认识和结论，即君主可能是"公"的最大的破坏者。臣下背公行私固然也有极大的破坏性，但上有君主在，可予以制裁。对于君主就比较麻烦了，他手中的权力是不受约束的，可以任意而行。如何解决这个矛盾？我们的先贤没有下功夫设计相应的操作程序和办法，孟夫子虽然有过询国人和同姓易位之论，但都是非体制性的制约。因此君主能否立公去私，只能靠君主的认识和自觉。

"公"作为政治公共理念的提出和发展，应该说是时代的产物，更具体地说是春秋战国时期国家体制的变革产物。这一变革的重要标志是从春秋前血缘分封国家转变为一统的君主专制国家。一统的君主专制国家有两个明显的矛盾：一是专制君主与众多臣民之间的矛盾。君主一人如何统治那么多的臣民？二是社会分工和国家权力系统的分工越来越细，如何把由分工而带来的分散倾向集中起来？这两个问题又可归结为一个问题，即"一"与"多"的关系。"一"就是专制的君主，"多"就是千头万绪的事务、政务和众多的臣民。对这个问题当时的哲人从不同的角度进行过不同的思索并提出了解决问题的方案。而其共同点就是抓住普遍性、一般性即政治的公共理性，以"一般"驭"万端"。"一般"又有不同层次，而其最高抽象就是这个"公"字。

社会事物的复杂化、分工化、个性化与共性化、普遍化、一般化是相反而相成的发展，普通人忙于在前者中讨生活，只有君子、圣人才能发现和把握后者。抓住共性，即"公"性，才能牵一发而动全身。先秦诸子为了认识和发现万端事物中的"公"性展开了一场精彩的认识竞赛和争鸣，获得了空前的成果。春秋战国以后，特别是从秦帝国以后，中国的历史在政治上基本上是沿着一统的君主集权制的轨道运行，其中原因很多，但主要的因素之一不能说不是这个"公"字在发挥着整合和统领作用。

（五）立公灭私与君主专制制度的发展

立公灭私观念形成的时期正是君主一统专制制度的发展时期。这里用"一统专制制度"一词除我们共识的君主专制外还强调如下两层含义，一是君主专制制度从上到下"一竿子插到底"，直接统治所有的臣民，控制社会分配权；二是空间上的无限扩张性，不允许有相同的政权并存。立公灭私正是这一进程的理论大纛。关于君主一统专制制度的形成过程我曾在几篇文章中进行过讨论，我们的基本观点是：当时为争社会资源分配权而进行的兼并战争是君主一统专制制度形成的直接原因。作为社会身份的"公""私"之争就是当时兼并战争的主要内容之一。

春秋时期诸侯简称"公"，卿大夫则简称为"私"。所谓"私肥于公"之"私"即指卿大夫之"私家"，"公"即指诸侯之"公室"。因此在一定意义上"公""私"是一个特定的社会阶层和权力单位。春秋时期作为权力的公、私之争，大致说来有两种情况、两种结果：一是"公"压倒和裁抑住"私"，如秦、楚、燕；另一种是"私"打倒了"公"，即卿大夫把诸侯打倒，如分晋的韩、赵、魏，代姜齐的田齐等。"私家"胜利了并不意味着"私家"势力的发展；取胜的"私家"对原来的诸侯是取而代之，自己上升为公侯，于是又形成新的"公""私"对立。

"公家"与"私家"两者之争不仅贯穿春秋，也贯穿战国。战国时期"私家"势力仍然不小，但"私家"的构成有了很大的变化。春秋时期的私家基本是西周分封制的继续，私家是一个个的"独立国"。战国时的私家主要源于官僚分配制，其中的封君、封侯情况比较复杂，大部分是食租税，但也有些封君同独立国也差不多。（对战国时期的封君我有专文，这里不赘）因此，直到战国中后期"私家"对"公家"的威胁依然很大，在各国几乎都先后程度不同地出现过私家专权的情况。齐国的田氏贵族势力一直相当大，威王、宣王应该说是相当有作为的，但大权一度被孟尝君父子田婴、田文控制，以致出现："闻齐之有田文，不闻其有王也。"（《外储说下》）襄王时田单与王相匹："安平君之与王也，君臣无礼，而上下无别。"[1]（《齐策六》）赵国肃侯时，"奉阳君相，专权擅势……独制官事。"[2]（《赵策二》）惠文王时公子成和李兑联合专权，以致出现："入赵则独闻李兑而不闻王也。"[3]秦国的贵族势力在商鞅变法以前一直很大，即使经过变法的打击，私家势力大减，但在一个时期依然赫赫扬扬，秦昭王继位以后直到任用范雎之前，大权被太后与其弟穰侯等把持，"闻秦之有太后、穰侯、华阳、高陵泾阳，不闻其有王也。"（《范雎列传》）楚国的贵族势力也相当重，屈、景、昭三大家族一直显赫飞扬，到考烈王时有春申君总理政治，"君（春申君）相楚二十余年矣，虽名相国，实楚王也。"（《春申君列传》）有些"大家"依然有私人武装、有门客、有舍人甚至有"私朝"。

　　孟子说："为政不难，不得罪于巨室。"（《离娄上》）所谓"巨室"就是私家。孟子从另一面说明了"巨室"势力是相当大的。法家与孟子的看法不同，他们一再指出，对君主威胁最为直接的是这些"私家""巨室"。战国时期法家的改革内容之一就是打击、削弱私家大族。吴起在楚国的变法把打击"公族"作为首要内容。商鞅变法亦然。在商鞅看来，所有的私家大族，只要不在国家体系之中或

---

[1][2][3] 诸祖耿：《战国策集注汇考》，江苏古籍出版社1985年版。

对国家有离心倾向的都在打击之列，《商君书·画策》说："无爵而尊，无禄而富，无官而长，此之谓奸民。"（《画策》）必除之。《太公阴符》载周武王与太公对话："武王曰：'民亦有罪乎？'太公曰：'民有十大于此，除者则国治而民安。'武王曰：'十大何如？'太公曰：'民胜吏，厚大臣，一大也。民宗强，侵陵群下，二大也。民甚富，倾国家，三大也。民尊亲其君，天下归慕，四大也。众暴寡，五大也。民有百里之誉，千里之交，六大也。民以吏威为权，七大也。恩行于吏，八大也。民服信，以少为多，夺人田宅，赘人妻子，九大也。民之基业畜产为人所苦，十大也。所谓一家害一里，一里害诸侯，诸侯害天下。'"（《百官志五》注）"十大"之民的要害是危害"公家"或与"公家"争权、争利，因此只有除之而后安。韩非对"私家""私门"之害有反复的论述，认为是国君的最大、最直接的威胁，一再提出要把打击私家势力作为政治的主要打击对象。他以树干与枝为喻，提出强干弱枝，君主一定要经常剪理枝权，切不可让枝权长得太茂盛。在韩非看来，妨害君主集权的主要障碍是"私门"太重。应该说，"公门"与"私门"之争一直是一个突出矛盾，秦始皇统一之后首要举措之一就是迁豪。汉承秦法，也是不停地迁豪和打击豪强。

　　"公"胜"私"的过程也就是从分封制国家转到君主集权国家的过程。这一转变关系到社会结构、社会关系、观念与价值体系的转变等。这一过程很复杂，要之，是公侯们把权力集中于自己之手，同时削弱和取消私家的权力单位意义。在封建制下，所有受封者都是一个个相对独立的国家。分封者和被封者虽然有宗主和藩属的隶属关系，但权力各成体系。上下关系的特点是：我主人的主人不是我的主人。君主一统的集权制正是要取消或削弱这种制度与观念，君主要"一竿子插到底"，要控制每一个人。把"我的主人的主人不是我的主人"的社会结构改成"君主是所有人的主人"。

立公灭私之所以会导向君主专制，还因为有如下两个理念和相应的运动趋势来支持：一个是公而无党。党本来是一个复杂的社会现象，有血缘关系的"族党""党族"，有地缘关系的"乡党""里党"，有以角色为中心的这样与那样的党，诸如"父党""母党""夫党""妻党""主党""宾党"，在政治上有"朋党""比党""王子党""公党""公子党""党与""私党"等。总之"党"是一种社会普遍存在和不可避免的现象。应该说，党是社会利益的组合体。社会是不可能没有利益集团的，也不可能没有利益的差别；有利益的差别和集团，必然有这样与那样的"党"。从逻辑上说，政治公共理性发展应为政治上的"党"提供理论依据。但是中国古代的哲人却走了另一条路，他们几乎无一例外地在"公"的大旗下，对"党"进行了批判和否定，把"公"绝对化。所谓绝对化，即要达到一律化和无差别之境。于是从立公灭私中自然得出的结论是"公而无党"。从纯粹逻辑上说，如果"公"到了绝对的、无异议、无差别的境地，是可以导出"无党"论的，因为人人都一样，都一条心，都是公的肉体，没有区分，自然也就没有"党"了，但是这仅是一种纯粹的逻辑。换个角度，如果政治公共理性是历史的，是有层次的，那么，从不同层次的"公"中也可以推导出有党论。事实上当时诸子主张的"公"就互不相同，甚至如同水火，因此不仅应有不同的"党"，而且确实上也有不同的"党"。当时许多名师"聚徒"讲学，组成一定的群体，像墨家组成的墨者团体，已是实实在在的党派。可是我们的先贤在政治上却绝对不容许"党"的存在，把"党"视为首害，诸子不约而同地都要求取缔政治上的"党"。他们把"党"与"私"说成是同体,党必私,私必党,私与党是孪生兄弟,于是政治上要求立公灭私与取缔党便成为一回事,相反,公则无党。典籍中对朋党的批判比比皆是,这里仅举数例。《洪范》说:"无偏无党,王道荡荡。"孔夫子说:"君子矜而不争,群而不党。"(《卫灵公》)慎到的思想是:"公而不当(党),易而无私。"(《天下》)荀子说:"不比周,不朋党。"(《强国》)韩非说:"义必公正,公心不偏党也。"(《解老》)我们的先哲从观念上和理论上都认定"朋党"是政治的大敌,于是打散、取缔"党"成为一种普遍的政治价值准则,只要加上"朋党"的帽子,就是大恶、大奸。温文尔雅的孔子是否杀过少正卯,人们争论不已,这里不论,但无论如何像少正卯这种有理论、搞党派的人是儒家所不容的。

公而无私与公而无党成为同一个问题的两种表述。把"党"视为私的体现,这是古人步入的一个大误区。就实而言,党既有"私"的一面,又有"公"的一面,是一种公私结合体。把"党"完全派给"私",就割断了"党"与"公"的联系,否定了"党"的合理性。另外,"公而无党"也把"公"绝对化了,"公"则不准有社会性的组织,于是"公"便都集中到君主那里,君主是唯一的可以摸得着和体现"公"的政治实体。

以公否定"党"存在的合理性,无疑是一个理论误区,但却是当时以及其后两千余年的公论;党作为一种事实存在尽人皆知,但又都认为是一种非合理性的存在,更没有结党的法律保护。这是一个非常相悖的现象,我们的先人一直在这种相悖的环境中生存,闹出说不尽的麻烦事。

无党论适应了君主一统专制的需要,因为任何党派的存在都会在不同程度上造成对君主一统专制体制的分解,进而成为一种威胁。取消"党"的意义在于从根本上取消了人们横向联合的可能性，把人的社会联系减少到最低程度，特别在政治上，要把人尽量孤立成为一个个单个的人，把人单个化、孤立化，是君主一统专制制度存在的必要条件。我在多篇文章中说过春秋战国的诸子百家都在营造君主专制主义，其根据之一就是他们都反对"党"。在庞大的君主权力面前，人们越是孤立，就越没有力量，就越便于君主专制。这可以说是历史的一条铁则。

其次，与公而无党论相伴的是公、忠一体的忠君观念的发展与确立。西周的孝包含了忠，到春秋，"忠"已经成为社会思想与观念中的核心概念之一。王子今的《"忠"观念研究》一书梳理了"忠"观念的历史发展过程，足资参考[1]。我这里只就与本题有关的问题再说几句。

"忠"的含义呈多元化，要之可分为二：一是以主人和君主为对象，即"下"对"上"的人身服从和人身依赖观念；一是以公共理性为对象，在社会活动与人际交往中要忠于和恪守社会的公共理性和政治公共理性原则。从逻辑上说这两者的方向和行为是不尽相同的。前者向人格的萎缩和消失方向发展；后者向人格的独立发展。为了行文方便，我把前者称为第一种忠，把后者称为第二种忠。

第一种忠一直是主流，君主要求"下"对"上"是献身精神和无条件服从。春秋时期还盛行的"委质"制度，要求臣下生为主人之仆，死为主人之鬼，无有二心，绝对忠于主人。在分封制度下，臣下只忠于顶头主人，至于主人的主人，即越级的主人可以不顾。随

---

[1] 王子今：《"忠"观念研究》，吉林教育出版社1999年版。

着君主专制体制的不断强化和激烈的战争与社会军事化程度的大幅度提高,君主对臣下的控制应该说日渐严厉。与之相适应,下对上、臣民对君主绝对服从的程度更加明显。还有,君主手中握有巨大的社会资源和对社会成员的生杀予夺之权,造成了臣下"仰上而生"的环境,这是君主要求臣下必须忠于自己和臣下可能忠于君主的社会条件。就实而言,臣下对君主的忠不可能从天而降,也不仅仅是靠一种理论或观念就能奏效的。臣下对君主的"忠",从根本上说是源于人身支配、生命支配和生活支配的制度。假定没有这种支配制度作底,臣下对上的"忠"是不可能长期维持下去的。

第二种忠在春秋战国时期有很大的发展。当时国与国之间的竞争和招揽人才,士人的朝秦暮楚和自由的流动,臣对君主的绝对服从有一定的松动。另一方面,社会改革、社会关系的大变动和激烈的政治、军事竞争激起了社会和政治公共理性的发展。在这种环境下,一些具有独立精神和有使命感的士人、官僚把坚持第二种忠作为自己的责任。表现在君臣关系上,他们尽忠的原则是以道事君、道高于君甚至从道不从君;政治理念相合则留,不合则去;反对对君主卑躬屈膝的"妾妇之道"。当时有些人沿着这一方向走了相当长的一段路。最为著名的有壮烈的吴子胥,有聪明的范蠡,有"痴情"的屈原,有适度而行的孔子,有"爱君莫如我"的孟子。

第一种忠与第二种忠在逻辑上是不同的。但第二种忠要进入实际的政治运行系统就不能不与君主打交道。在实际的权力运行中,君主不会太喜欢臣下过于自信,也不会喜欢臣下过多地张扬"道高于君"。因此第二种忠的实践条件是极其有限的,常常像吴子胥那样被杀,像屈原那样被逐,总之,第二种忠的悲剧多于喜剧。于是第二种忠逐渐向第一种忠靠拢、妥协、屈服。如果仔细考察，从忠观念一出现就有把两者混合起来的论述，如"公家之利，知无不为，忠也。"(《僖公九年》)"无私，忠也。"(《成公九年》)"奉君命无私，谋国家不贰，图其身不忘其君。"(《成公十六年》)事公室不谋私，"无私积，可不谓忠乎？"(《襄公五年》)"远图者，忠也。"(《襄公二十八年》)

把第二种忠融于第一种忠，或者作为第一种忠的附庸理论到战国后期已经完成，荀子和韩非是有关理论的集成者，其标志是"忠顺"和"公忠"的合一。具体论述和历史过程可参阅王子今的著作[1]。

战国时期人们对君主的忠虽有种种区分，如"至忠""上忠""大忠""次忠""下忠""愚忠"等。然其主旨不外：竭尽全能效力而无异心和个人图谋；忠信而不党，尽忠而死职；听从吩咐和支配，不择事，不计较；忠谏不听不生异心；有善归之于君，不彰君之恶，恶归于己；君要臣死则死，死而无怨。以上这些几乎为社会公论和价值准则。

臣民对君主的忠顺是专制体制的要求，也是君主专制制度赖以存在和运转的社会观念基础和条件。把公同忠一体化，既使忠充实了政治公共理性的内容，又使公获得了臣民忠顺的支持。

（六）立公灭私与国家和社会领域的对立

国家指以权力为中心的权力体系，社会领域指国家体系之外的社会组织与个体等。国家与民间社会是历史中的必有之物，无

---

[1] 王子今：《"忠"观念研究》，吉林教育出版社1999年版。

法互相取代。但是,如何处理两者的关系,则有相当的空间由人安排和设计。立公灭私的观念把国家与民间社会对立起来了,战国时期以此为指导而进行的变法对民间社会与国家的关系进行了新的组合,并对以后也产生了极大的影响。

在理念上公私的对立是公共理性与私人的对立,在社会关系上则是君主、国家与民间社会与个人的对立。在诸子的言论中,固然有君主、国家与民间社会之间的和合性的言论,但在观念上占主流的则是两者之间的对立。在道家的理论中,人的自然存在是最合理的,远古时期没有任何社会性的自然人是最自由的,最符合人性的时代。唐尧、禹舜等圣人的出现搅乱了人性,他们创立的种种制度是人性的枷锁和桎梏。这样,根本上国家与人的社会性就是对立的。儒家的贵贱等级论中虽有调和的一面,但贵贱上下之分则是主要的,而贵贱上下之分正标志着君主国家与民众之间的对立,他们有关君子小人的对立论也包含了一部分国家与民间社会对立的内容。墨子认为人类最初是一人一义,因此各不服气,争乱不已,于是有圣人出,禁乱制暴,制定出刑罚,强制人们放弃一人一义而归于一是。国家也是在与人性对立中产生的。法家认为人类最初没有君主与国家,由于人们之间的争斗使社会陷于一片混乱,于是在争斗中胜者为王,并制定出控制社会的制度体系。所以在法家眼里,君主、国家与社会民众之间是一种控制与被控制的对立关系。这方面的言论很多,各家的思路尽管有很大的差别,但有一个共同点,即君主、国家同民间社会或多数人之间是一种对立关系。

公体现在法、礼,而法、礼是君主、国家规范和统治民众的工具。法、礼与人的关系,占主流的说法是圣人外加给人的,而不是从人自身的需要生长出来的。因此礼、法对人是一种矫正。在儒家看来，没有礼，人就不成其为人，礼是人与动物区分的标志，是对人的矫正器。法更是如此。在法家看来，人的本性是好利的，好利引起争乱，于是有圣人出，制定出法，以规范人的行为。礼与法的主旨都是明分或定分。以法"定分"的论述多多，无须征引。于礼则有不同的看法，一些人认为礼的主旨是讲"和"，如《论语》所说"礼之用，和为贵"等。然而究其实，"和"的前提是"分"，礼首先是分贵贱上下尊卑，荀子说："人何以能群？曰分。分何以能行？曰义。"（《王制》）又说："先王恶其乱也，故制礼义以分之。"（《王制》）《礼记·坊记》说的更清楚："夫礼，坊民所淫，章民之别。"《乐记》说："礼义立，则贵贱等矣。"礼、法的主要功能是分贵贱等级，这就决定了它们与人的对立性。

春秋战国的立法只有"公法"而没有"民法"，这同立公灭私观念应该说有极大的关系。所谓的公法也就是"王法"，它的出发点和归结点都是为王的统治服务，民众只有作为王的附属物和使用物才有存在的意义，法家对此有明确的论述。他们提出，如果臣民不能为君所用，那么这些臣民就失去了存在的价值，要采取最严厉的手段进行处罚，直至消灭之。中华法系的一个重要特点是"诸法合一"，应该说这同君主绝对专制是配套的。诸法合一说明了法律的主体只有一个，这就是君主，其他一切臣民都是被君主统治的对象。从出土的秦律中可以看到对臣民的行为规定极其详细和具体，但没有任何有关臣民权利的规定。

依据立公灭私的原则，不允许有独立于国家之外的民间社会的存在。所有的居民都必须纳入"编户齐民"的行政管理系统。当时发展起来的编户齐民制度不是一般的行政管理与户口登记，而是整套的人身控制、职业控制、行为控制、义务控制和社会控制体系，是君主直接对每个人的统治和奴役制度。秦国的法律对家庭制度都有硬性的规定，儿子成人必须与父亲分居，居民要编入什伍里甲体系，实行什伍里甲连坐，人们除垂直隶属于君主外，完全没有任何横向的自由空间，自然也就没有民间社会的活动余地。韩非提出对个人也要严格控制，要用法律与行政手段"禁其行""破其群""散其党"。"俗"应该说包含许多民间社会的东西，为了一体化，各国变法对"俗"进行了肃整，改"俗"入法，吴起在楚国"一楚国之俗"，商鞅在秦国的变法同样"移风易俗"。

崇公论、抑私说是立公灭私在思想文化方面的体现，而抑私说可以说是禁绝民间社会活动最彻底和最极端的行为。禁私说意在控制人们的思想，如果人们没有了思想的自由，进而变成只知听命，那么这种人就只能是会说话的工具而已。

在历史的一定时期，比如春秋战国，国家与民间社会有某种对立，国家对民间社会进行某些改造，从历史进步而言是必要的，这个问题不在这里讨论。我要说的是，这种国家与民间社会的对立是适应了君主专制发展的需要，立公灭私导向了国家至上。这种模式一旦形成就成为巨大的惰性，使国家控制民间社会成为惯性和成例，在历史的发展中越来越走向反面，并成为反动。

（七）立公灭私与道德的绝对化

公与私本来是相反相成的一对矛盾，两者都是社会的普遍存在，不能一个吃掉另一个，但在中国的历史上却出现了一种绝对化的理论，即本文中一再说到的"立公灭私"论。立公无疑是合理的,但"灭私"却把一种社会普遍存在的"私"置于了死地,取消了"私"的正当性与合理性,于是"私"被置于恶的地位,成为一种恶势力和万恶之源。这样就出现了一个无法解决的悖论:"私"虽是客观存在,但在观念上是不合理的;人们在"私"中生活,但观念上却要不停地进行"斗私""灭私";人们在实际上不停地谋"私",但却如"做贼"一样战战兢兢,不能得到应有的保障;在社会生活交往中,特别是在政治上,只要被戴上"私"的帽子,一下子就失去了合理性与正当性。

人灭私之后还有什么呢？人只能是一种"公"的存在物。从一方面看,人不能不是"公"的存在物,因为人是一种社会动物,当然应该遵守社会的公共理性和社会规范。如果一个人反过来把"公"灭掉了,这个人应该说也就失去了人的社会价值,就会变成一个孤立的个体人,这样的人要么不进入社会,彻底离群索居,"自生自灭";要么进入社会,那他一定会成为害群之马。一句话,人不能无"公"。

人如果仅仅是"公"的存在物,哪怕这种社会和政治公共理性是极其美好的,也不能避免其专制主义性质。道理在于:其一,它取消了人的个性和多样性,只能充当社会和政治公共理性的工具;如果人只是工具,就只能扮演服从和被支配的角色,人只会"服从"和"被支配",那么其对立面一定是专制。这是历史的辩证法铁则。其二,如果人只是"公"的存在物,那么他同时也就变成了一个现存制度的"制度人"。所谓"制度人",意思是说人与现行制度一体化了。然而制度是历史性的,而人的主动性和创造性总有突破制度规定的一面,取消了人的主动性和创造性只能是专制主义的制度。其三,人本来是"公私"的浑成体,公私之间需要的是适度调理,求得平衡,但理论上却要把私灭掉,这如同把人劈成两半,这能不是专制主义?

理论上一味地提倡"立公灭私",在事实上却极难做到,而人们又没有突破"立公灭私"的框架,于是就出现了大批的"假人",即阳公阴私、假公济私、化公为私、援私为公等。这点先哲们早有观察和揭露。如韩非说:"阴相善而阳相恶,以示无私。"(《备内》)"彼有私急也,必以公义示而强之。"(《说难》)如《管子》说的"为人臣者援私以为公","行公道而托其私"(《君臣上》)。按照"立公灭私"的要求,只有如下的人才是真正的人:儒家的所谓的"君子",法家所谓的"法术之士",道家所谓的"真人",墨家所谓的"义士"等。而阳为公、阴为私者,只能是"假人""小人""伪君子"等。从历史事实看,在"立公灭私"的标准下,中国人绝大多数是"假人",对假人只能实行专制。因此道德的绝对化,如"立公灭私",看起来十分纯真、高尚、典雅,而实际上则是武断、凶残、专制。理论上要"灭私""无私",然而事实上又做不到。可是诸子百家又基本上都接纳这个理论和价值体系,这样,"私"只能是一个没有合理性的怪物游荡于人间,于是阳为公、阴为私便成为中国历史上的一大奇观!

立公灭私的内容极多,包括崇尚公共理性,国家至上、尊王等。这一切在当时都推动了君主专制体制的发展,因此立公灭私是一个符合专制主义需要的命题。

(原文分上、下两篇载《南开学报(哲学社会科学版)》
2003年第4、5期)

二、汉代"纬书"中神、自然、人一体化的政治观念

纬书在两汉思想文化领域，具有突出的地位，上自朝廷，下至民间以及知识、官僚界，都有广泛的影响。西汉后期、新莽和东汉前期，是它的发达期。从整体上看，纬书杂论阴阳五行、天人感应、天人合一、天文历法、地理、风俗、历史、占算之术等，但其核心是论述社会政治问题。正因为如此，所以才引起朝野上下广泛重视。它既是俗文化，又是雅文化，在民间广泛流传，同时经官方删定，在很长时期又被列入官学。

"纬"同"谶""图""符命"源不同而合流。"纬"相对于"经"而言。儒家有"六经""七经"，相应有"六纬""七纬"。早在西汉成帝、哀帝时已流行，李寻注"五经六纬，尊显术士"（《汉书·李寻传》）。有的学者把董仲舒的《春秋繁露》等也视为纬书。

"谶"指预卜吉凶的隐语，早在春秋战国已流行。后来与"符命"结合在一起。"符命"主要讲天降祥瑞以及天象之学。"图""书"指《河图》《洛书》。谶可以专指《河图》《洛书》，又可作为上述诸项的通称，这些原本是阴阳家方术士的发明。

随着儒家与阴阳家、方术士的结合，"纬""谶""符命""图""书"糅合为一体，通称为"谶纬"或"纬书"。还有"图书""图纬""图谶""谶记""经谶"等称。谶纬属于儒家中的一个流派，与今文学相杂，难分难解，古文学家也每每有通谶纬的，如刘歆、贾逵均通谶纬。当时的许多经学家也兼通谶纬。

谶纬的主旨是维护封建秩序，但其中神意太浓，与王权每每发

生冲突,三国以降,屡遭禁绝,隋以后几无完书。辑本有明孙谷的《古微书》、清黄奭《汉学堂丛书》中辑谶纬55种、马国翰《玉函山房辑佚书》辑纬书40种、赵在翰辑有《七纬》。日本安居香山、中村璋八合辑《纬书集成》最为完备。

（一）神、自然、人一体化：大一统专制主义的理论基础

天人合一是中国古代思想文化的总观念。天人如何合一,各家各派各有独特的思路和论述。纬书的特点是杂糅诸家各派,没有统一的中心,也没有逻辑起点。强概括之,即神、自然、人混合性的一体化。神自然化、人化;自然神化、人化;人神化、自然化。这里的人不是一般的个人,仅指圣人、特异的帝王将相。

神、自然、人一体化之论,如:"中宫大帝,其尊北极星,含元出气,流精生一也。"(《春秋·文耀钩》)"天皇大帝,北辰星也,含元秉阳,舒精吐光,居紫宫中,制御四方,冠有五采文。"(《春秋·元命苞》)"斗者,天之口舌。""房心为天地之明堂。""咸池日五潢,五帝东舍也。""轸南众星曰天库。"(《春秋·文耀钩》)星辰之间被构筑成君臣关系。"太白之精下为风伯之神,主司刑。"(《河洛纬·龙鱼河图》)"地为山川,山川之精上为星辰,各应其州域,分野为国,作精神符验也。"(《春秋·感精符》)在这些著述中,所有的圣王,以及孔子都是神种。具体而言,有的为"黑帝""白帝""赤帝""黄帝""苍帝"之种,有的为"龙种",有的是"感天"而生,有的是"梦长人"而生,有的是感天之异象而生,有的是星宿下凡,连萧何也是"昴星精生"(《春秋·佐助期》)。

神、自然、人一体化的方式,归纳起来,大致有以下几种:

其一，生成关系。宇宙万物是一个生成关系，但其原点，又不一致。

天生成万物，主宰万物："天之为言，颠也。居高理下，为人经纬，故其字一大以镇之，此天之名义也。天之为体，中包乎地，日、月、星辰属焉。""群阳精也，合为太乙，分为殊名，故立字一大为天。"（《春秋·说题辞》）天是太乙神，又称天帝。"天皇大帝，北辰星也，含元秉阳，舒精吐光，居紫微中，制御四方。""大帝冠五采，衣青衣，墨下裳，抱日月，日在上，月在下，黄色正方居日间，名曰五采。"（《春秋·合诚图》）

元气生万物："元气阖阳为天。"（《河图纬·叶光纪》）"元者，端也，气泉。""元气之阳为天精，精为日，散而分布为大辰。"（《春秋·元命苞》）"元清气为天，浑沌无形体。"（《春秋·说题辞》）。

水生万物："水者，天地之包口，五行之始焉，万物之所由生，元气之滕液也。"（《春秋·元命苞》）

太易浑沌生万物："夫有形生于无形，乾坤安从生？故曰：有太易，有太初，有太始，有太素也。太易者，未见气也；太初者，气之始也；太始者，形之始也；太素者，质之始也。气形具而未离，故曰浑沌。浑沌者，言万物相混成而未相离，视之不见，听之不闻，循之不得，故曰易也。"（《易·乾凿度》）

八卦生万物："八卦之序成立，则五气变形，故人生而应八卦之体，得五气以为常，仁义礼智信是也。夫万物始出于震，震东方之卦也，阳气始生，受形之道也，故东方为仁。"（《易·乾凿度》）

以上所说的宇宙万物之"元"，各有异而又互相混杂，无法截然分开。

其二，天人同度，天人合一，天人相副，天制约人。

"天人同度，正法相受。天垂文象人行其事谓之教。教者，效也，言上为而下效也。"（《春秋·元命苞》）"天有四表以正精魂，地有四渎以出图书。"（《河图纬·河图括地象》）"天文地理各有所主，北斗有七星，天子有七政也。"（《春秋·合诚图》）所设之爵位，三公、九卿以及官位均与天象相应。（《春秋·元命苞》）刑罚也应天而来："大辟之属二百象天之刑。"（《尚书·刑德放》）人的身体器官也与天地相应。"人头圆法天。""足方法地。""五脏法五行。""四肢法四时。""九窍法九州。""目以法日月。""人有十八象，皆法之天也。"（《孝经·援神契》）"人之七孔内法五脏，外方五行，庶类气契度也。"（《春秋·元命苞》）连十二生肖也体现天人相副："此十二象稽之于天，度之于地，推于万物，象方之庶类，画天法地，是故为人取象于天地。"（《春秋·元命苞》）

其三，宇宙数字化。这种观念在《易传》中已初步形成。董仲舒进一步提出"人副天数"，谶纬中把象数相推向极致，宇宙万物皆以数相应而相联系。"阳气数成于三，故时别三月，阳数极于九，故三月一时九十日。""阴阳之性以一起，人副天道，故生一子。"（《春秋·元命苞》）"三九二十七，七者阳气成，故虎七月易生。阳立于七，故其尾长七尺。斑斑文者，阴阳杂也。"（《春秋·考异邮》）

这些论述极多，作为哲学高度概括，是《易·乾凿度》中所讲的："大衍之数五十阂天下之物。""五十"指日十干，辰十二，星二十八宿，由此而演化出整个万物及其数字结构。

其四，宇宙与观念、道德的组合。"三纲之义，日为君，月为臣，列星为民也。日以阳明，月以阴承化，行昼夜，星纪乃行，列星分布耀舒精。日者，阳之精，耀魄，光明所以察下也。"（《春秋·感精符》）"元气混沌，孝在其中。"（《孝经·左契》）"君臣之义生于金，父子之仁生于木，兄弟之叙生于火，夫妇之别生于水，朋友之信生于土。"（《乐·稽耀嘉》）"王者叙长幼，各得其正，则房心有德星应之。"（《礼·含文嘉》）

纬书有关天人一体化的理论虽然十分驳杂，不成体系，但有一个基本精神却是一致的，这就是宇宙的统一性与泛必然性的观念。任何个体无不处于统一体系之中，无不是必然中的一环或附件。这正好成为君主一统专制的理论基础。

（二）君主专制主义精神

政治观念是纬书的中心。在某种意义上，这是必然的。一方面，纬书是对经书的阐释与发挥，而经书是政治教科书与法典，这就决定了纬书也必然以政治为中心；另一方面，汉代的天人合一、天人感应的社会思潮重点不是自然科学，而是为了论证当时社会的合理性和如何调整社会关系，以趋吉避凶。纬书将这种思潮进行了彻底的发挥，直到庸俗、粗陋不堪的地步。

由于纬书极强的政治性，所以引起了统治者的极大兴趣，不仅被统治者视为官学，而且被视为"内学"，经书反而被降到"外学"的窘境。明帝令王苍正《五经》章句，以谶为准；章帝令曹褒撰礼典，杂《五经》谶记之文。统治者所以十分重视纬书，除了直接利用它为自己制造谶语神话之外，最主要的是它充满了王权专制主义精神。

贯穿于纬书中的一个基本内容，是造神，"天子皆五帝之精宝"（《春秋·演孔图》），神化古来的帝王与刘邦，可谓纬书作者的新创造、新发明。在纬书作者的编造中，孔子这位旷世圣人几乎是汉家的先锋,为汉家而生,为汉家创制大义:"丘览史记,援引古图,推集天变,为汉帝制法,陈叙图录。"(《春秋纬》)"元丘制命帝卯("刘"字简写)行。"(《春秋·演孔图》)刘邦不仅是赤帝之后,而且早为孔圣人预定坐天下。汉家在一派神话中,变为历史的必然。当然,纬书不无反对汉家天下之言,但占主导地位的是为汉家制造神话。在当时的历史环境中,神话是历史必然性与合理性的最好论证,反过来,制造神话又是为历史必然性和合理性提供了社会心理认同的依据。

在纬书中最能表现君主专制主义精神的是帝王职能的神化。帝王原太素,通天地,立"五始",修德成化,统调阴阳,通神人,体历史。总之,天人合一,帝王为枢纽。

太素为宇宙之原,所以"反太素冥莶,盖乃道之根也。""帝者得其根荄,王者得其英华,伯者得其附枝。"(《礼·斗威仪》)与太素之根相合,既是成就帝王的条件,又是帝王的功能。

天地生万物,天子通天地:"天子之尊也,神精与天地通,血气与日月总。含五帝之精,天之爱子也。"(《尚书·璇机玲》)天子的精神和血气通天地,本身也就是天地的化身,天地的功能与天子的功能也就可以一体化:"五帝修名立功,修德成化,统调阴阳,招类使神,故称帝,帝之言禘也。"(《春秋·运斗枢》)"帝者承天立五府(五帝之庙)以尊天,重象。"(《尚书·帝命验》)

帝王的功能有时又被神化为最原始的创造者:"黄帝受命有(又作"立")五始。元者,气之始;春者,四时之始;王者,受命之始;正月,政教之始。""元者,端也,气泉无形,以起有形以分,窥之不见,听之不闻。"(《春秋·元命苞》)黄帝虽然是古帝王,其功能与"元气"为一,又比元气更丰富而多能。

基于上述诸因，帝王理所当然地成为人间秩序的起点和准则："诸侯不上奉王之正则不得其位，正不由王出不得为正。"（《春秋·元命苞》）

帝王与万物之"元""神""德"是一体化的。"孔子曰：皇象元，逍遥术，无文字，德明谥。"（《春秋·说题辞》）其义即《春秋公羊传解诂·成公八年》所说："德合元者称皇。""德合天者称帝；《河》《洛》受瑞。可放仁义，合者称王，符瑞应天，天下德归。"《春秋·文耀钩》云："王者，德也，神所向德，人所乐归。"帝王既然与"元""神""德"一体化，自然就成为人间绝对权威。

等级制是君主专制主义的基础。纬书从不同方面论述了等级的普遍性与绝对性，人受制于天，天本身就是一种等级构成，人副天数，人间的一切也必然是等级结构。人本身就有"圣""愚"之分，"人与天地并为三才。天以见象，地以效仪，人以作事，通乎天地，并立为三。其精之清明者为圣人，最浊者为愚夫。而其首目手足皆相同者、有不同于常者则为禽兽矣。"（《春秋·元命苞》）先验的圣、愚论是等级制重要的理论基础之一。《易·乾凿度》把六爻的排列视为社会等级的符号和表征："终于上初为元士，二为大夫，三为三公，四为诸侯，五为天子，上为宗庙（郑玄注：宗庙，人道之终）。凡此六者，阴阳所以进退，君臣所以升降，万人所以为象则也。"等级原则无处不在，连乐器音调也与等级制相匹配。《乐·稽耀嘉》说："八卦以乾为君，八音以磬为长，故磬之为器，其音石，其卦乾。乾位西北而天屈之，所以立辨（别）也。故方有西有北，时有冬有秋，物有金有石，分有贵贱，位有上有下，而亲疏长幼之礼皆辨于此。"把这些现象相匹相配，排列组合，实在风马牛不相及，然而在天人相副的氛围中，是可以使人折服的，而其精髓则是等级贵贱原则的普遍化和绝对化。《礼·稽命徵》对人的等级、生活方式的等级以及用物的等级作了详细具体的规定。祭祀、用物的等级化由来已久，纬书的新义在于进一步从天人一体化方面进行了论证。

等级制的基本精神是人身支配与被支配、占有与被占有、专制与被专制的关系。纬书从天制约人的角度，反复论证了君主专制的必然性。"天地成位，君臣道生。"（《易·坤灵图》）"三才之道，天、地、人也。天有阴阳，地有刚柔，人有仁义。法此三者，故有六位。……天动而施曰仁，地静而理曰义，仁成而上，义成而下，上者专制，下者顺从。正形于人，则道德立而尊卑定矣。"（《易·乾凿度》）这类比附除了天人合一的方法论有某种合理意义外，在科学认识上可以说毫无道理。然而方法论常常比道理更能使人接受和认同。作者得出的"上者专制，下者顺从""尊卑定矣"的结论，像方法论一样，成为当然之论。《易·乾凿度》从"易"之变中肯定了易姓革命，但同时又论证了君臣之位是不变的。"不易者，其位也。天在上，地在下，君南面，臣北向，父坐子伏，此其不易也。"又说："君道倡始，臣道终正。是以乾位在亥，坤位在未，所以明阴阳之职，定君臣之位也。"对于帝王，臣民自不待言，要顺从君："臣者，坚也，守节明度修义奉职也。"（《孝经纬》）公、侯、伯、子、男各级贵族也须"皆上奉王者之政教礼法，统理一国，修身洁行矣"（《春秋·元命苞》）。

纬书中的专制主义精神还表现在，用"一体化"方法论证社会指导思想与神、自然、人是互相渗透和互相体现的。

礼、乐是儒家思想的主干，纬书对礼、乐的神化格外醒目。《礼·稽命徵》说："礼之动摇也，与天地同气，四时合信，阴阳为符，日月

为明，上下和洽，则物当如其性命。""制礼作乐得天意则景星见"，
"王者得礼之宜则宇宙生祥物"。礼同气、日月、阴阳、神、鬼合为
一体。

《乐·动声仪》对乐也用一体化精神作了极为独特的论证。乐
始于"五元"（上元——天气；下元——地气；中元——人气；时元
气——受气于天，布之广地，以时出入万物者也；风元气——物莫
不以风成熟也）。"天有五音，地有六律。"五音各代表一种社会角
色：宫——君；商——臣；角——民；徵——事；羽——物。五音又
代表了不同的社会政治境况。十二个月各有一音律，为十二月律。
人的五脏与五音相适；五音又与五星相应，与四时、阴阳、五行、四
方相配。古代的圣王各有自己时代的乐章。这些论述近于胡诌，
然而它的作用却是极为重大的。礼、乐体现着那个时代的社会秩
序和精神，神化礼乐正是神化当时社会的基本制度。

仁、义、礼、智、信被儒家奉为"五常"，"五常"正是天地、阴阳、
五行、五方的精神体现。《易·乾凿度》说：东方为仁，南方为礼，西
方为义，北方为信，中央为智。"中央所以绳四方行也，智之决也。
故中央为智。故道兴于仁，立于礼，理于义，定于信，成于智。五
者道德之分，天人之际也。圣人所以通天意，理人伦而明王道也。
昔者圣人因阴阳、定消息、立乾坤，以统天地也。"《诗纬》中讲："木
神为仁，金神为义，火神为礼，水神为信，土神为智。"《孝经·钩命
诀》又有另一种配方："性者，生之质，若木性则仁，金性则义，火性
则礼，水性则智，土性则信也。"

汉代格外提倡孝。纬书对孝的论述同上述方法是一样的，这
里须要说明一点：《孝经·左契》把孝视为元气混沌的本性之一，
"元气混沌，孝在其中，天序日月星辰以自光，人序孝悌忠信以

自彰。"

更为有趣,也更为荒唐的是,人的器官也被道德化、神化、天地化。《孝经·援神契》说:"肝仁、肺义、肾智、心礼、胆断、脾信,膀胱决难,发法星辰,节法月,肠法铃。人有十八象,皆法之天也。"又讲:"人头圆法天","足方法地","五脏法五行","四肢法四时","九窍法九州","目明法日月"。更令人莫明其妙的是器官之间都由道德加以联系而形成不同的功能。"脾仁故目视;肺义故鼻候;心礼故耳司,肾信故窍泻;脾智故口海。"

上述种种论述,以今人视之皆为大谬;然而在那个时代,却是被人们普遍接受和认同的。特别是"一体化"的方法论,成为理所当然的思维前提,它的意义是不可低估的。封建专制主义的精神不仅获得了合理的论证和说明,而且融于人们的肌体,成为人的器官的一种本能和功能。人,完全变成封建专制主义的工具和零件。只有了解了这一点,才能理解为什么谶纬之中常有对统治者的攻讦,而统治者们却仍把它作为圣学而加以尊崇。

如果以这种时代精神为背景去看未来的玄学精神,才能真正体味玄学的历史意义。

(三) 均平、无为的政治理想与政治调整

在天人相应思维模式中有一个理所当然的思路,即把天理想化和社会功能化。天既象征人事,又对人事作出主动反应。在这种互动的论述中表达了纬书作者们的政治理想、政治调整和政治价值观念。

天帝是公正无私的,人间天子首先应效法此道。"帝者,天号;

王者，人称。天有五帝以主名，人有三王以正度。"(《尚书纬》)"帝者，天号也。德配天地，不私公位称之曰帝。天子者，继天治物，致政一统，各得其宜，天父地母以养人，至尊之号也。"(《易纬》)另外一些纬书的"帝"与"天子"相近。《乐·稽耀嘉》说："德象天地为帝，仁义所生为王。"总之，"公"是天子德性之首，"在政不私公位称之曰帝。"(《尚书·璇机玲》)人主必须遵循法天的原则施政、制度："文王因阴阳，定消息，主乾坤，统天地。"(《易·乾凿度》)人主应像"露以润草"那样，"恩泽济万民"(《春秋·元命苞》)。"大人者（按指天子），圣人之在位者也。夫大人者与天地合其德。"(《易·乾凿度》)

帝王的责任就是致太平。"圣帝明王所以致太平也。"(《易纬》)"帝王奉命永治安。"(《易·辨终备》)致太平之道就是均平和无为。

均平并不是平等或绝对平均，而是以等级差别为基础的协调和相对平衡。《乐纬·协图徵》对均平有一个轮廓性的描绘，要之有如下几点：

其一，实行井田。"圣人授民田"，每家一百亩。"以九顷，成八家。上农夫公九口，中者七口，下者五口，是为官者不足以奢，贫者无饥馁之忧。"《乐纬》对井田制还有另一种设计："九家为井，八家共治，公田八十亩，已外二十亩为八家井灶庐舍。"这又为诸种井田说增加了一种新设计。

其二，实行"五均"。这里所谓五均与王莽的"五均"不同，是指"为官者虑贪；强者不侵弱；智者无诈愚；市无二价，万物同均，四时共得；公家有余，恩及天下"。

其三，尊卑各有等。君臣有差，上下皆次，衣服有制，明礼义、显贵贱,女工有差,男行有礼,宫室度量,章制有宜,大小有法,贵贱有差,上下有顺。

其四,崇公尚贤。"圣王法承天以定爵禄,爵禄者不能过其能。""功成者爵贵,功败者刑罚。"

其五,刑罚得当。"圣王法承天以制刑,刑罚诛一动千,杀一威万,使死者不惧,生者不怨。"

均平是一种制度,无为则主要是政策。制度定下来,要实行无为而治。《春秋·运斗枢》讲:"若德命叙,伏羲、女娲、神农是三皇也。皇者天,天不言,四时行焉,万物生焉。三皇垂拱无为设言,而民不违道德。"(《诗·含神雾》)托孔子言曰:"政尚静而恶谇也。"《礼·含文嘉》说:"王者深礼之制,不伤财,不害民,君臣和揖,草木昆虫各蒙正性。"

均平、无为一方面是针对汉代当时的社会动荡和弊政而言的,另一方面,又是人们的一种超越朝代的政治理想,是封建时代颇流行的一种理想。所以它超出了政策范围,也超出了各家各派的局限,成为中国古人的一种普遍的政治文化心态。

理想源于天人合德,现实却又是一回事,常表现为天人相悖。纬书以及汉代思想家几乎一致认为,天人相悖的原因是由人造成的。"凡天象之变异,皆本于人事之所感,故逆气成象而妖星见焉。"(《春秋·元命苞》)

人主失德,政乱,会引起天象与自然变异。这类论述举不胜举,仅列数例以示其概:"帝淫泆,政失平,则月生足。"(《河图纬·秘微》)"逆天道,绝人伦,当夏雨雪。"(《诗·推度灾》)"人君不好士,走马被文绣,犬狼食人食,则六畜谈言。"(《易·萌气枢》)"夫失礼,烦苛,则旱鱼螺变为蝗虫。"(《易·九厄谶》)"冤民系狱,十月不

雨，言王者刑罚失平，民冤莫白，则旱魃为虐，滴雨不行。"（《春秋·考异邮》）

人主失德、政乱，不仅会造成社会动乱，同时也会引起整个自然界失序、失常。这种观念无疑对人主具有约束和谴责的积极含义，但是在谴责声中又夸大了人主的影响力。它的副作用之一，就是强化了对政治权威无限渴望的社会心理，甚是可悲！

与上述论述方向相反而方法相同的另一种观念是：天象变异预示着政治之变或对某政治行为的谴责。这就是天谴观。这是汉代普遍流行的一种观念，连反对谶纬的人，如王充、张衡，也深信不疑，只不过他们较为谨慎，所谓以"实证"为据。纬书的特点是用得太滥，利用天变异议政、传播谣言，为政治之变制造舆论等。事关政治大事的比比皆是，略而不论，这里举几例以示其荒唐："正月月蚀，贱人病，籴石二千。二月月蚀，贵人病，籴石三千。三月月蚀，人主当，籴石四千……""月犯房星，四足之虫多死，期不出年。"（《河图纬·帝览嬉》）以今人视之，荒唐自不待言，然而在当时，这种以天变为据的流言，是颇能赢得社会各界人士认同和信奉的。一个谶语，在某些时候可能胜过十万大军！这个问题留给历史学家去讲。

既然天变异根源在人、在人主，所以还是有补救之术的，这就是人主改邪归正。"夏震者，治道烦苛，徭役急促，教令数变，无有常法。"补救的办法是"举贤良，爵有功，务宽大，无诛罚则灾除。"（《易纬》）"人君政治休明，贤良悉用，阴阳以和，风雨以时，则黄云缤纷于列星之间。"（《春秋·元命苞》）劝诫人君改邪归正，无疑是件好事，然而其中也同样蕴藏着君主通天普救众生的观念。人们在规劝君主改邪时，把期盼完全寄于君主之身，从而使自己更渺小,君主更伟大。这种既怨恨君主又期盼君主的思维定势,使人们无法从君主崇拜中跳出来,实在是悲剧。

在政治调整中,最激烈的莫过于"革命"论了。纬书的作者从天命和历史说明了"革命"是不可避免的。没有永远不变的家天下。"自三皇以下,天命未去缨善,使一姓不再命。"(《尚书·帝命验》)"天道煌煌,非一帝之功;王者赫赫,非一家之常。顺命者存,逆命者亡。"(《春秋·元命苞》)"天道无常亲,常与善人。"(《易纬》)"天道无适莫常,传其贤者。"《易·乾凿度》在论述"易"的含义时,曾讲到"革命"的必要性。"君臣不变不能成朝,纣行残虐天地反,文王下吕(尚)九尾见,夫妇不变不能成家,妲己擅宠殷以之破。大任顺季享国七百,此其变易也。"

"革命"易姓是历史不可避免的,甚至是规律。但革命的发生是有条件的,要之有如下几点:

其一,王之暴虐如桀纣,造成"天地反"之势。整个社会机制败坏,只有革命才能使天地之道正常运转。

其二,革命的承担者须有天意的瑞符兆示。如前面讲的文王有九尾狐之瑞。正如《春秋·演孔图》说的:"天子皆五帝之精宝,各有题叙,以次运相据,起必有神灵符记,使开阶立队。"纬书中对历史上"革命"的神灵符记的编造极为繁杂,也极为离奇,离奇正是神圣的象征。

其三,新王受命必改制。"王者三百年一蠲法","五帝异绪"(《春秋·保乾图》)。《乐纬》讲天道的特点是"质",地道的特点是"文"。质、文行之长久故有弊,须质、文互变,互补,故而有改制。

"革命"是改朝易姓,无疑意味着社会大变动。"革命"论是社会的一种普遍认识,连帝王本人也多不否认,但这并不是说在任何情况下都可以公开讲"革命"，这只有在社会危机之时，或允许议论，或禁之不绝。如果实行压制，"革命"论就会从朝堂走到社会、民间，乃至秘密流传。这种情况在西汉、新莽和东汉前期都有过充分的表现。

"革命"虽涉及改朝换代，但对基本制度只是一种调整手段。封建的基本秩序是不变的。这也就是《易·乾凿度》所讲的"易"而"不易也"。一句话，虽"革命"而不离君主专制体制之宗。这里再重复我们的一个基本看法，古代的"革命论"同民主论不是一个范畴中的问题，不可同日而语。然而作为政治调整，也可谓是激烈的了。

天人一体化是两汉时代雅俗共通的一种思维方式。纬书把这种思维方式发展到了极致，推向了极端。一到极端便不免于滥，然而在那个时代，人们并不以滥为滥，反而以为是一种深邃的道理。专制主义政治不仅需要理性的论证，更需要神性的装扮。纬书在这两方面都有它特殊的功用。

（原载《文史哲》1993年第1期）

第十一讲

传统儒学的政治价值结构及其在中国社会转型中的意义

一、为什么要从"价值"层面看儒学？

"价值"一词最初是古典经济学的概念，指的是商品交换的量度或依据，或者说是指商品的有用性。随着人们知识的扩展，人们认识到价值问题不只限于经济领域，而是可以广泛地存在于哲学、伦理学等各种社会科学学科中。18世纪，英国功利主义哲学家边沁、穆勒等人提出了效用原则，用来作为道德价值判断的标准。一般而言，所谓"效用"就是指在主体与客体相互作用的过程中，客体对于主体需要的满足程度。对于客体而言，其满足主体需要的程度越大，其价值就越高；反之就越低。这一原则经过现代实用主义的引用阐发，成为判断人的行为与选择价值的一般标准。强调价值的效用即有用性方面，在认识上突出了主客体关系的主体性特质，从而明确了价值所含有的社会性，价值无非是作为世界主体的人对于置身其间的客体世界的关系性把握。人作为世界的主体，其对客体的需要体现在各个方面，因之关于价值的认识也是极为广泛和普遍的。由于人的社会存在既是个体的，又是群体的，与之相应，价值的表现也被分为社会即群体价值和个人价值等。

具体到政治价值，鉴于人的政治活动的社会性特征，政治价值主要表现为一系列政治准则，这些准则具有广泛的认同性，是政治主体进行政治活动、制定政治法则、设置政治制度、维护政治秩序的合理性依据和指导性原则。就一般意义而言，政治价值作为政治主体的一种评价标准，是政治主体借以认识政治现象，评估政治问题的依据与尺度。如若具体言之，我们可以把政治价值视为一个意义系统，其具有明确的主体性，体现着人与外部世界的某种关系。同时，政治价值亦是一个政治系统赖以建立的根本依据，以及人们全部政治活动的终极目的。政治价值一般通过人们的政治观念、态度、信仰等表达出来。

从政治文化的研究视角看，政治价值的表现形式可能普遍地存在于某一共同体的政治文化之中，也可能为某一政治主体个人所独具。对于一个民族的政治文化而言，政治价值的形成是一个复杂而长期的过程，通常需要数代人甚或千百年的传承积淀。对于个人来说，政治价值观念的形成无非是一个政治社会化（political socialization）的过程。

研究传统儒学之所以要从"政治价值系统"入手，主要是基于下面的考虑。

从文化现象来看，中国传统文化历史悠久，史籍传载极为丰富，可谓汗牛充栋。历史上的思想家、政论家、文人士子难以计数，给后人留下浩如烟海的篇章。于是我们看到，这些文化现象的话语结构，所使用的种种概念，提出的诸种命题，所表达的认识与观念，均有明显的传承性。前人的话语被后人一再重复，代代相沿，从人们表达社会化的角度看，这种现象意味着中国传统文化内涵中的政治价值准则具有一致性与贯通性。也就是说，政治价值是建构传统政治文化体系的"内在结构"，在中国文化的传承过程中，这一政治价值系统的认知与理念呈现出惊人的相似、相近和相同。[1]据此我们断定,政治文化的相对稳定才达成了传统文化的源远流长,绵延不绝。对传统政治文化进行价值分析,使我们可以透过异彩纷呈的诸多文化现象来体味一个民族的文化本质,并对中国历史上君主政治体制长期延续的文化缘由进行深刻反省,从而对于中国传统文化的现代宿命以及社会转型的文化动因形成相对深入的分析与领悟。

二、传统儒学的价值结构

中国传统政治文化的价值系统由三个层次构成:政治生活层面的价值准则是君权至上;社会生活层面即家庭的价值准则是父权至尊;以人为社会主体,沟通社会与政治的价值中介是伦常神圣。此三者结合为一体,构建了传统政治文化的主体框架。

(一) 君权至上

作为一种政治价值准则,君权至上指的是在社会政治生活中,君主的权威具有压倒一切的至上性,神圣不可侵犯。这一价值准

---

[1] 例如,先秦稷下学者曰:"明君之重道法,而轻其国也。故君一国者,其道君之也。王天下者,其道王之也。"(《管子·君臣上》)明末清初王夫之亦曰:"君天下者,道也,非势也。"(《读通鉴论·宋武帝》)再如,子曰:"君子食无求饱,居无求安,敏于事而慎于言,就有道而正焉,可谓好学也已。"(《论语·学而》)宋儒亦曰:"夫君子之不骄,虽暗室不敢自慢。"(《王文公文集·周公》)"君子之仕,不以高下易其心。"(《栾城集·张士澄通判定州》)明儒亦曰:"所谓君子者,只是素位而行,不愿乎外而已,里面不曾减了些子,何人而自得;外面不曾添了些子,何缘怨个天尤个人。"(《小辨斋偶存·君子素位章》)

则的形成有着特定的条件和过程。

君权至上是贯穿中国传统政治文化的核心价值，具体表现为：（1）在政治生活中，君主拥有绝对的权力，包括政治权力的独占权、最高决断权、最高军事统辖权、最高经济支配权和财富占有权；（2）君主处于社会政治等级结构的顶端；（3）君主是推动政治运行的主导力量，是决定国运兴衰的关键；（4）在认识上，君主是沟通天人的中枢；（5）在社会政治实践中，君主是认识的最高权威和终极裁决者。

君权至上价值准则的形成是君主政治长期发展的结果。

从先秦诸子之学来看，除了极个别如许行、杨朱等，绝大多数都是尊君论者和准尊君论者，只是他们在具体表述和尊君的方式上有所不同。其中要数儒家尊君的心思最深刻，计虑最长远。一般持"儒学民主"论者，常常举出"民贵君轻""诛一夫""君臣平等"诸说为依据。如贺麟就认为"民贵君轻"与西方近代民主一致，儒学实为"民治主义"。熊十力则认为民治思想之端绪在六经。殊不知"民贵"云云正是儒家为了尊君而处心积虑所为之。孟子清醒地认识到"得乎丘民而为天子"（《孟子·尽心下》）的秘诀，而且确信不疑，于是告诫为君者"民为贵"。孟子对于桀、纣昏乱暴虐而祸乱天下深恶痛绝，于是对汤、武征诛桀、纣大唱赞歌。其"诛一夫"的正命题是"尊明君"。战国时代，政治多元，有心参与政治的士人们大多在诸国之间游走不定，和君主们讨价还价，为的是谋得厚禄高官。而孟子自视其高，以为平治天下，舍我其谁！于是他正告齐宣王："君之视臣如手足，则臣视君如腹心；君之视臣如犬马，则臣视君如国人；君之视臣如土芥，则臣视君如寇雠。"（《孟子·离娄下》）此正所谓"良禽择木而栖"，"士为知己者死"。说其中体现了君臣"对等"关系，未免言过其实。这种"对等"其实不过是"对换"，是韩非所言"臣尽死力以与君市，君垂爵禄以与臣市"（《韩非子·难一》）的另一种表现形式，与"非君论"或政治民主并不相干。说到底，孔孟儒学大讲特讲的并不是"民贵"或"诛一夫"，而是礼制等级、德治仁政、教化重民、克己寡欲、爱有差等等。这些命题无一不是在维护和巩固君主政治的制度、政策和社会基础上做文章。所以与法家相较，儒学有"利于守成"之名，司马谈认定儒学的礼制"虽百家弗能易也"。

事实上，儒学早就高举起君权至上的旗帜。孟子曾经引述孔子之言："天无二日，民无二王。"这句话三见于《礼记》（见《曾子问》《坊记》《丧服四制》诸篇），虽然《论语》不载，但这显然是儒家成说，代表了孔、孟的观点。其传递的信息清楚地表明了儒家文化的价值选择：儒家一派给君权的独占性、一统性和至上性投了赞成票。

汉以后，儒学与政治的结合愈加紧密，完成了其政治意识形态化的演变。即便诚如现代新儒家所言，宋明时期尚有儒学的"第二期发展"，可君权至上的价值准则却是一以贯之的。在儒家文化的理论体系中，即使诸如天、道、圣人等超验的权威也都是维护君权的理论工具，遑论其他！尊君的观念融于制度，化入民俗，流布于人心，积淀于民族文化心理之中，君主的权威得到了儒学全方位的维护。可以这样说，君权至上是儒家文化即传统政治文化的价值中枢。

（二）父权至尊

在中国传统社会，由于宗法制度根深蒂固，以及小生产自然经济和社会组织的特殊性，在家族血亲关系和家庭生活中，父家长的权威具有至上性，受到制度、法律、习俗等多重保障。父权至尊的具体内涵是：(1)在社会生活中，父家长权位独尊；(2)父家长拥有管理家庭(族)的绝对权力，包括对家庭(族)成员的惩罚权和人身占有；(3)父权与君权相通，君权是父权的政治保障，普遍的父权是君权的社会基础。

父家长的权威性既源于宗法制等各种因素，同时也得到了传统政治文化的维护。儒学认为，修身齐家是人生的必然经历，也是入仕参政的准备阶段。在这一过程中，父家长的权威至关重要，个人的意志、思想、行为、选择无不受到父家长的直接监管与节制，故而孔子有"父在观其志，父没观其行，三年无改于父之道，可谓孝矣"(《论语·学而》)的训诫。荀子的表述也很明确："父者家之隆也，隆一而治，二而乱，自古及今，未有二隆争重而能长久者。"(《荀子·致士》)儒学对父权的崇敬主要通过孝道来体现，所谓"人之行，莫大于孝，孝莫大于严父，严父莫大于配天"(《孝经·圣治章》)。在父家长的权威笼罩下，孝子没有独立意志，没有经济自主，没有行动自由，父家长是家族范围内的绝对主宰。

崇敬父权的观念经由儒学的努力而进入庙堂，孝道得到了汉代帝王的认同，也得到了后世历代君主的赞美和宣扬。父权还得到历代律法的偏袒与保护，"忤逆"被归入"十恶不赦"的重罪。从被尊为经典的《礼记》，到晚出的《孝经》，直至清儒李毓秀编撰的《弟子规》，父权至尊的价值观念通过各种方式传播弥散，终至妇孺皆晓，人心广被。

（三）伦常神圣

伦常神圣作为一种价值准则，包含三方面内容：(1)伦理道德是人的本质，体现人生价值，是人生的根本目的；(2)伦理道德规范是社会政治的根本法则，对于每一个社会成员均具有绝对权威性；(3)伦常实践对于每个人的社会和政治存在具有决定性的引导意义。

传统政治文化最重视伦理道德，伦理与政治的互化是儒学的本质特征之一。在儒家学者看来，无论是政治行为还是一般的社会行为，伦理道德都是至高的标准，对于人们的思维、行为、生活和政治选择均具有极大的强制力。作为价值准则，伦常神圣意味着儒学目光所及的任何权威都要遵循道德规范。儒学通过伦理道德为人类社会提供了最基本和最全面的规定性，包括以下五个方面：

第一，人的本质是道德。"凡人之所以为人者，礼义也。""孝弟忠顺之行立，而后可以为人。"(《礼记·冠义》)在儒家文化看来，人们对于自身道德本质的任何偏离都会导致其从文明世界跌落而堕为禽兽。如果社会上出现普遍的道德沦丧，结果必然是"国将不国"。

第二，人皆有"道"。儒学为君臣、父子、夫妇、兄弟、朋友等各种角色都规定了相应的伦常道德规范和行为守则，谓之"道"。君主要以身作则，"欲为君，尽君道"(《孟子·离娄上》)，否则就是"无道昏君"，会成为有道者或"替天行道"者诛伐的对象。其他角色也是如此，恪守道的规定便是自身存在的合理性依据，甚至包括

"盗亦有道"。

第三，儒学的主要道德条目，如忠、孝、仁、义等，涵盖性都很宽泛，适用于包括君主在内的所有社会成员，因而具有普遍的权威性。自两汉始，这些德目汇聚为"三纲五常"，标志着伦理纲常权威的成型。

第四，道德规范与政治法则具有同一性。儒学不大讲权势法治，专一醉心于德治仁政，以至认为道德规范应用于行政就是政治法则。如孔子曰："《书》云：'孝乎惟孝，友于兄弟，施于有政。'是亦为政，奚其为为政？"（《论语·为政》）孔子提出"尊五美，屏四恶，斯可以从政矣"（《论语·子张》）。把道德与政治法则混为一谈。并且认为政治合法性的依据在于道德，有德者即有位，"汤以七十里，文王以百里"，故而孟子肆言"仁者无敌"（《孟子·公孙丑上》）。

第五，儒学的人生目标和社会理想是同一个道德完善过程。儒学认为道德修身是人生必修课，"自天子以至于庶人，壹是皆以修身为本"（《礼记·大学》）。一味修身的人生目标就是要完善本性，下学而上达，做圣贤。借助这一过程的推进，理想的"王道"社会将会实现，孔子谓之"修己以安百姓"。这就是被儒家文化奉为人类社会终极价值的"内圣外王"。当然，真的实现这一崇高理想谈何容易，即使是尧、舜也没有得到孔子百分之百的肯定。子曰："何事于仁，必也圣乎！尧、舜其犹病诸！"（《论语·雍也》）不过，人们正是在"内圣外王"的不懈追求中，才体察到道德权威制约人生的极致。

以上种种无非表明，在儒学设计的宇宙图式里，伦常道德才是普遍法则，具有绝对的真理性，而且充塞于宇宙人生的各个角落，神圣而无可抗拒。儒学原本就赞美人的主体性，"天地之性人为贵",然而,生性高贵的人,在社会中只有切实遵行伦理道德,他们的存在才是有意义的;也只有在伦常道德的灵光普照之下,人们才可以立君称臣,为人父母,结成夫妇或是成为朋友。这就是说,伦常道德无处不在的规定性同时又是一种媒介,人我关系、社会关系和政治关系正是凭借着伦常道德的中介而联结的。从认识的角度看,父权至尊与君权至上分属于不同的理论层面,可是二者又有联系。君主即兼有天下最大父家长的身份,所谓"君有合族之道"(《礼记·大传》)。从实际社会政治生活看,君权与父权分属于不同的社会生活层面,正是由于以伦常道德为媒介,君与父才得以相互援手和呼应。因此,在传统政治文化的价值结构中,伦常神圣是君权至上和父权至尊的价值中介,所谓"求忠臣必于孝子之门",忠孝互通即意味着社会与政治的勾连,父与君互为支持和相互补充。

在伦常神圣的观照下,人们遵循儒学的教诲,按照伦理道德安排人生:居家敬养父母尽孝道,入朝侍奉君主做忠臣。前者体现了父权至尊的价值选择,后者则是尊奉君权至上的具体实践。对于个人而言,由孝而忠是人生旅途中不同生活阶段的人生历练。伦理道德使得两种价值准则形成关联,也使得观念形态的君权至上、父权至尊具有了可操作性和价值实现的可能性。

质言之,中国传统政治文化的价值系统呈"三层次结构":君权至上是核心,决定着儒家文化的理性思维和价值选择的主导方向;父权至尊是君权至上的社会保障机制,为维护君权提供社会心理基础;伦常神圣则贯穿其中,成为维系君权与父权的中介,使君父之间形成价值互补。

父权和君权分别代表着不同生活领域、不同层面的权威,由伦理道德把它们勾连起来，无论是从致思逻辑还是从操作形式上看，儒学的这一价值系统都显示出趋于成熟圆满的自我调节功能和超强的稳定性。也就是说，从先秦到清末，中国传统政治文化的主体正是由建立在"三层次结构"的价值系统之上的儒学来支撑的，其间学术有变革，思想有发展，但是其价值结构没能改变。以这样的价值结构作为理性内核，决定了中国传统文化能够完全适应君主政治存续和发展的基本需求。

三、宿命与选择：尴尬的"儒学现代化"期待

20世纪中叶的中国学术界，评价传统文化在方法上采取的是马克思主义历史与逻辑相结合的方法论，在评判标准上遵循的是"取其精华，去其糟粕"，因此学术界对于传统文化的选择过程是非常明确的。当然，这个选择的过程常常受到实际政治的影响。"文化大革命"可以说是悖论的奇特组合，一方面说要与传统文化彻底决裂，另一方面"忠"字化运动一浪胜过一浪，可以说以"现代形式"把历史上的"忠"观念、"忠"文化、"忠"价值推到了最高峰。20世纪80年代改革开放后对中国传统文化发起了再认识，提出了许多问题。不无遗憾的是，对"文化大革命"悖论的另一方面没有足够的重视，一味地只说"文化大革命"反传统，从而导致对传统文化过多的情感性怜悯。在再认识中令人倍感兴趣的是：传统儒学是否包含着现代化理念，是否可以从中发掘出现代化的因素？以儒学为主体的中国传统文化对于社会的现代化转型是否具有积极的促进意义？在当代中国有没有必要复兴儒学，甚而奉为国教？

坦率地说,我们对这些问题的回答基本是否定的。否定当然是有理由的,分述如下。

（一）"儒学现代化"何以不能之一

传统儒学的政治价值准则与现代化理念是相悖的。萌发于19世纪末20世纪初、形成于20世纪20年代的中国文化保守主义思潮,主张在吸纳西方文化、巩固"道统"的基础上,重塑中国的文化观念以解决中国的问题。现代新儒家学派标志着文化保守主义思潮的体系化,它以复兴儒学为固守信仰和思想前提,以文化救国为理论使命,以"中体西用"为基本框架,认为中国的传统儒家文化里面包含着现代化的因素,因此在走向现代化、向现代社会转型过程中,应该从传统文化里面寻找建构现代文明的契机,从中发掘出现代化的发展因素。近年来,借助于"弘扬传统文化"的方略和海外"文化寻根"热,伴随着"国学热",以文化守成为要旨的保守主义开始回潮,兴起了一股新的文化保守主义思潮,或称之为"新文化保守主义",几为时尚。这一主义的基本特征是中国文化优越论,持论者认为,中国文化不仅可以与西方文化相通或是互补,而且是优于西方文化的,并将在21世纪引导世界文明的发展方向,因而他们力主儒学复兴。然而,他们关于中国传统文化的认识又让人感到遗憾。当代中国急需的是现代化社会赖以存在的基础——法制秩序,需要建构基于这一基础的道德与文明。我们应该清醒地认识到,当代中国的现实状况是:我们并没有面临"后现代"! 当代中国所呈现的文化与精神状况在某些方面甚至还没有走出中世纪! 诸如自由、平等、人权、法制等启蒙时代的理念,在当代中国，不仅社会的中下层很陌生，没有兴趣了解；而且社会的上层、高层——所谓"上流社会"主流文化对此也不感兴趣，于是表现为这些理念全社会的整体性匮乏。传统的"君权至上"价值准则和等级观念在当代中国人的观念中，作为一种文化基因，依然有其潜在的影响力。基于这样的状况，我以为，对于中国传统文化的态度，不应是急于将其与现代化社会相勾连，或是促其转型，甚至要从中挖掘出所谓现代化因素。更不应是在当代之中国倡导读经，将儒学奉为今日之国教。[1]而是要剖析、要审视、要批判，要认清现代化精神的形成并不能从传统文化中创生。传统文化不仅是当代中国社会的"地理环境"，更是"行为环境"，是当代中国社会发展不可逃避的一个"场"。

新旧文化保守主义和现代新儒家在政治理念上追求的是现代化和现代民主政治，在这一点上，我们并无异议。认识的分歧主要是关于传统文化的评价。我们的基本看法是，从政治文化的层面看，以儒学为主体的传统文化里面并不包含现代化和现代社会文明的因素。尽管其中也有合理的部分和优秀的部分，但是文化的基本规定性是为了适应君主政治存续与发展的需求的。

例如，君权至上和父权至尊的价值准则导致了普遍的官本位意识和强烈的权威崇拜政治心态。君权和父权从政治、社会家庭两个方面施展其强制力，使得每一个社会成员从一开始就意识到权威的绝对性，经过多种渠道的长期影响，在全社会形成了普遍的官本位意识。与之相应，则是公共领域的模糊和萎缩，以及社会一

---

[1]康晓光提出的"文化民族主义论纲"即认为："儒学作为一种学说的复兴远远不够，只有成为一种深入大多数华人日常生活的宗教，儒学才能实现真正的复兴。"参见《文化民族主义论纲》，载《战略与管理》2003年第2期。

般成员政治认知的地域性和政治参与的臣民性,从而为少数统治者独揽权力、实行专制统治提供了适宜的心态和文化环境。

伦常神圣的价值准则融贯在人们的日常生活之中,为人们服从权威和遵守政治秩序提供了道德规范,使人们在日复一日的道德教化中形成普遍的服从权威的群体意识,从而为君主政治的稳固提供了社会保障。

儒学的这些基本价值准则都是不适应现代文明社会发展需要的。因此,我们不主张直接从中国传统文化里面去挖掘所谓现代化的因素,也不认为提倡复兴儒学是合理的思路。

(二)"儒学现代化"何以不能之二

先秦儒学与汉代儒学在价值准则上是一脉相承的。学术界有这样一种观点,认为先秦儒学与汉代儒学不同,并以此认为:中国传统文化中具有专制性,不具备现代因素的儒家思想大多出自汉代之后,至少先秦时期孔孟之学,应该说还是具有一些现代化因素的。

先秦时期的儒学是民间学术,民间学术的发展是按照学术自身内在的学理逻辑发展的。[1]在当时的条件下,诸子之学都有一种自由思维的可能性,因此他们富有批判精神,富于想象力,富于理论上的创新与建构,因此春秋战国是思想巨人辈出的时代。这也正是卡尔·雅斯贝斯说的人类文明的"轴心期"(the axial period)。

---

[1] 所谓"学理"指的是一个学科自身的知识特点及其独特的逻辑结构,一般可以从价值结构、认知逻辑和知识体系等方面进行分析。

作为民间学术的先秦诸子学,在其发展过程中呈现出一种非常重要的特点:当时的思想文化研究不是单纯的学术,先秦诸子不是为学术而学术,各个主要学派都有一个非常鲜明的、明确的、直接的政治目的,都是要解决现实的政治问题。

比如,孔子认为当时的社会特点是"天下无道",他的社会政治理想是"天下有道",要通过"君君,臣臣,父父,子子"来实现。孔子说的"君臣父子"体现的是等级原则、等级结构、等级秩序,这是君主政治赖以存在的制度基础,儒家一脉相承。

进入汉代,董仲舒"始推阴阳",重新整塑天人关系,改造先秦儒学,促使儒学与汉政权结合起来,使之从民间学术变身为一种政治意识形态。汉代儒学在价值结构上与先秦儒学一脉相承,君权至上、父权至尊和伦常神圣作为政治价值主体结构,非但没有被削弱,反而在理论形式上更为成熟和体系化,被整合为"三纲五常"。西汉孝宣帝明确讲过"汉家自有制度,本以霸王道杂之"。所谓"杂用王霸"的正解就是德、刑并举。汉代帝王看中的正是基于价值系统而凸显的等级原则、德治教化,其中隐含的政治目标则是历代权力私有者们的梦想——"长治久安"。董仲舒恰恰看透了这一点,因而倡言:"王道之三纲可求于天"(《春秋繁露·基义》),"道之大原出于天,天不变,道亦不变"(《汉书·董仲舒传》)。汉儒的"王道之三纲"不是无源之水、无根之木,它肇源于先秦,创始于孔孟,董仲舒不过是善于审时度势,"与时偕行"罢了。在汉儒们的积极创建下,渐至形成了一个以"儒学——政治文化系统"为保障的,以君、父、夫为主体构成的男权社会,并通过君主政治体制来实现对全社会的控制,从而满足了统一帝国政治上的需要。

以上分析表明,基于政治价值系统的勾连,汉代儒学与先秦儒学没有本质上的差异,否定汉儒,弘扬孔孟儒学的判断不免是胶柱鼓瑟之见,以此为据而复兴儒学的想法也难以成立。

四、结语:社会转型的"文化本土化"需求

今日之中国的现代化前景选择已经是无可规避的事实,人们议论了几十年的"转型"问题实际上并不以人们的意志为转移,而是势在必行。问题是,在当代中国向现代化社会的转型过程中,传统文化是一种"行为环境",我们不得不在当代文化的建构上做出选择。然而,一方是西学时尚,一方是国故积淀,如果以"合理性"作为选择的参照标尺,我们将做何应对呢?

以儒学为主体的传统政治文化已经成为中华民族文化的组成部分,在历史发展过程中当然有其历史的合理性,而且博大、深厚,文明久远。然而,在当代中国的现代化发展进程中,传统儒学有许多价值规定性的内容是无法与现代社会相融合的,因而,期待着儒学的复兴、升腾以促成当代中国社会的现代化转型,必将令倡导者、期待者们陷入尴尬的境地。可以想见的是,在虔诚而执拗的复兴儒学的呼声中,在尊孔读经的琅琅诵咏声中,一方面是现代科技和物质发达得令人炫目,另一方面则是权力拜物教、等级身份和官本位的极端泛化。这种传统与现代的冲突恰恰昭告了儒学在现代社会的"宿命"。

当代中国需要建立一种以"现代社会理念"为基本出发点的现代文化,其价值构成应当是法治的、人文的、具有现代气息的,这种文化所关注的应当是每一个人亦即每一个社会成员的尊严、独

立性、主体性和权利义务的不可侵犯性。这既不是将西学"洋务"全盘拿来照搬照抄，也不是将陈年旧簿翻拣出来照本宣科。当代中国的文化选择既不能动辄"子曰"，也不可"言必称希腊"，而是要强化对于"传统文化"和"西学"的适用性考量，积极关注并致力于有关"文化本土化"的思考和研究。这就需要我们在西学与国故之间有所拣择，依据当代中国的实际状况与实际需要，创造性地建构出现代社会的价值系统与社会政治秩序。这是较之前两种"照搬""复制"更为艰难的路，但恐怕是最为明智和最具实效的选择了。

从事思想文化研究的一个重要原则是，要努力分清楚哪些思想是研究者自己的，哪些思想是古人的。虽说任何一种认识都包含着主体意识的投射，在认识过程中必然有认识者主体意识掺杂其中，因而截然区分事实上是很难做到的。但是，这并不妨碍我们致力于这种努力，至少能有意识地避免将现代观念强加在古人身上。

（原载刘泽华主编：《中国政治思想通史·综论卷》，中国人民大学出版社2014年版，第十二章，著者葛荃）

附录一　中国政治思想史学术史几个宏观问题研究述要[1]

一、中国政治思想史学科的创立与发展概况

中国政治思想史作为一门独立的学科,其渊源当上溯至20世纪初。1922年,梁启超在其所著的《先秦政治思想史》中自序道:"启超治中国政治思想,盖在二十年前,于所为《新民丛报》《国风报》等,常作断片的发表。虽大致无以甚异于今日之所怀,然粗疏偏宕,恒所弗免。"[2]是知,在1900年之后,梁启超已经开始把中国政治思想作为一门学问来进行研究。不过在这一时期,研究中国政治思想史的文章尚属凤毛麟角,梁启超本人亦仅作"断片的发表",显然此时还没有学者对中国政治思想史进行专题的思考,更没有人进行总体的把握。因此,在20世纪初叶,中国政治思想史的研究尚处于探索阶段、草创阶段。

根据现有的相关资料来看,经学家孙诒让曾著有《周礼政要》一书,《周礼》亦名"周官",属儒家"六经"之一,是一部记述周代职

---

[1] 选自葛荃主编:《认识与沉思的积淀——中国政治思想史研究历程》,河南人民出版社2007年版。

[2] 梁启超:《先秦政治思想史》,东方出版社1996年版,第1页。

官之作，一般认为其中没有多少思想可言。孙诒让主要从政治认识的角度，把中国的政治制度与西方的政治制度进行了比较，多少涉及一些政治观念，不过从总体看，却并不属于政治思想史研究。

中国政治思想史学科的建立应在20世纪20年代初。根据有二：

其一，中国政治思想史作为一门学科，被列为课程，搬上了课堂。据载，1922年，梁启超分别于春季和秋冬在北京法政专门学校及东南大学讲授《先秦政治思想史》。

其二，有两部研究中国政治思想史的专著问世。一是谢无量的《古代政治思想研究》，于1923年由商务印书馆出版。二是梁启超的《先秦政治思想史》，于1924年由中华书局出版。其中，后者的书稿完成时间是1922年。梁书中的"序论"部分对中国政治思想的特点、研究的内容及资料，以及研究方法等，都做了详细的阐述。梁启超、谢无量的著作，其内容、理路、方法均有可议之处，但在中国政治思想史学科建设中尚属首创，筚路蓝缕，功不可没。

另外，值得我们注意的是，从课程的设置来看，1924年至1925年，北京大学已经开设了"政治思想史"课程，由高一涵讲授。南开大学于1928年，中央大学于1929年，清华大学于1927年、1928年、1932年，分别在政治系设置了"中国政治思想"课程。[1]

20世纪三四十年代，中国政治思想史学科有了长足的发展。从研究的论著来看，出版了多种以"中国政治思想史"命名的专

---

[1] 参见《南开大学校史资料选》(1919—1949)(南开大学出版社1989年版)中萧公权《南开东北燕京五年半》，《中央大学档案》卷宗号648案卷号2290页码22《各院系学程设置内容及有关文书》，《北京大学校史》(1898—1949)(北京大学出版社1988年版)，《清华大学校史稿》(中华书局1981年版)。

著。计有：

（1）Kuo-cheng Wu（吴国桢），*Ancient Chinese Political Theories*（商务印书馆，1928）。

（2）陈安仁：《中国政治思想史》（商务印书馆，1932）。在1935年《全国总书目》著录为《中国政治思想史大纲》。作者在该书"序"中说："中国已于政治哲学见长，而几千年来政治思想的体系，竟无专家为之记述，除了梁启超《先秦政治思想史》一著外，没有发见完善的专书，不无遗憾。"

（3）陶希圣：《中国政治思想史》（上海新生命书局，1932—1935）。该书共四册，涵盖时代从原始时代到明代末年。陶是学界名家，在20世纪30年代中国社会史论战中居重要地位，并创办《食货》半月刊。陶希圣说："这部政治思想史，乃是从中国历代社会政治的演变来讲解思想的演变。"即此书企图从社会史立场解明政治思想史，是一种重要的尝试。

（4）俞椿：《中国政略学史》（生活书店，1933）。

（5）李麦麦：《中国古代政治哲学批判》（上海新生命书局，1933）。作者在"序二"中说："这几篇东西的性质是：前五篇是研究先秦阶级斗争的，后一篇是研究先秦哲学斗争的。"

（6）刘麟生：《中国政治思想史》（商务印书馆，1934）。

（7）吕思勉：《中国政治思想史十讲》（光华大学半月刊，1935—1936）。

（8）朱升萍：《中国政治哲学史》上册（元记，出版年不详）。

（9）吕振羽：《中国政治思想史》（上海黎明书店，1937）。本书以唯物史观为指导，将政治思想视为阶级斗争的反映，是全面贯彻阶级分析的一部系统著作。后人视之，多有可议之处，然其进路是不可或缺的。

（10）杨幼炯：《中国政治思想史》（商务印书馆，1937）。

（11）韩梅岑：《中国政治哲学思想之主潮与流变》（重庆青年出版社，1943）。

（12）萧公权：《中国政治思想史》（国立编译馆，1946—1947）。萧公权1927年2月起，开始在天津的南开大学任教，讲授"政治学概论""比较政府""法理学"，第二年起讲授"中国政治思想史""西洋政治思想史"和"社会演化论"。此后，在沈阳的东北大学（1929—1930），北平的燕京大学（1930—1931）、清华大学（1931—1937）、北京大学（兼课），成都的四川大学（1937—1939）、华西大学、光华大学等校，所开课程都以"中国政治思想史"及"西洋政治思想史"为主。萧的《中国政治思想史》在其长期积累的基础上逐步完善而成，资料充实、全面、精审，论述系统、学理清晰严谨，文字准确、简练，成一家之言，把中国政治思想史研究推到一个新阶段。萧著对其后中国政治思想史的分期、研究方法、进路、评价等，均有广泛的影响。

（13）秦尚志：《中国政治思想史讲话》（世界书局，1946）。

除上述著作外，还有一些论文。另外在哲学史、思想史以及论述历史人物的专题论文中，也有不少涉及政治思想内容的。

上述论著对中国政治思想史的研究在不同的层面做出了不同程度的学术贡献。

中国政治思想史的早期研究尽管取得了上述成就，但总的来说还属于初创期，存在一些不足，诸如重古轻今，单线条，留有很多空白，轻"中"而重"西"。由于近代中国灾难深重，国难频仍，故而这一时期的学术思潮具有鲜明的应用性。伴随着西学东渐，学术界的主要倾向是批判传统文化,向西方学术寻求解救国难、解除危机的真理,多数学者把西学作为"经世致用"的主要选择。具体到中国政治思想史的发展,一方面,五四新文化运动以来的反孔思潮影响着人们对中国政治思想应用价值的重视;另一方面,政治学本身就是"西学"的现代学科,当时各高等院校政治系的教师又大多有着留学的经历,他们亲身经受了西学的洗礼,自然会侧重于西学。这样一来,在中国政治思想与西洋政治思想的碰撞中,前者在经世致用方面自然稍逊一筹,只能处于劣势。因此,当时学者的研究比较注重"西洋政治思想史",而轻视"中国政治思想史"。许多著名高校,如北京大学、清华大学早在20世纪20年代初期就开设了"西洋政治思想史"课程[1],而"中国政治思想史"的设置则迟至20年代末30年代初。而且,"西洋政治思想史"在开设之初即被列为必修课,而"中国政治思想史"则多为选修课。萧公权在南开大学同时开设"中国政治思想史"和"西洋政治思想史"的课程。根据他的体会,由于这两门课程的研究程度不一样,因此备课的难易程度也大有区别。他说:"'西洋政治思想'的教材,准备起来比较容易,但仍需要一些时间去整理。'中国政治思想'没有现成的教材,必须全部搜辑编排。"[2]

1949年以后,祖国大陆与台湾地区发展各异,致使中国政治思想史的命运与学风均出现了明显的差异。台湾地区相继出版了多种政治思想史的著作。计有:

---

[1] 参见《北京大学校史》(1898—1949),北京大学出版社1988年版;《清华大学校史稿》,中华书局1981年版。

[2] 萧公权:《南开东北燕京五年半》,《南开大学校史资料选》(1919—1949),南开大学出版社1989年版。

（1）陈启天：《中国政治哲学概论》（"华国出版社"，1951）。

（2）曾繁康：《中国政治思想史》（"大中国图书公司"，1959）。

（3）万世章、汪大华：《中国政治思想史》（帕米尔书店，1968）。

（4）王云五：《先秦政治思想》《两汉三国政治思想》《晋唐政治思想》《宋元政治思想》《明代政治思想》《清代政治思想》《民国与中国政治思想综合研究》（共七册）（台湾商务印书馆，1968—1970）。

（5）萨孟武：《中国政治思想史》（三民书局，1969年初版、1972年增订版）。

（6）邬昆如：《中外政治哲学之比较研究》（"中央文物供应社"，1981—1982）。

（7）叶祖灏：《中国政治思想精义》（"中央文物供应社"，1984）。

（8）张金鉴：《中国政治思想史》（三册）（三民书局，1989）。

（9）郑昌淦：《中国政治学说史》（文津出版社，1995），作者为大陆学者，书在台湾出版。

（10）孙广德、朱浤源：《中国政治思想史》（空中大学，1997）。本书是空中大学的教科书，性质与其他同类著作稍有不同。

（11）谢扶雅：《中国政治思想史纲》（正中书局，1954）。

就台湾而言，中国政治思想史的研究始终得以继续，同时学者们承袭了民国时期的学风。

一是研究的内容横亘古今。学者们著书立说大多从开天辟地讲起，一直论述到孙中山。分期大体承继萧公权，而略有修正。例如，谢扶雅的《中国政治思想史纲》（中正书局，1954）、萨孟武的《中国政治思想史》（三民书局，1969）、叶祖灏的《中国政治思想精义》("中央文物供应社",1984)等都是如此。

二是在学术观点上往往承袭前贤。例如,谢扶雅自称所作《中国政治思想史纲》与梁启超作《先秦政治思想史》,"所取观点大致相合,惟造词略有不同,观念遂稍有出入耳"[1]。叶祖灏亦言:"中国政治,若论其内容,如梁任公所论有三:世界主义、平民主义(民本)、社会主义。"[2]具体论述也多承继萧公权。王云五自称有异,说:"拙著《先秦政治思想》与《两汉三国政治思想》两书中,在体裁上颇异于萧氏之作,即所论述之政治思想家,无不先摘述其有关政治之言论,然后加以论评,使客观的数据显现于读者眼前,纵使个人所作论评,不免失诸主观,仍难逃读者之鉴衡。"其实王著更多属资料汇编性质。萨孟武则在社会政治观念研究上有新的开拓。

三是在新生代中有一批眼光贯通中西的学人,进行中西比较,多有创新。

就大陆而言,中国政治思想史的命运大致以"文化大革命"为界,可以划分为前后两个阶段。

前一阶段,中国政治思想史基本处于停滞状态。20世纪50年代初期,各大院校仍然保留了政治学系,"中国政治思想"作为其中一门课程被列入其中。1952年,全国各高等院校进行院系调整,取消了各高校的政治学系建制。在此后很长的一段时间内,有关政治学的教学和研究基本中止了。政治学专业的教师和有关研究人员大多改行从事其他工作。此后,1960年,在北京大学、复旦大学、中国人民大学三校恢复了政治学系,但为时不久,即都改为

---

[1] 谢扶雅:《中国政治思想史纲》,中正书局1954年版,第11页。
[2] 叶祖灏:《中国政治思想精义》,"中央文物供应社"1984年版,第2页。

"国际政治系"，主要研究方向为：民族解放运动、西欧北美政治和国际共产主义运动。在学科建制和课程设置方面并未涉及中国政治思想史。[1]由于取消了政治学，加之现实的政治只讲一种政治观念，中国政治思想史研究失去了学科支持，但也没有完全中断，大致说来融于哲学史与历史学中。此阶段有中国人民大学林茂生、南开大学巩绍英等极少人留守于政治思想史领域，默默地耕耘。以政治思想为题的仅有石峻的《中国近代政治思想提纲》、侯外庐等的《中国大同思想》等极少著作。

"文化大革命"时期风行一时的"儒法斗争"把政治思想史的论说推向了怪极，现在大家都嗤之以鼻，弃而不论。这其实是很值得反思的一种现象，在方法论与认识路线上这些讨论与"文化大革命"前没有原则性的区别，都是单线条的阶级分析、定性和斗争，只是更加极端化，当然还有政治的直接操作问题。

后一阶段，随着"文化大革命"结束和改革开放发展方向的确立，思想解放成了时代潮流。知识分子从"文化大革命"的噩梦中醒来，迎来了学术发展的拨乱反正，进入了学术研究的新阶段。这一时期，全国各个综合性大学纷纷恢复政治学系，中国政治思想史也得以恢复，成为政治学专业的专业基础课程。此外，由于中国政治思想史学术领域的特殊性，一些高校在历史系或党史系也纷纷开设了中国政治思想史课程。

从20世纪80年代开始，在大陆学术界，中国政治思想史的研究取得了突破性进展。主要表现在四个方面：

其一，从研究方法上看，尽管大多数学者仍然以马克思主义学

---

[1] 参见《北京大学政治学与行政管理系系史》，内部资料，第48页。

说作为最主要的方法论,用来分析、研究历史上的各种政治学说,不过,研究者们已经有意识地试图从长期束缚和困扰人们头脑的政治教条主义中走出来,研究者们对思想家及政治思想的论述和评价已经不再仅仅局限于阶级分析或阶级斗争,人们开始辩证地、唯物地看待历史上的思想命题和思想家,力求在研究中保持客观、冷静与理性。国际学术界的一些先进理论和方法也渐渐被介绍到中国大陆,给中国政治思想史的研究提供了更多的理论借鉴。

其二,中国政治思想史的研究对象得到重新界定,这是个大问题,下边会进行专门介绍。

其三,对中国政治思想史的断代史研究更加深入,除了有大量的学术论文发表,还有一批专著问世。这段时期(20世纪80年代与90年代初),学者们对古代、近代和现代的政治思想都进行了细致的研究。其中比较有代表性的著作是:

(1)徐大同等:《中国古代政治思想史》(吉林人民出版社,1981)。

(2)刘泽华:《先秦政治思想史》(南开大学出版社,1984)。

(3)刘泽华:《中国古代政治思想史》(南开大学出版社,1992)。

(4)刘泽华:《中国政治思想史(三卷本)》(浙江人民出版社,1996)。

(5)刘泽华:《中国传统政治思维》(吉林人民出版社,1991)。

(6)邵德门:《中国近代政治思想史》(法律出版社,1983)。

(7)桑咸之、林翘翘:《中国近代政治思想史》(中国人民大学出版社,1984)。

(8)熊月之:《中国近代民主思想史》(上海人民出版社,

1986）。

（9）刘健清等：《中国近现代政治思想史》（南开大学出版社，1993）。

（10）林茂生、王维礼、王桧林：《中国现代思想史》（黑龙江人民出版社，1984）。

（11）高军、王桧林、杨树标：《中国现代政治思想评要》（华夏出版社，1984）。

（12）陈旭麓：《五四以来政派及其思潮》（上海人民出版社，1987）。

（13）李世平：《中国现代政治思想史》（四川人民出版社，1985）。

（14）彭明：《中国现代政治思想史十讲》（河南人民出版社，1986）。

（15）王金错、李子文：《中国现代政治思想史》（吉林大学出版社，1991）。

其四，随着研究的深入，研究者们对于中国政治思想史的理论结构和价值分析形成了一些深刻的认识，有些观点极具概括性。例如，刘泽华认为，王权主义是中国古代政治思想的核心。熊月之对中国近代民主思想发展的概括是：一条特殊逻辑，两个否定过程。一条特殊逻辑：中国民主思想进程是"一开始就从政治制度着手，先提出立宪主张，而后才出现自由平等思想，遵循的是议会制度——自由平等这样一条恰好与欧洲相反的逻辑"。两个否定过程："第一个否定过程，民主共和——君主立宪，反映了中国人民反对专制由空想转向现实的飞跃"。"第二个否定过程，君主立宪——民主共和，标志着中国人民对封建清朝幻想破灭转而觉醒的飞跃"[1]。这些都是其中最具有代表性的观点。

20世纪90年代中期至今出版各种有关政治思想的著作百余种,论文上千篇。极大地开拓了研究领域和内容。其中比较有代表性的主要是:

(1)葛荃:《中华文化通志·教化与礼仪典·政德志》(上海人民出版社,1998)、《立命与忠诚——士人政治人格的典型分析》(浙江人民出版社,2000)、《中国政治文化教程》(中国高等教育出版社,2006)、《认识与沉思的积淀——中国政治思想史研究历程》(河南人民出版社,2007)。

(2)孙晓春:《中国政治思想史论》(吉林人民出版社,2002)、《中国传统政治哲学》(吉林人民出版社,2003)。

(3)张分田:《中华文化通志·学术典·政治学志》(与萧延中合著,上海人民出版社,1998)、《亦主亦奴——中国古代官僚的社会人格》(浙江人民出版社,2000)、《中国帝王观念》(中国人民大学出版社,2004)。

(4)杨阳:《王权的图腾化——政教合一与中国社会》(浙江人民出版社,2000)、《文化秩序与政治秩序:儒教中国的政治文化解读》(中国政法大学出版社,2007)。

从这一时期的研究状况看,中国政治思想史的研究领域、思维视角及研究方法等都有了显著的扩展、发展与创新。主要体现在三个方面:

一是偏向于政治哲学层面,试想用西方哲学思维解读中国传统政治思想,审视其中的政治哲学价值,挖掘其深层内涵。孙晓春

---

[1] 熊月之:《中国近代民主思想史》,上海人民出版社1986年版,第20、24、25页。

的《中国传统政治哲学》可视为其代表。

二是对于传统的政治思想做"政治文化"解读，在中国政治思想史研究领域中，开辟出"中国政治文化"的学术园地。事实上，运用政治文化研究方法审视政治思想的倾向，在刘泽华主编的"三卷本"《中国政治思想史》中已经有所表露。这里的《立命与忠诚》《王权的图腾化》《文化秩序与政治秩序》等都可以被视为中国政治文化的专题或个案研究。其中，葛荃著《中国政治文化教程》是其中非常重磅的中国政治文化高校教材。

三是对中国政治思想史进行学科清理，既有全面概括性的，也有专题性的。前者中具有代表性的是《认识与沉思的积淀》；后者则包括《中华文化通志》的《政德志》《政治学志》等。

以上研究特点其实也预示着中国政治思想史这一"百年学术领域"的发展方向。也就是说，中国政治思想史研究不再仅仅固守于"历史学"和"政治思想"的园地，而是向着相近相邻的学科领域辐射和扩展。政治哲学、政治文化和专题性的深入审视将成为这一学科新的热点和学术增长点，值得有志于此的学者关注。

当然，学者们在取得上述研究成果的同时，仍然在一些方面存在不足，主要是理论思路尚不够开阔，视野不宽，方法论研究较少，整体性概括相对较弱等。

二、学术流派概述

由于中国政治思想史研究发展的跌宕起伏，一波三折，近百年来，这一研究领域固然出现了众多学术名家，却没有能够形成得到学术界公认的明显的学术派别。如果我们把学术派别的形成视为学术发展深化的标志,那么学术派别不明显正是中国政治思想史研究不够发达的证明。尽管如此,在近百年的学术发展历程中,如果我们以研究方法为参照,大体上还是可以区分出不同流派的。当然这种划分只是为了今人对中国政治思想史百年历程有着更为清晰的认识,并不意味着这是学术界的公论或者共识。

比较而言,中国政治思想史研究的流派可以归纳出三种:新学历史学流派、马克思主义历史学流派、现代政治学流派。下面分而述之。

1.新学历史学流派

如前所述,中国政治思想史研究肇源于20世纪初叶,其时国家动荡不宁,文化及学术发展亦处于新旧交替中而纷杂不一。这一时期,西方的社会科学及其方法论已经流入中国,对于中国学者的理论方法形成了不同程度的影响。虽说这一时期能真正借鉴西学,并且用于实际的研究者为数不多,但是,在中国政治思想史的研究上,仍然有不少学者在承继了传统的史学方法的同时,亦不同程度地吸纳了东渐而来的西学,典型者如梁启超、杨幼炯等。

梁启超在20世纪20年代就提出了中国政治思想史的研究方法问题,并且进行了专门论述。他认为,政治思想史的研究法有三种:

第一,问题的研究法。这种方法是"先将所欲研究之事项划出范围,拟定若干题目,每个题目,皆上下古今以观其变迁。……此法长处,能令吾侪对于各种重要问题,得有致密正确的知识,而且最适于实地应用。其短处,在时代隔断,不易看出思想变化之总因间因,且各问题相互之关系,亦不明了"。

第二，时代的研究法。"此法按时代先后顺序研究。例如先三代次春秋次战国次秦汉……在同一时代中，又以思想家出生之早晚为次。……此法长处，能使思想进化之迹历历明白，又可以将各时代之背景——即政治实况及社会实况——委细说明，以观思想发生之动机。其短处，则同一时代中或资料太多，对于各问题难于详细叙述……又一派之学说先辈与后辈年代隔离，令读者迷其脉络所在。"

第三，宗派的研究法。"此法将各种思想抽出其特色，分为若干派"进行研究。"此法长处，对于一学派之思想渊源——其互相发明递为蜕变及大派中所含支派应时分化之迹，易于说明。各派对于具体问题所主张，亦易于比较。其短处，在时代隔断。……对于思想进化次第，难以说明。又各派末流相互影响甚多，归类难以正确。又数大派之外，其有独立思想而势力较微者，容易漏略。"[1]

其后，杨幼炯对中国政治思想史研究法也进行了探讨，认为其法有三个层次：

首先，研究政治思想之时代背景，"即政治思想产生之时代的政治、经济及社会背景"。包括政治制度、实际政治情况、政治动向、生产方法的变化等。

其次，用历史的比较方法，以研究政治思想之变迁。

最后，研究各个思想家的个性。[2]

杨幼炯还提出，中国政治思想史的记述方法亦有三种：其一，编年体，以年代为区别。其二，列传体，以每个思想家为叙述之主

---

[1] 梁启超：《先秦政治思想史》，东方出版社1996年版，第12—14页。

[2] 参见杨幼炯：《中国政治思想史》，上海书店1982年版，第3—4页。据生活书店1947年版本影印。

题。其三,学说体,以每种学说为论题。[1]

不言而喻,上述列举中已经注入了一些新的观念。如梁启超的问题研究法,采用的逻辑分析的方法,与单纯的编年史相比较是有新意的。杨幼炯注重思想的时代背景,认为"盖政治思想之实现恒结晶以成为一种之制度。故政治制度,必与其时代之要求相适应,此即彼时代政治思想之表现也"。"在经济方面,生产方法之变化,引起一切社会关系之改变。人类社会组织之历史的进化,完全由于生产方法之变更而进化。故一时代之经济状况,实与彼时代之政治思想以至大之影响,而社会生活、风尚、习惯对于思想,亦有至深切之关系。凡此种种皆为时代之背景。"[2]这样的认识显然已经具有了近代学术的内容,研究者已经关注到经济、政治制度、生产方式、社会生活、社会关系与思想的关系,其近代学术研究的时代印痕是十分清晰的。

不过,我们一旦深入他们的研究本身,浏览字里行间,就会发现,他们实际采用的研究方法仍然以传统的史学研究模式为主。他们在研究的过程中,注重历史资料的考订钩沉,关注史实考订,梳理师承脉络、变化融合,来给思想或思潮订正流派,概括特点和评定意义。一般而言,这一流派并不注重运用现代学术理论对中国传统政治思想进行理论分析,他们的分析框架和理念还没能走出传统的史学研究模式,具有明显的新旧学术相结合的印记。这种研究方法在很长的时期内被治中国政治思想史的学者们普遍采用,新学历史学流派在中国政治思想史学界有着广泛的影响。

---

[1] 杨幼炯:《中国政治思想史》,上海书店1982年版,第3—4页。

[2] 杨幼炯:《中国政治思想史》,上海书店1982年版,第3页。

　　需要说明的是，1949年以后，台湾地区学术界在中国政治思想史的研究方法方面明显与祖国大陆不同。台湾学者们主要继承了梁启超、萧公权等人的研究路数，以传统史学研究法为主，同时杂以西学。这就是说，新学历史学流派于20世纪50年代以后，实际在台湾学术界得以延续和发展。由于在方法论上过于注重历史内涵，故而多少显得有些呆板和僵固，对于前人的研究方法和学术观点表现得承袭有余、创新不足。总的来看，台湾学者在中国政治思想史的研究上长于历史资料的挖掘排比，在理论分析的深刻程度上则稍显逊色，对于这一学术领域的开掘亦不能表现得十分突出。

　　2.马克思主义历史学流派

　　20世纪初叶，以新文化运动为主要标志，中国文化的发展进入剧烈变动时期。马克思主义正是在这一时期伴随着诸多西方学术和政治思想而传入中国的，一些先进的知识分子接受了马克思主义历史观。历史唯物主义和辩证唯物主义作为新型的方法论引起了某些学者的兴趣，并且被实际运用于中国政治思想史的研究之中。最早的开拓性的著作是吕振羽于1937年出版的《中国政治思想史》。

　　吕振羽在1943年修订版的《中国政治思想史》"导言"中即提出，"我们对于历史上某一时代思想的研究，要想能得出一个正确的结论，第一重要的，须要正确地掌握这一时代的经济情况和政治情况，正确地了解这一时代的生产方式，以及其矛盾之发展的根本形式。……在另一方面，意识形态的自身虽属原则地受着社会存在所决定，然其对于社会存在自身亦能给予反作用，而给其发展过程以多多少少或正或负的影响,从而又影响其自身"[1]。这种认识是典型的马克思主义历史唯物论。其后,在1955年的"修订版再版代序"中,吕振羽讲得更为明确。他遍引马、恩、列、斯以及毛泽东、刘少奇等革命领袖的语录,指出,"历史唯物主义断言:社会思想、意识依存于社会存在;而社会存在总是先行的,思想、意识的产生或变革常常落后于社会存在"[2]。他又征引毛泽东"各种思想无不打上阶级的烙印"[3]的语录,强调思想的阶级属性。

　　进入20世纪50年代,在中国大陆,由于中国政治思想史的学科归属被推给了历史学,采用史学方法便成了自然而然的事。与前期侧重于传统史学方法不同的是,这一时期的学者们普遍以历史唯物主义和辩证唯物主义作为学术研究的指导思想,这也成了研究中国政治思想史的主要方法论。研究者用于评判思想性质的标准是"阶级性",思想家的家庭出身、本人成分,思想家之思想是为哪个阶级服务的等成为研究者们必须采用的认识手段。思想的合理与否则取决于这种思想是顺应了历史潮流还是与之相反;是推动了历史的前进还是形成了阻碍,乃至"反动"等。这一时期的代表巨著是侯外庐、赵纪彬、杜国庠等撰著的五卷本《中国思想通史》。虽说这部著作不是政治思想的专门著述,不过其中包含了相对完整的政治思想研究,其论点亦有开拓性和代表性。全书贯穿着历史唯物论和辩证唯物论,阶级分析方法亦成为这部著作的主要方法论。这个时期几乎所有论述政治思想的文章,都把对每个思想家进行阶级定位和相应的理论定位,视为通例。

---

[1] 吕振羽:《中国政治思想史》上册,生活·读书·新知三联书店1949年版,第4页。

[2] 吕振羽:《中国政治思想史》上册,生活·读书·新知三联书店1955年版,第11页。

[3] 吕振羽:《中国政治思想史》上册,生活·读书·新知三联书店1955年版,第15页。

总括而言,马克思主义历史学方法对促进中国政治思想史研究走出帝制时代传统史学,走向近现代史学,促进政治思想史研究的科学性,关注史学研究的当代意义等方面都是很有裨益的。

然而,由于20世纪50年代以后学术界受到了当时弥漫全国的教条主义思潮和阶级斗争极端化的极大影响,肇源于新文化运动的马克思主义史学方法也逐渐趋向教条化,政治思想史研究日渐变得僵固和公式化,致使马克思主义历史学流派的发展走上了曲折的道路。这种曲折发展的典型表现是,大陆的学者们事实上已经背离了马克思主义作为一种方法论所要求的辩证和唯物地研究问题的科学性,反而简单地套用"经济基础决定上层建筑""阶级二分"等教条公式,用阶级斗争解释一切思想文化现象。这种学术倾向的普遍化和极端化,必然使得中国政治思想史极为丰富多彩的思想文化内涵被简化为阶级矛盾和社会冲突的文化表象,思想成为阶级斗争的派生物,思辨的科学分析与理性思维被置换为背离思维逻辑的政治公式和政治推演。

到了20世纪60年代中期,随着"文化大革命"的爆发,已经绝对化了的阶级斗争被进一步简化为"儒法斗争",在政治挂帅的指引下,学术界要用"儒法斗争"重写中国历史,学术研究实际上成为政治的附庸和打手,马克思主义历史学已然面目全非,中国政治思想史也变成畸形怪样,这种情况一直到了80年代初期才有所改观。

进入20世纪80年代,随着中国的改革开放,马克思主义历史学研究得以恢复,大陆学者在经历了天翻地覆的政治动荡之后,开始深入反思教条主义的教训与危害,有些富于学术个性的学者在总结前人研究成果的同时,对研究中国政治思想史的方法论进行了有益的探索,这种现象可以视为马克思主义历史学流派的新发展。其中刘泽华及其合作者、观点基本相同者的著作有30余部,论文数百篇,被学界称为"反思派""南开学派"。以刘泽华为代表的这一派学者,在学术认识上承袭了20世纪初叶新文化运动的反思精神与批判意识,他们站在现代化理念的立场上,对覆盖了数千年君主政治的传统政治思想与文化进行了再认识与反思,这部分学者多数具有鲜明的学术主体性,具有"修正"意识和创新精神,把中国政治思想史的研究推进到一个新的阶段。

从总体来看,20世纪80年代以后,大陆学者在继承马克思主义指导方法和坚持历史唯物主义、辩证唯物主义的同时,更加注重在传统理论方法上的更新,从而为中国政治思想史的研究开拓出了一片新天地。

3.现代政治学学派

鉴于中国政治思想史的学理特点,史学方法是非常必要的。从近百年来中国政治思想研究所取得的成果来看,无一不体现出史学方法得到了普遍的成功的运用。然而,如果中国政治思想史的研究方法只是局限于史学方法,则又意味着某种缺陷。这一学科的政治学品性已经表明,在研究方法上,政治学的方法是不可或缺的。也就是说,如果缺少政治学的方法,就很难将中国政治思想史的研究推向深入。事实上,已经有学者比较早地注意到了这一点,他们在某种程度上采用了史学与政治学相结合的研究方法。最有代表性的学者是萧公权。

萧公权在20世纪40年代出版的《中国政治思想史》,如其自述,就是"采政治学之观点,用历史之方法,略叙晚周以来二千五百年间政治思想之大概"[1]。例如萧著论孔子："孔子政治思想之出发点为从周，其实行之具体主张则为'正名'。以今语释之，正名者按盛周封建天下之制度，而调整君臣上下之权利与义务之谓。"他通过对孟子的分析率先厘定了民本与民主的界限："孟子民贵之说，与近代之民权有别，未可混同。简言之，民权思想必含民享、民有、民治之三观念。故人民不只为政治之目的，国家之主体，必须具有自动参预国政之权利。以此衡量，则孟子贵民，不过由民享以达于民有，民治之原则与制度皆为其所未闻。"萧先生认定"民治"是民主的核心，"民本"没有"民治"的内容，因此不可谓之"民主"。

又如，在论晚明黄宗羲时又说："梨洲贵民之古义，不啻向专制天下之制度作正面之攻击。使黄氏生当清季，其为一热烈之民权主义者，殆属可能。然而吾人细绎《待访录》之立言，觉梨洲虽反对专制而未能冲破君主政体之范围。故其思想实仍蹈袭孟子之故辙，未足以语于真正之转变。"[2]这些评析运用了权利、义务、民权、政体等概念，其评价的角度亦从民主、专制等政治学的价值标准而立论，其在方法论上的政治学特点是十分明显的。

大约正是由于萧著的政治学理论特色，时隔50余年之后，多数于20世纪三四十年代问世的中国政治思想史论著已经退出了课堂教学，萧著至今仍然被海内外多所高校列为教科书或教学参考书，其学术生命力之绵延长久，证明了萧著的学术品性。

进入20世纪80年代，现代政治学流派有了比较明显的发展。

---

[1] 萧公权：《中国政治思想史》，商务印书馆2017年版，凡例。

[2] 萧公权：《中国政治思想史》，商务印书馆2017年版，第十八章第二节"黄宗羲"。

在方法论上,学术界的认识也更为清晰。一般而言,从方法的角度看政治学,可以分为两个方面,一是技术方法,另一是认识方法。

所谓技术方法是说,由于现代政治学是20世纪20年代"行为主义"思潮的产物,因而在现代政治学研究中,普遍运用了个案调查、问卷调查、统计分析等技术手段,以期提高政治学研究的科学性。认识方法是说,现代政治学的基本理论,研究者使用一整套概念和命题用来作为认识和分析问题的手段,并据此而进行评估,做出解释,概括意义。在中国学术界,这两种方法都被用于中国政治思想史的研究。不过,就当前的研究状况和现有的研究成果来看,历史学方法仍然得到广泛的使用,运用政治学方法则尚属个别。而且,即便运用政治学方法,一般也只是局限于认识方法,例如前引萧公权,所谓"政治学之观点",就是将政治学理论作为一种认识方法来运用的。不过20世纪90年代以来,尝试运用者时有所见,出版了一些有代表性的论著。至于技术方法,20世纪80年代之前几乎无人涉猎,之后渐有著述问世。代表作有:闵琦著《中国政治文化——民主政治难产的社会心理因素》(云南人民出版社,1989),张明尚著《中国"政治人"——中国公民政治素质报告》(中国社会科学出版社,1994)。不过总的来说,由于多种因素的制约,这方面的研究很薄弱。

值得注意的是,在刘泽华主编的三卷本《中国政治思想史》中,作者借鉴了"政治文化"理论,从政治价值、政治意识、政治心态等层面对中国传统政治思想的某些命题进行了阐发,由于视角新颖,故而新见迭出。政治文化是现代政治学的一个研究领域,刘著将之用于政治史,在认识方法上是一种成功的尝试。

以上关于三个学术流派的区分只是就中国政治思想史研究的概貌总而言之，其中，新学历史学流派在20世纪三四十年代最为活跃；马克思主义历史学流派鼎盛于20世纪50年代至70年代的大陆学术界；现代政治学流派源起颇早，兴盛却晚，然而这一流派代表着中国政治思想史研究的发展方向。随着社会的现代化进程的推进和学术研究的发展，这一流派理应成为中国政治思想史研究的主流。

三、关于研究对象问题

中国政治思想史在近百年的发展历程中，出版的论著虽然不少，但直接论述研究对象问题的却很少，表明研究的深度还很不够。现撮其大要，介绍如下。

研究对象问题应该是一个学术研究领域首先需要清理的理论问题。

本学科的创始人、近代著名学者梁启超早在20世纪20年代就有过明确的论述。他认为，政治思想的内容可以分作两种：从所表现的对象观察，可分为纯理与应用两类："纯理者，从理论上悬一至善之鹄，研究国家当用何种组织，施政当采何种方针等等。应用者，从实际上校其效率，研究某种组织某种方针等等如何始能实现。"从"能表现之主格观察"，亦可分为个人的思想与时代的思想两类。"个人的思想，为大学者或大政治家脑力所产物，其性质为有意识的创造；时代的思想，由遗传共业及社会现行习俗制度混织而成,其性质为无意识的演进。"[1]依据以上论述,我们可以看出,梁启超所论述的政治思想史的研究对象,简而言之,一是国家的理论及其实践,二是个人的政治思想以及社会政治思潮。

1942年,李斯中撰文认为,"所谓一政治思想,它是一种很抽象的学说或理论,是从实际政治生活中孕育出来的精神产物……政治环境可以影响人的生活思想,但人的生活思想同时也可以对政治环境起着反作用"。因此,他认为所谓政治思想就是,"对于人类的实际政治生活有着指导的功用的(学说或理论),它像大海里的灯塔一般照耀着航路"[2]。

自从马克思主义传入中国之后,一些学者开始运用马克思的学说作为指导,尤其是运用阶级斗争的理论来研究中国政治思想史。基于这样的指导思想来看待政治思想史的研究对象,他们多数人认为,所谓研究对象主要集中表现为阶级斗争的思想。典型者如吕振羽所说:"我们说到政治思想是什么东西呢?它并不是和经济思想相对立的东西,毋宁是人类各个阶级的阶级斗争思想的集中表现,而为其行动指导的原理。所以政治思想史系同于社会思想史,只有其范围大小的差异。"[3]

1949年中华人民共和国成立以后直至70年代,凡涉及政治思想的论述,其中阶级分析和阶级定位越走越直线化,越走越极端化和畸形化,"文化大革命"中的"评法批儒"可谓极端化、畸形化的典型。

[1] 梁启超:《先秦政治思想史》,东方出版社1996年版,第8—9页。

[2] 李斯中:《中国近百年来政治思想之演进》,《地方政治》1942年第5期。

[3] 吕振羽:《中国政治思想史》,人民出版社1980年版,第6页。(上海黎明书店1937年初版,三联书店1949年、1955年修订版)。

20世纪50年代以来,台湾有些学者对中国政治思想史的研究对象继续进行了探讨。例如,钱穆认为,治中国政治思想史有两点须注意:一是政治哲学。他说:"我族思想向重融通,故传统政治思想,都渗透包会于各家思想之全体系,不仅修齐治平一以贯之,抑且天人交会,所谓宇宙论形上学种种哲学思想上之本体问题,亦与政治思想相关,水乳难分。"二是政治制度中的思想。他说:"自春秋战国以来,中国思想初发奇采,而其时已开士人预政之门。自秦以下,中国正式有士人政府之组织。学者与政治,不仅可以坐而言,抑且可以起而行,故中国政治思想,随时均已于制度中具体实现。思想之表达,实际亦不在文字著作,而在当代法令、历朝之兴革、名臣之奏议,举凡兵刑礼乐、户役赋税,所谓托之空言,不如寄之行事之深切而著明。"[1]另外,钱穆还认为伦理思想也应列入政治思想史的范围。他说:"吾国之政治思想则素受伦理思想之支配,虽各家各派有极悬殊的政治思想,而皆必以伦理为指归,道德伦理为极则。"[2]

进入20世纪80年代,大陆思想解放与政治学学科的恢复和发展,为推动中国政治思想史研究提供了条件。关于政治思想史的研究对象问题,引起了学术界的关注。1981年,徐大同等在专著《中国古代政治思想史》的"前言"中指出:"政治思想史的研究对象是:历史上各个阶级和政治集团对社会政治制度、国家政权组织以及各阶级相互关系所形成的观点和理论体系;各种不同政治思想流派之间的斗争、演变和更替的具体历史过程;各种不同政治思

---

[1] 谢扶雅:《中国政治思想史纲》,中正书局1954年版,钱穆所作序。

[2] 谢扶雅:《中国政治思想史纲》,中正书局1954年版,钱穆所作序。

想对现实社会政治发展的影响和作用。"又说:"政治思想最主要的就是各个阶级对待国家政权的态度和主张,即关于国家的产生、性质和作用,以及如何维持国家政权的理论观点和政治主张。"[1]上述概括无疑有其新意,但基本上还是沿着阶级分析路线进行认识的。

刘泽华的专著《先秦政治思想史》1984年由南开大学出版社出版。他认为,徐大同等人的说法抓住了政治思想史的主要内容,但有不足,"问题主要是把政治思想史的对象规定得过于狭窄,有碍于视线的展开"。刘当时说的"过窄"主要有两方面的含义:

其一,把政治思想局限在"阶级观点"范围内是不全面的,刘泽华率先突破了政治等于阶级的"公式",他在序言中说:"这里要着重说明的是,在阶级社会,政治思想的核心部分具有最明显的阶级性质。但从政治思想的总体看,又不能全部归入阶级范畴,比如关于处理人与自然的关系的理论,除有阶级烙印外,还有人类与自然的共同关系问题;关于社会生活的认识,也有一些超出了一个阶级的范围,比如调和阶级关系的某些论述,便包含了不同阶级、不同阶层的要求;还有一些社会规范是人人需要遵守的,也不好简单地划入某一个阶级范畴之中。就每个思想家而论情况更为复杂,虽然每个人都无法游离于阶级生活之外,但在观念上,并不妨碍某些人会提出超阶级的理论和主张。""即使在政治思想史范围内,也不能把每一种思想命题统统还原为阶级的命题,因为政治思想对象本身并不都是阶级的",还有"超阶级"的社会性。这在当时具有突破性,并且面对教条主义的强大势力,这些言论存在一定的

---

[1] 徐大同等:《中国古代政治思想史》,吉林人民出版社1981年版,第2—3页。

风险。

其二，在研究内容上，刘提出："对政治思想史应该像广角镜那样，从多方面着眼，用多头并进的方式开展研究。"他认为，政治思想史除了研究国家和法的理论外，还有一些内容也应列入政治思想史的研究范围，具体地指出了以下方面：

（1）政治哲学。这是一些哲理性的政治认识，与政治思想有极为密切的关系，其中一些问题是政治思想的理论基础，许多思想家把这些问题与政治理论、政策等结合在一起。

（2）社会模式的理论（又可称之为理想国的理论）。它是关于社会总体结构与相互关系的理论或设计，它包括社会生活的各个方面，在政治思想史上具有独特的意义。

（3）治国的方略和政策。这类内容与实际政治最为接近，政治家常常从中选择行动方案，故而在政治思想研究中对这一方面应特别加强。

（4）伦理道德问题。伦理道德政治化是儒家思想的特点，由于儒家在中国古代占据正统地位，因此对于伦理政治思想需要给予足够的重视。

（5）政治实施理论及政治权术理论。政治实施与权术理论是古代官场争斗的理论表现，具有特殊的价值和意义，是很值得研究的。[1]

另外还就价值性认识、价值标准问题，是非判断性认识、真理问题做了相应的阐述。[2]

---

[1] 刘泽华：《先秦政治思想史》，南开大学出版社1984年版，第2—7页。

[2] 刘泽华：《中国政治思想史研究对象和方法》，《天津社会科学》1985年第5期。

据此,刘泽华对中国政治思想史的研究对象概括如下:"研究历史上不同阶级、不同阶层、不同学派和不同人物关于国家和社会制度、社会改造,以及通过国家机关和强力处理人与自然的关系和人与人的关系的理想、理论、方针和政策;研究这些理想、理论、方针和政策提出的社会背景及其对实际政治的影响;研究它们之间的相互作用及其发展、演变的过程和规律。"[1]

刘泽华的上述观点是那个时期大陆学者关于中国政治思想史研究的新思维。

此外,曹德本主编的《中国政治思想史》认为,中国传统文化中的政治内涵,从总体上讲,既包括对政治关系的处理,又包括对国家的治理,因此,"中国政治思想史的内容,作为完整的思想体系,包括中国历史上的政治哲学、政治伦理和政治思想"[2]。

政治思想史的研究对象问题对于政治思想史的研究至关重要,事实上,这种问题的提出,是一个学科发展到一定程度才会有的,体现出该学科的理论汇总和认识深度,预示着该学科的发展前景。研究者往往只有明乎此,才能进行更深入和更广泛的专题研究。遗憾的是,研究对象问题尚未引起争论,认识自然远不深入。这里要特别指出一点,刘泽华提出要把"处理人与自然的关系"作为政治思想的研究对象,是很值得思考的一个大问题。

---

[1] 刘泽华:《中国古代政治思想史》,南开大学出版社1992年版,第5—6页。
[2] 曹德本:《中国政治思想史》,高等教育出版社1999年版,第1页。

四、中国政治思想史的主旨与分期问题

对中国传统政治思想进行整体的把握是随着对中国政治思想史研究的深入而逐渐展开的。

民国时期多数学者，例如梁启超、杨幼炯等都认为，民本主义是中国政治思想的重要特征。我们可以这样说，这个时期的大多数学者都赞同以民本主义作为传统政治思想的基本特征；而且几乎所有的学者都认为，民本主义横亘古今，而孙中山则是民本主义的集大成者。这种概括决定着研究者们的认识深度和学术成果，表明了当时学者们力图从全局对中国政治思想史加以把握的治学路向。

在分期问题上，陶希圣《中国政治思想史》一书把思想的发展划分为"神权时代"（商）、"贵族统治时代"（西周至春秋）、"王权时代"（战国至清代）等几个时期。

吕思勉《中国政治思想史十讲》则区分为四个时期：第一时期，自上古至战国；第二时期，自秦至唐；第三时期，自宋至清中叶；第四时期，自清中叶至现代。吕氏认为，中国政治思想史可以概括划分为"进取"和"保守"两派，这是因为社会本身同时有这两种需要，而这两派各代表其中一种。

陶氏、吕氏对中国政治思想史的总体认识主要还是依附于历史认识，没有越出传统历史分期的限制，对中国政治思想史的总体把握还不深入。

杨幼炯《中国政治思想史》把中国政治思想史的特质依次概括

为：神权主义之思想、以家族为本位、民本思想之发达。这是20世纪50年代以前对中国政治思想史整体概括较为全面的一种认识。

谢扶雅《中国政治思想史纲》对中国政治思想的特质也有论述。他认为，中国特殊的地理环境及民族性格对政治思想有深刻的影响。中国平原环境对政治思想的影响，就范围而言，为"平天下"主义；就性质而言，则为"伦理政治"。在中国政治思想史上，虽然各家各派的政治思想不同，但皆以伦理为指归，道德理想为极则。中国政治思想的特征，就量而言，为平天下主义；就质而言，为民本主义。合而言之，则为民学。民学包含三条目：平和的精神；平等的观念；平均的政策。此三条皆由"平天下"一原则中派生而出，而平天下之政治思想又由民本主义而来。

杨氏和谢氏对中国政治思想特征的概括有一共同点，即全都注重民本主义。

钱穆在20世纪40年代多次论述中国古代不存在专制政治体制。他说，"近人既目中国传统政治为专制，因疑儒家思想导致君权，此亦相引而起无据之说"，认为国人不应"以专制自鄙"。他认为中国传统政治是中国式的民主制。其理由是：国之本在民而不在君；政权向整个社会开放，是"中和性政治"，"无贵族、无平民、亦无贫富之别，惟择其有学与贤者"，因此又称传统政治为"学人政治"；政治的功能像教师那样是"教诲护导"；在政治运行中"道高于君"，"学统"制约"治统"，"古者称天而治……儒学之学兴，明天道者归于大儒，为君者乃亦凭儒为治"；在政治结构上，"君属王室，臣属政府，臣之领袖为相"，宰相与君主分庭抗礼；古代政治中已有"三权分立"等。[1]与此相应，钱穆也不承认有关古代中国政治思想上拥护君主专制主义的看法，钱穆的看法有相当大的影响。

20世纪50年代前的论著中，当以萧公权的《中国政治思想史》最具代表性。他凭借对中国政治思想的总体把握，认为按思想的历史背景来看，中国政治思想史分为三个时期：(1)封建天下之思想，包括春秋、战国时期，与下述"草创时期"相当；(2)专制天下之思想，包括秦汉至明清两千年，与"因袭时期"及"转变时期"的前大部分相当；(3)近代国家思想，包括清末戊戌维新时期及辛亥革命以迄今日，相当于"转变时期"之后部分及"成熟时期"。

并按照思想演变的趋势，划分出四个时期：(1)自孔子降生至秦始皇统一(也就是通常的先秦时期)为"草创时期"；(2)自秦汉至宋元为"因袭时期"；(3)自明初至清末为"转变时期"；(4)自三民主义之成立至今为"成熟时期"。

从萧氏的历史阶段划分与对特质的概括来看，他对中国政治思想的整体把握有很高的学术性和独到之见。萧公权还指出，中国政治思想有两项显著特点：第一是重实际而不尚玄理。致用者以实行为目的，意有所得，著之于言，不必有论证，不求成系统。故二千余年之政治文献，十之八九皆论治术。其涉及原理，作纯科学、纯哲学之探讨者，殆不过十之一二。就其大体言之，中国政治思想属于政术(politik；art of politics)之范围者多，属于政理(staatslehre；political philosophy；political science)之范围者少。[2]

第二是多因袭而少创造。萧公权认为，中国之政治体制除了

---

[1] 钱穆：《中国传统政治与儒家思想》，《思想与时代》1941年第3期；《学统与治统》，《东方杂志》1945年第15期。

[2] 萧公权：《中国政治思想史》，商务印书馆2017年版，凡例。

在商周之交与周秦之际,曾有部落变为封建以及分割归于统一之重大变迁以外,由秦汉至明清二千余年之中,君统无改,社会少变。环境既趋固定,思想自多因袭。必至海通以后,外患与西学相继侵入,然后社会骚然,人心摇动,激成清季思想空前之转变。他进一步指出,中国之君主政体,秦汉发端,明清结束,故二千余年之政论,大体以君道为中心。专制政体理论之精确完备,世未有逾中国者。然而二十余朝君主之中,能实行孔墨以来所发明之治术者,实无多人。正确之学说以未行而保持其信仰,错误之理论亦以未试而得隐其弊谬。修改思想之必要因此减少,崇古守旧之习惯随以养成。[1]

此外,这一时期还有一些论文,如孙寒冰《中国之政治思想与制度》、萧公权《中国政治思想中之政原论》、洪涛《中国政治思想的特点及其时代需要》、汪奠基《中国哲学与政治思想之系统观》、马毅《论中国政治哲学之本质》、张展《中国固有政治思想与民权思想》、吴砺新《论中国政治思想之特制》、谢扶雅《中国政治思想特征》等[2],也都涉及中国政治思想史的总体性认识,且表现出鲜明的时代特征。

20世纪50年代至70年代,大陆学者一般都以历史阶段作为政治思想史的分期标准,鲜有创新。认识进路几乎全局限于阶级分析。80年代以后,在分析概括中国政治思想的基本特征方面,有

---

[1] 萧公权:《中国政治思想史》,商务印书馆2017年版,"附录:中国政治思想史参考资料绪论"。

[2] 分别载于《文化建设》1934年第1卷第2号;《清华学报》1934年第9卷第3号;《前途杂志》1936年第4卷第2号;《读书通讯》1941年第17、18期;《时代精神》1941年第4卷第6号;《现代西北》1942年第3卷第6号;《政治建设》1943年第8卷第2、3号;《建设研究月刊》1943年第9卷第3号。

研究者提出了颇为独到的观点。

刘泽华在其《先秦政治思想史》中详细论证了君主专制主义是先秦政治思想的主线。之后在1986年发表了两篇有代表性的文章:《中国传统的人文思想与王权主义》和《战国百家争鸣与王权主义理论的发展》。[1]在这两篇文章中,刘泽华明确提出中国传统政治思想的主旨是王权主义。他说:"在古代的传统思想,特别是儒家思想中,虽然有不少重民、爱民、利民、惠民、恤民、爱民如子、民惟邦本等主张和理论,这些常被人们誉之为民本主义和民主主义等等,其实,事情的本质未必如此。古代的重民、爱民并不是目的,一般地说,它只是一种手段……那么谁是目的呢? 谁是掌握民这个工具的主人呢? 是君主,是帝王。""有一种意见认为,人文思想与民主、自由相联系。其实无论从逻辑上还是从历史上看,这种说法都难以成立。从逻辑上讲,专制主义可以包括在人文思想之中;从历史上看,中国古代的人文思想很发达,君主专制主义也很发达,专制主义恰恰以具有浓厚的人文色彩的儒家思想为理论基础。另外,从内容上看,中国古代人文思想的主题是伦理道德,而不是政治的平等、自由和人权,当时的伦理道德观念最终只能导致专制主义,即王权主义。"战国"几个主要派别热烈的争论不涉及要不要君主制以及用什么制度取代君主制,相反,他们争论的是如何巩固、强化、完善君主制。结果,越争就越促进君主专制主义理论的发展"。刘的上述观点可谓独树一帜。

后来刘泽华在《中国政治思想史》(先秦卷)的序言当中,把中国政治思想史的主题归纳为三点:君主专制主义;臣民意识;崇圣

[1] 分别载于《南开学报》1986年第4期;《学术月刊》1986年第12期。

观念。

需要特别指出的是,刘泽华在20世纪80年代提出中国政治思维有一个基本特点,就是在理论上普遍是一种"刚柔结构",后来进一步概括为阴阳组合结构。这既是对中国政治思维特质的高度概括,又是分析中国政治思想的一种基本方法和进路。刘的所有文章都贯彻了这一思路。诸如《天人合一与王权主义》《王、道相对二分与合二为一》《王、圣相对二分与合二为一》等文[1],都是他的代表性作品。阴阳组合结构说对推进中国政治思想史的研究很有启发意义。刘不大赞成萧先生所说的中国政治思想不注重玄理的观点,在刘看来中国政治思维的玄理很突出,很有特点,所以他反复提倡要深入研究与发掘政治哲学问题,而阴阳组合结构则是政治哲学的一个基本特点。

刘泽华对中国政治思想史的总体把握,是目前中国学术界应该关注和深入讨论的一种认识。

朱日耀主编的《中国古代政治思想史》对中国传统政治思想的特点做了如下的概括:

(1)人文主义。中国传统政治思想中尽管也有天或天命的概念,但是,人们在根本上不是为了论证神或上帝的存在;在中国古代社会,人始终是社会政治思想的主体。

(2)专制主义的政治传统。专制主义理论的延续和发展,是中国传统政治思想的主线。

(3)政治与哲学相结合。在中国古代社会,由于君主专制制度

---

[1]分别载于《天津社会科学》1996年第4期;《东方文化》1998年第2期;《天津社会科学》1998年第5期。

的强大,哲学总是和经邦治世之道密切相连。因此,在中国古代,关于自然与人的哲学并没有得到充分发展,充分发展的是政治哲学。

(4)政治与伦理相结合。中国传统政治观念中,社会政治等级关系往往是家庭内部伦理关系的延伸和扩大。中国传统政治思想贯穿着伦理与政治一体化的原则。[1]

朱日耀与其合作者的观点与刘泽华的看法大致相近。

关于中国政治思想的主旨问题,依然是有待深入论证与讨论的核心问题之一。比如中国传统政治思想的主旨是君主专制主义,还是有特色的古代民主主义? 或者不能用专制主义概括中国古代的政治思想,那么用什么概念概括更贴近历史实际? 又如,儒家或国学的主旨是在贵贱等级基础上以"分"为体,以"和"为用,还是人人自主的"和谐"? 又如,中华思想文化的中轴是政治观念,还是超越政治观念的人文主义或伦理观念? 再如,对君主专制主义的历史评价分歧很大,或曰以肯定为主,或曰在矛盾中具体陈述,何者为是? 还有政治观念时代性与超越性的关系,何者为主? 作为"体系"性的国学、儒学能与现代化观念相通吗? 如何通? 国学、儒学在中国现代化(近代以来)中的作用与意义是什么? 诸如此类问题,都有待深入研究与讨论。

(原载刘泽华主编:《中国政治思想通史·综论卷》,
中国人民大学出版社2014年版,附录一,著者葛荃)

---

[1] 朱日耀主编:《中国古代政治思想史》,吉林大学出版社1988年版,导言部分。

附录二 中国政治文化研究的回顾与前瞻[1]

政治文化研究在中国学术界的兴起大约始于20世纪80年代中期,其时,随着政治学科在高校和研究部门的恢复,现代西方政治学理论姗姗东渐,其中即有有关政治文化的内容。迄今10余年来,研究成果灿然可睹。若能就其历程概貌作一回顾,并就其研究前景作一蠡测,对于中国政治文化研究或许有所裨益。

一、研究的初始

政治文化理论引进之初,关于"政治文化"概念的学术归属曾经争讼不已。有人从政治学角度界定,有人从文化学方面进行解释,也有人混而言之。20世纪80年代末,政治文化研究形成高潮,论著迭出,其中绝大多数是在政治学意义上使用这一概念的。从研究的问题看,主要分布在以下三个方面:

第一,关于政治文化的界定和基本理论。

界定概念是科学研究的前提,对于舶来的政治文化尤须如此。从现有的论著看,大体可分为两类:一类是借鉴欧美学者的理论给

[1] 葛荃:《拿来与创新——中国政治文化研究的回顾与前瞻》,《天津社会科学》1997年第2期。

出定义。1956年，美国政治学家G.A.阿尔蒙德率先在政治学意义上使用了"政治文化"的概念，他的学术观点自然会受到学术界的重视。阿尔蒙德在《公民文化》一书中，提出了"认知、情感、评价"三层次界定法，把政治文化看作一个政治心理或政治意识的结构。另一位政治文化研究专家L.W.派伊（白鲁恂）曾几次界定政治文化概念，1971年在《政治发展的危机与序列》一书中，他指出政治文化是人们对政治行动的感觉、认知、评价和情感等取向。美国学者的界定方式直接影响着中国学者的理论选择，引起他们的效法。例如，有学者指出，政治文化是一个政治取向模式，包括政治认知取向、政治态度取向、政治信仰取向、政治情感取向、政治价值取向等。[1]另有学者认为，政治文化分析包括四个变量：政治认识性成分、政治情感性成分、政治价值性成分、政治理想性成分。[2]这类界定的表述形式各有特色，但在理论上显然是直接继承了欧美学者的见解，基本上把政治文化视为"政治体系的心理方面"。

　　另一类在借鉴西方学者有关理论的基础上，参考了苏联学者的观点和文化研究的一般理论，又结合了中国学术的传统理论，略作调整变通，界定亦有特色。如认为政治文化的构成除了政治心理的内容，还包括政治思想和政治制度。有人把政治思想和政治心理称作观念性政治文化，把政治制度称作实体性政治文化。[3]这一观点显然参考了文化研究的界定方法，即将文化分为观念的、制度的、物质的三层次文化观。有人坚持认为，在心理、思想和制度的三层次

---

[1] 俞可平：《政治文化概要》，《人文杂志》1989年第2期。

[2] 王沪宁：《比较政治分析》，上海人民出版社1987年版，第159—160页。

[3] 万高：《简论政治文化》，《人大复印报刊资料·政治学》1995年第2期。

中,政治思想是其核心。[1]也有人不讲制度文化,但坚持政治文化除了心理层面,必须包括政治思想,在结构上分别表现为政治意识形态层次和政治价值层次。其中,政治意识形态是核心。[2]这一类认识带有理论综合的特点,为政治文化理论的广泛研究打开了思路。

在探讨和辨析政治文化概念的过程中,关于政治文化的一般理论也都有所涉及。如政治文化的功能、结构、形成要素,政治文化类型理论,政治文化危机理论,以及政治社会化理论等。事实上,正是辨析概念带动了理论研究的深入,有关政治文化一般理论的认识才得以逐步扩展开来。这些认识基本上限于接续或复述欧美学界的"他山之石",尚且谈不上什么理论性创见,但介绍新学是开展政治文化研究的第一步,其筚路蓝缕之功不可没。

第二,关于当代中国政治文化研究。

运用现代西方政治文化理论,采用行为主义实证方法来研究当代中国的政治文化问题,无疑是当代最具时代感的学术成就之一。自20世纪80年代后期至90年代初,这一领域成果丰硕。其中,最具代表性的是闵琦所著《中国政治文化——民主政治难产的社会心理因素》和张明澍所著《中国"政治人"——中国公民政治素质报告》。他们的研究最鲜明的特点是,一改中国学术的传统研究方法,不再是哲学思辨的或历史的、归纳或演绎的逻辑推导,而是采用了经验的实证研究方法,通过问卷调查、统计分析,依据具体数据得出结论。闵琦说,由于中国政治学的落后,关于分析框架

---

[1] 朱日耀:《中国传统政治文化的结构及其特点》,《政治学研究》1987年第6期。
[2] 戚珩:《政治文化结构剖析》,《政治学研究》1988年第4期。

"我不得不老老实实采取了'拿来主义'的态度,细心的读者会从字里行间看出阿尔蒙德、费巴、白鲁恂这些政治文化研究宗师以及罗森邦等学者的影响"[1]。然而,他们的努力毕竟是现代西方社会科学研究方法在中国政治文化研究领域的尝试,也是中国学术与国际水平的一次"接轨",目的在于促进自家的研究。正如作者所言,在运用"拿来"的理论分析资料数据时,首先是基于自己的"理解和发展"[2]。他们的结论颇具说服力。

例如,闵琦在分析中国民主政治难产的原因时指出:其一,中国公民虽然有75.06%表示需要民主,"但其适应民主政治的心理准备并不成熟"。主要表现为:在认知上,并不理解民主的内涵,"轻视民主的程序性意义";在情感上,排拒西方多元的和间接的民主制,倾向于一元的和直接的民主制。其二,"中国公民对自由权的法理学意义认识较少……不善于从制度的深层认识自由问题,也不善于从公民权角度认识问题。尤其可悲的是,不少公民在情感上畏惧自由,逃避自由"。其三,中国公民的法制意识十分淡薄,表现为对限制政府权力的必要性认识不足,公民权意识淡薄。57.1%的公民对从事政治活动应遵守规则缺乏认识。在日常行为规范中,伦理的作用大于法律。闵琦认为"以上三个方面构成了中国公民对政治游戏的规则的基本心理取向,这一心理取向又成为中国民主政治难产的重要社会心理因素"[3]。张明澍通过对比分

---

[1] 闵琦:《中国政治文化——民主政治难产的社会心理因素》,云南人民出版社1989年版,第4页。

[2] 闵琦:《中国政治文化——民主政治难产的社会心理因素》,云南人民出版社1989年版,第4页。

[3] 闵琦:《中国政治文化——民主政治难产的社会心理因素》,云南人民出版社1989年版,第177、178页。

析,提出"一个现代的参与式民主政体,从对公民素质的要求而言,大概是5.5分。这当然是一个平均数"[1],而中国公民政治素质的平均得分只有3.3。这个分值作为"中国公民政治素质的总评价"说明了什么呢?张明澍认为:"假设我们国家宪法中规定的社会主义民主政治制度要真正发挥作用,它的优越性要比较充分地显示出来,也跟国外的情况相似,需要公民有5.5分左右的政治素质,那么现在已经达到的水平充其量也才刚刚过半。因此我们面前的路还很长,还很艰难。"[2]这些结论的得出均有具体而充分的测量数据,他们的研究脚踏实地,很有说服力。

需要说明的是,在当代中国政治文化研究中,传统的研究方法仍在普遍运用。总的看来,价值分析对于政治文化研究仍然是必需的,并且始终发挥着有益的推动作用。

第三,关于近代和传统政治文化研究。

这类研究从技术手段看固然少有新气象,但在理论框架方面,由于借鉴了现代政治文化理论,故而在研究角度上为之一变,时有新颖之论。例如有人运用阿尔蒙德的理论方法,分析近代中国从1904年至1930年,资本家阶级的参与意识、政治能力感、党派意识、政治行为方式(组织、领袖以及表达政治利益的渠道和方式)等,描述了中国资本家阶级在20世纪初的政治启蒙时期,从政治冷漠向政治参与过渡的历程,指出其政治不成熟的政治文化缘由。[3]

---

[1] 张明澍:《中国"政治人"——中国公民政治素质报告》,中国社会科学出版社1994年版,第190页。

[2] 张明澍:《中国"政治人"——中国公民政治素质报告》,中国社会科学出版社1994年版,第190页。

[3] 张亦工等:《20世纪初期资本家阶级的政治文化与政治行为方式初探》,《近代史研究》1992年第2期。

以经济根源说明近代中国资产阶级"革命二重性"的传统认识，这样的分析视角给人以启迪。

不过，这一类研究涉及的专题既广泛又零散，包括人物、思想或观念，或某一历史时期的政治文化等。大体言之，讨论相对集中的问题主要是：(1)中国近代或中国传统政治文化的性质、结构、特点等总体性研究；(2)从政治角度分析儒家文化与中国现代化的关系；(3)古代士人或近代知识分子的政治文化观的研究；(4)传统政治伦理的政治文化分析；(5)中国政治文化从传统向现代，或是从近代向现代转型问题。这些研究的论点相当分散，难以一一列举。分析的理论深度参差不齐，在有些问题的认识上还会截然相对。例如1993年年初，在天津南开大学召开的"中国政治文化学术研讨会"上，有关专家就近年来的政治文化研究进行了总结和学术探讨，其中关于传统政治文化与现代化的问题，即形成了针锋相对的两派观点。一派观点认为，现代化的基本任务是使传统政治文化自身实现现代化，如果"从中国近代社会历史事实来看，传统的民本思想是中国人在观念上走向民主的起点"。如若参照日本或"亚洲四小龙"的现代化道路，则传统政治文化(例如民本主义)完全可以成为从传统到现代转型的中间环节，或曰过渡阶段。另一派观点认为，中国传统政治文化不具备现代民主政治的基本规范(如法制规范、个体规范)和宪政精神，也不具备公共权力的概念，民本与民主是两件事，彼此间不存在逻辑发展关系，因之，传统政治文化不可能向现代化转化。中国政治发展的基本导向不是与传统结盟，而是向传统告别。[1]究其实，这样的学术探讨

[1] 王琳：《中国政治文化讨论会综述》，《中国社会科学》1993年第4期。

只是提出问题,论者所提出的观点与足以服人的科学论断相距尚远,这意味着中国学人的政治文化学术之旅还要继续跋涉,还要付出更多的艰辛。

二、借鉴的限度

正如人们所知,政治文化作为一个完整的研究体系肇始于20世纪50年代中期。若从其形成的文化背景看,与其说它是美国现代文明的产物,不如说是20世纪初叶行为主义思潮的硕果。在20世纪30年代的"行为主义革命"浪潮席卷之下,在使政治学成为一门真正科学的向往激励下,政治学研究方法的更新和研究领域的开拓加速了。于是,个体或团体人的行为与心理成为政治学研究的焦点,在方法上则采用了实地调查、测量、统计分析的技术手段,同时借用心理学、人类学、统计学知识进行研究。显而易见,政治学行为主义是政治文化的催生剂。从此角度看,政治文化是一个完全意义上的现代学科领域,它一般只适用于研究当下的、现时的政治文化现象。20世纪70年代兴起的后行为主义并没有削弱这一研究的当代(时下)性质,后行为主义不过是提醒人们努力纠正由于过分强调事实精确和技术手段而导致的视野短浅褊狭以及忽视政治价值的学术偏差。由此看来,虽说西方政治文化研究门派众多,但在理论关注的基点上具有一致性。政治文化研究的当代性质影响着中国港台地区和中国大陆的学术界。

中国大陆学术界由于在较长时期内与西方学术处于某种隔绝状态,20世纪80年代以前,绝大多数中国学人对行为主义不太了解。哲学和历史学的方法论是普遍采用的研究手段，并且形成了一种学术传统。社会科学研究关注的是意义和价值判断。文书档案、典籍资料和理论论著是人们广泛使用的研究依据。归纳、演绎、推理手段的主观色彩，使得学术研究带有极为明显的选择性和可塑性。是与非、对与错、善与恶、进步与落后、前进与倒退、先进与保守、积极与消极，乃至革命与反革命的价值判定几乎可以于瞬间转换。因而，当实证方法东渐之后，即给大陆学术界注入了清新之风。西方政治文化理论连同着行为主义的思维方式打开了人们的眼界，从新奇到模仿，中国学者借鉴之，试行之，成果不菲。这对推进中国政治学研究的科学化与现代化意义匪浅，毋庸多议。

然而，任何一个民族都不能与她的文化传统一刀两断。当一个古老的民族走向现代社会之际，如何甄别和调节本民族传统文化与发展现代化需求之关系，会直接影响到现代化的进程。这里至少有两个变量需要重视：其一，民族文化传统的积淀程度；其二，这一民族国家现阶段的现代化程度。一般说来，民族文化传统积淀越深厚，现阶段的现代化程度相对越低，则传统文化的社会及文化影响力就越大，涉及的层面就越宽广，中华民族正是如此。

与政治文化的发祥地美国相对照，中华民族经历了长期的东方式前资本主义社会，儒家文化作为主流文化形成了极其丰厚的文化传统，其影响波及思想、精神、信仰、观念、心理、制度、习俗以及思维方式和生活方式的各个层面。与此同时，当代中国的经济增长有目共睹，但毋庸讳言，中国社会总体发展的现代化程度依然处于初级阶段。这种对照意味着传统文化对当代的影响力不容忽视，理应得到研究者们的关注。与此相对应的是，美国的文化传统主要来自西部开发的历史和一部宪法，作为一个摆脱了封建文化困扰的新兴民族和第二次世界大战以后发达国家之首富,其文化关注的焦点自然在当代,绝少来自传统文化的困惑。

西方政治文化不论其技术手段如何繁复,中国学人仍尝试着将其用之于当代政治文化研究中。然而问题是,当代中国的政治文化现象是在一个厚重宽广的文化背景下形成和存在的,对此不可视而不见。一般的调查测量可以解释现象,并分析这些现象的寓意,但却难以说明形成这些政治文化现象的文化和政治根源。现代政治文化以个人心理取向作为基本的分析单位。一方面,个体的人是文化和政治的载体:"文明的任何成分归根结底都是个人的贡献。离开了一个个男女老少的行为,哪还能有什么特性?"[1]另一方面,传统文化的积淀和养育,又是每一个体形成的条件:事实上"每一个男女的每一种个人兴趣都是由其所处的文明丰厚的传统积淀所培养的"[2]。R.本尼迪克特从文化学角度提出的认识具有普遍意义。虽然"后现代主义"不承认有什么"传统"的政治文化,但具体到中国,不研究传统,便不能将政治文化的分析触角伸向传统文化与政治的内部深层结构,则许多问题势必将似是而非,致使人们有可能长期面对浅层次的答案而逡巡不前。

例如,政治秩序、政治伦理的关系问题。闵琦通过测量分析,得出结论认为"在中国人的日常行为中,伦理规范的作用大于法律规范的作用"[3],并且以此作为影响中国民主政治进程的政治文化原因之一。这一论断只是说明了现象,没有告诉人们为什么伦理

---

[1] [美]R.本尼迪克特:《文化模式》,王炜等译,生活·读书·新知三联书店1988年版,第231页。

[2] [美]R.本尼迪克特:《文化模式》,王炜等译,生活·读书·新知三联书店1988年版,第233页。

[3] 闵琦:《中国政治文化——民主政治难产的社会心理因素》,云南人民出版社1989年版,第177页。

规范的作用如此巨大。如果说这一现象的成因有多种，那么，其中最重要的一条就要从传统政治文化中搜寻。中国传统政治文化的基本特点之一是，伦理道德与政治规范联系紧密、相互作用而合为一体，在实际政治生活中，政治伦理具有制约人们政治行为与政治选择的实际功能。于是在传统政治文化的规范下，恪守道德规范就是维护、巩固政治秩序。当然，揭示伦理与政治的关系本身就是一个亟待研究的课题。须逐步梳理伦理与政治互化的中间环节，弄清这样的政治文化传统是通过何种途径、以何种方式作用于当代政治文化的。类似这样的问题，只有追根溯源，方能说清。

再如，关于政治人格问题。当代政治文化研究表明，权威人格的存在比率比较高。有人明确指出："几千年权威主义政治结构影响和权威主义政治观念的社会化作用恰恰培育了中华民族的这一深层人格结构。"[1]假如进一步追问：几千年权威主义政治如何培育了民族化的权威人格？这显然又进入了传统政治文化的研究范围。这涉及王权主义政治传统的价值分析、权威崇拜的政治意识与"尽人皆奴仆"的政治心态，以及传统政治社会化过程等层面。同时，还要考察传统权威主义政治文化对中国近现代政治文化转型过程的影响，然后才有可能得出相应的结论。这样的问题又怎能离开传统泛泛而论呢？

正是基于上述考虑，倘若将现代西方政治文化理论全盘照抄，仅仅用于观照当代，关注人的心理取向，从而与传统政治文化形成疏离之势，这样的借鉴只是一种有限的借鉴。换言之，如果严格按

---

[1] 闵琦：《中国政治文化——民主政治难产的社会心理因素》，云南人民出版社1989年版，第170页。

照西方学者的理论界定,则政治文化的学术领域并不包括对文化传统的研究,这一点正是中国学人借鉴域外文化的限度所在。

三、从"拿来"到创新

20世纪30年代,鲁迅便疾呼过"拿来主义",认为对于西方文化,"我们要运用脑髓,放出眼光,自己来拿"[1]! 这意思很明白,对于域外文化,应当持有一种选择的主动性:"我们要或使用,或存放,或毁灭。"[2]这即是说要根据自己的需要汲取、借鉴外来文化。及至20世纪80年代,在长期的"文化闭关主义"之后,中国学术界终于启开门户,心理学、社会学、政治学等现代学科的种种新论蜂拥而至,促使中国的学术发展真正进入了一个新时期。然而,面对这些"拿来"的域外文化,又当如何举措应对呢?

英国科学哲学家伊姆雷·拉卡托斯指出:"科学行为的标志是甚至对自己最珍爱的理论也持某种怀疑态度。盲目虔信一个理论不是理智的美德,而是理智的罪过。"[3]以理解、钻研与批评相结合的态度来对待任何一种陌生的学术理论,可以有效地避免由于一味排斥或盲目虔信而造成的思维褊狭。于是,当我们"拿来"西方政治文化理论用于中国政治文化研究之时,理论的创新和研究领域的相对扩展自是题中应有之义。基于这样的思考,以下三个问题应予以重新审视:

---

[1][2]《鲁迅全集》,第6册,人民文学出版社1981年版,第39—40页。

[3][英]伊姆雷·拉卡托斯:《科学研究纲领方法论》,上海译文出版社1986年版,第1页。

其一，关于政治文化的基本内涵。

迄今为止，国际学术界关于政治文化的理论把握依然众说纷纭，而且各有特定的文化基点。例如，R.坎恩认为，在个人的层次上，"所有的政治态度或倾向可分为三个部分：个人对政治系统、政治官员和政治结构的直觉；对政治制度诸方面的情感；个人对政治制度的判断和评价"[1]。因而总体来说，"政治文化是某一社会中大多数成员所接受的关于政治制度的概念、价值观和倾向的准则"[2]。显然，这是基于美国文化与政治而形成的理论，这一认识最终指向政治中个人的心理因素。尼·米·凯泽洛夫则认为，政治文化首先表现为一种特殊的精神文明，包括：国家和阶级利益的理论反映，政治知识（即信息层次），政治信念（即价值层次），政治活动准则及传统的规范等。[3]这是基于苏联的列宁主义、集体主义的文化与政治而形成的认识，其理论的核心指向社会化的群体人，以及政治意识形态。以上列举表明，一种理论内涵的确定，不能不带有认识者的主观影响，这种影响往往来自其本民族的文化与政治特质的作用或制约；而且，给出定义的主观性判断又常常是为了适应研究对象的需要。因之，具体到中国政治文化研究，其理论内涵应当结合中国文化及政治的实际状况和特质而有所创新。譬如，鉴于中国文化与政治的道德色彩以及历史积淀，中国政治文化的理论内涵理应含有政治伦理的层面，以及历史形态的政治观念、心态、信仰等。判定人文科学的科学性不宜简单地将之等同于学术研究的客观性，学术理论的建构必然具有相应的主体性。须

---

[1][2] [美]R.坎恩等：《政治文化研究》，《国外政治学》1987年第3期。

[3] [苏联]尼·米·凯泽洛夫：《社会利益与政治文化》，《国外政治学》1987年第4期。

知,任何形式的迷信都是教条主义的桎梏,走出限制即意味着创新。

其二,关于政治文化研究的方法与方法论。

方法是指政治文化研究的技术手段。现代政治文化将量化分析作为主要研究方法,使中国学者的惯于推理定性的传统方法受到挑战。一般认为,调查测量、统计分析的对象理应是现实中活生生的人。用这种方法建立的理论依据真实可信,从而使政治文化研究更"逼近真理"。一个通常的看法是,这种方法不宜于研究文献资料。其实并不尽然,问题是这种方法的运用是基于什么样的方法论。

方法论指的是"关于研究过程的哲学,其中包括作为研究的基本原理的理论假设和价值观念,还包括研究者用来解释资料、引出结论的标准或准则"[1]。作为政治文化的方法论,其理论观照涉及政治心理、价值观、意识、态度、情感、认知、信仰等多个层次。运用这样的方法论剖析中国的文化及政治现象,必然形成新视角,并为提出理论假说和选择论据提供令人耳目一新的参照系。如果运用这一方法论研究中国传统政治文化,势必会开辟出新天地。以往的传统文化与政治研究基本局限于精英文化,人们关注的对象主要是史鉴传载的历史人物,包括帝王将相、学者名士等,依据的资料主要是正史、子书、儒学经典及文集,鲜及其他。传统研究的方法论主要是历史进化论、阶级论和伦理学等,其结论常常是大而化之的定性裁断。假如采用政治文化研究的方法论,其关注的层面必然超出文化与政治的精英阶层,扩展至社会一般成员及各种

---

[1] 余炳辉等编译:《社会研究的方法》,浙江人民出版社1986年版,第18、19页。

类型的政治角色，分析的标准是人们的心理、价值观念或意识、信仰或理想等，而这些文化现象的载体则多种多样、五花八门。于是研究主体所依据的文献资料的范围扩至野史、笔记、日记、族谱、家训、政书、官箴、方志、小说、戏剧、诗词、话本、谣谚、蒙养之书以及民间传说、神话、笑话、俚语等。这时，如能将测量统计分析的技术手段用于文献资料所能提供的数据分析，以探究某一时期、某一阶层的政治参与观念或政治心态，未必就不能得出近真的结论。方法论的更新将拓宽人们的学术视野，激发出新的思路。这一点，正是学术发展不可或缺的前提之一。

其三，政治文化的应用研究与基础研究。

现代政治文化研究带有明确的应用性，选择课题及其结论可以直接为现行的政策制定提供信息汇析的依据或评判标准，或是成为政治输出的检测手段，甚或为政治运作方向及政治发展作出预测。就现有的成果看，我们有理由对中国政治文化的应用研究抱有信心。如果认为应用研究的开展不够充分，则其原因似与学术本身并无直接关联。

问题是，关于中国政治文化的基础研究极其薄弱。近年来，学术界陆续提出了一些课题，但许多本应形成的体系性认识至今仍茫然。

例如，中国政治文化的价值系统与价值观念。价值系统是民族政治文化的内在构架，是影响人们政治认识和政治选择的依据标准。价值观念作为政治价值的表象而形态多样，但其内含的价值准则在一定的时期内是恒定不变的。政治价值研究是解读民族政治行为以及其他政治表现的主要途径。再如，中国政治文化的社会化过程。简言之，政治社会化指的是"政治人"的形成过程。

对于具体民族来说,还包括政治价值、观念和意识的代际传延过程。漠视政治社会化研究必将导致诸多困惑,诸如何以甚多传统政治观念至今仍然富有生命力? 还有普遍存在的权威人格、官本位意识等,它们是如何传递、代代相沿的呢? 又如,中国政治文化的心态模式。政治心态是政治文化的隐性部分。个人政治心态的形成一般会受到多种因素的影响,作为具体民族的政治文化,由于政治价值与观念意识的制约,或是其他因素的作用,在长期的文化积淀过程中,往往会聚结成某种具有普遍约束意义的心态模式,对于政治行为主体甚至整个民族的政治人格、心理、理性精神等形成深刻影响。以上这些问题均属基础性研究,或许其结论并不能直接应用于政治实践,但是,如若深入剖析某些政治文化现象,以寻求恰当的治策,则能提供基础性理论指导和系统性评估标准,具有无可替代的大理论定向作用。

质言之,研究中国政治文化宜从多角度着眼,从宏大处立意,从细密处着手,努力摆脱诸如"天人""君子小人""民本""人治""伦常"等传统概念的约束,通览古今中外,对中国政治文化进行贯通式的研究。实现这样的目标并非奢望,其关键在于对政治文化的方法论的领悟,以及操作中的创新意识。

（原载刘泽华主编:《中国政治思想通史·综论卷》,中国人民大学出版社2014年版,附录二,著者蒉荃）

后 记

　　这部精选是以《中国政治思想通史·综论卷》为底本编辑的,选辑了刘泽华先生累累著述中的精粹之作,奉与读者。

　　中国政治思想史研究自 20 世纪初梁任公首倡,迄今已逾百年,其间研究者众多,精彩论著频现。泽华师与前辈相较,贡献良多,谨列其三。一是 1984 年出版《先秦政治思想史》,这是继梁启超之后的第二部同名专著。时值解放思想、改革开放初期,这部著作为政治思想史学界注入醇厚学术之风,带动了学科发展。二是 2014 年主编出版《中国政治思想通史》(九卷本),这是百年来唯一一部中国政治思想史的通史性著作。从《先秦政治思想史》到通史问世,三十年来,泽华师笔耕不辍,引领门生与学界同行,为中国政治思想史研究开拓论域,奠定了规模。三是形成了"王权主义反思学派"。这是以先生为首,学术旨趣相近的弟子并学界同道自然形成的松散学术群体。李振宏著文称之为"王权主义学派"。[1]但泽华师并不完全认同,以为学术研究的真质在于剖析和反思,加上"反思"二字才契合初心。学派的形成意味着学术繁荣,内含学术自由、学术个性、相互协作与争鸣。关于"王权主义",泽华师有过简约的表述:"我所说的王权主义既不同于社会形态,也不限于通

---

[1] 李振宏:《中国政治思想史研究中的王权主义学派》,《文史哲》2013 年第 4 期。

常所说的权力系统,而是指社会的一种控制和运行机制。大致说来又可分为三个层次:一是以王权为中心的权力系统;二是以这种权力系统为骨架形成的社会结构;三是与上述状况相应的观念体系。"[1]这一学术判断的首创性是毋庸置疑的。

　　企盼这部精选可以为读者解读刘泽华先生对中国传统政治思想的分析和反思提供便捷,感悟一位历史学家的覃思与睿见。如果藉此引发了探索中国传统思想文化密码的兴趣,激发了自身潜能、旨趣与学术个性,亦足以令先师感到慰藉。在此诚恳感谢浙江人民出版社为本书问世做出的一切,诚谢责编诸舒鹏先生的辛劳,谢谢!

葛　荃

2025 年 3 月 10 日于巢舍

---

[1] 刘泽华:《答客问:漫说我的学术经历和学术理念》,《社会科学战线》2004 年第 4 期。